Collins
German
Verbs

HarperCollins Publishers
Westerhill Road
Bishopbriggs
Glasgow
G64 2QT
Great Britain

Third Edition 2011

10 9 8 7 6 5 4

© HarperCollins Publishers 2005, 2007, 2011

ISBN 978-0-00-736976-8

Collins® is a registered trademark of
HarperCollins Publishers Limited

www.collinslanguage.com

A catalogue record for this book is available
from the British Library

Typeset by Davidson Publishing Solutions,
Glasgow

Printed in Italy by Grafica Veneta S.p.A.

This book is set in Collins Fedra, a typeface
specially created for Collins dictionaries by
Peter Bil'ak

Acknowledgements
We would like to thank those authors and
publishers who kindly gave permission for
copyright material to be used in the Collins
Word Web. We would also like to thank
Times Newspapers Ltd for providing
valuable data.

HarperCollins does not warrant
that www.collinsdictionary.com,
www.collinslanguage.com or any other
website mentioned in this title will be
provided uninterrupted, that any website
will be error free, that defects will be
corrected, or that the website or the server
that makes it available are free of viruses or
bugs. For full terms and conditions please
refer to the site terms provided on the
website.

SERIES EDITOR
Rob Scriven

MANAGING EDITOR
Gaëlle Amiot-Cadey

EDITORIAL COORDINATION
Susie Beattie
Susanne Reichert
Rachel Smith

CONTRIBUTORS
Jeremy Butterfield
Horst Kopleck

We would like to give special thanks
to Simone Conboy, Foreign Languages
Consultant, for all her advice on
teaching practice in today's classroom.
Her contribution has been invaluable
in the writing of this book.

Contents

Introduction

The *Easy Learning German Verbs* is designed for both young and adult learners. Whether you are starting to learn German for the very first time, brushing up your language skills or revising for exams, the *Easy Learning German Verbs* and its companion volume, the *Easy Learning German Grammar*, are here to help.

Newcomers can sometimes struggle with the technical terms they come across when they start to explore the grammar of a new language. The *Easy Learning German Verbs* contains a glossary which explains verb grammar terms using simple language and cutting out jargon.

The text is divided into sections to help you become confident in using and understanding German verbs. The first section looks at verb formation. Written in clear language, with numerous examples in real German, this section helps you to understand the rules which are used to form verb tenses.

The next section of text looks at certain common prepositions which are used with a number of verbs. Each combination of verb plus preposition is shown with a simple example of real German to show exactly how it is used.

The **Verb Tables** contain 127 important German verbs (both regular and irregular) which are given in full for various tenses. Examples show how to use these verbs in your own work. If you are unsure how a verb goes in German, you can look up the Verb Index at the back of the book to find either the conjugation of the verb itself, or a cross-reference to a model verb, which will show you the patterns that verb follows.

The *Easy Learning German Grammar* takes you a step further in your language learning. It supplements the information given in the *Easy Learning German Verbs* by offering even more guidance on the usage and meaning of verbs, as well as looking at the most important aspects of German grammar. Together, or individually, the *Easy Learning* titles offer you all the help you need when learning German.

Glossary of Verb Grammar Terms

ACCUSATIVE CASE the form of nouns, adjectives, pronouns and articles used in German to show the direct object of a verb and after certain prepositions. Compare with direct object.

ACTIVE in an active sentence, the subject of the verb is the person or thing that carries out the action described by the verb.

ARTICLE a word like the, a and an, which is used in front of a noun. Compare with definite article and indefinite article.

AUXILIARY VERB a verb such as be, have and do when used with a main verb to form some tenses and questions.

BASE FORM the form of the verb without any endings added to it, for example, walk, have, be, go. Compare with infinitive.

CASE the grammatical function of a noun in a sentence.

CLAUSE a group of words containing a verb.

CONDITIONAL a verb form used to talk about things that would happen or would be true under certain conditions, for example, I would help you if I could. It is also used to say what you would like or need, for example, Could you give me the bill?

CONJUGATE (to) to give a verb different endings according to whether you are referring to I, you, they and so on, and according to whether you are referring to past, present or future, for example, I have, she had, they will have.

CONJUGATION a group of verbs which have the same endings as each other or change according to the same pattern.

CONSONANT a letter of the alphabet which is not a vowel, for example, b, f, m, s, v etc. Compare with vowel.

DATIVE CASE the form of nouns, adjectives, pronouns and articles used in German to show the indirect object of a verb and after certain verbs and prepositions.

DEFINITE ARTICLE the word the. Compare with indefinite article.

DIRECT OBJECT a noun referring to the person or thing affected by the action described by a verb, for example, She wrote her name.; I shut the window. Compare with indirect object.

DIRECT OBJECT PRONOUN a word such as me, him, us and them which is used instead of a noun to stand in for the person or thing most directly affected by the action described by the verb. Compare with indirect object pronoun.

ENDING a form added to a verb stem, for example, **geh → geht**, and to adjectives and nouns depending on whether they refer to masculine, feminine, neuter, singular or plural things.

FUTURE a verb tense used to talk about something that will happen or will be true.

GENITIVE CASE the form of nouns, adjectives, pronouns and articles used in German to show that something belongs to someone and after certain prepositions.

IMPERATIVE the form of a verb used when giving orders and instructions, for example, *Shut the door!; Sit down!; Don't go!*

IMPERFECT one of the verb tenses used to talk about the past, especially in descriptions, and to say what was happening, for example, *It was sunny at the weekend* or what used to happen, for example, *I used to walk to school.* Compare with **perfect.**

INDIRECT OBJECT a noun or pronoun typically used in English with verbs that take two objects. For example, in *I gave the carrot to the rabbit, rabbit* is the indirect object and *carrot* is the direct object. With some German verbs, what is the direct object in English is treated as an indirect object in, for example, **Ich helfe ihr** *I'm helping her.* Compare with **direct object.**

INDIRECT OBJECT PRONOUN when a verb has two objects (a direct one and an indirect one), the indirect object pronoun is used instead of a noun to show the person or the thing the action is intended to benefit or harm, for example, *me* in *He gave me a book* and *Can you get me a towel?* Compare with **direct object pronoun.**

INFINITIVE the form of the verb with to in front of it and without any endings added, for example, *to walk, to have, to be, to go.* Compare with **base form.**

INSEPARABLE VERB a verb with an inseparable prefix, for example, **be-** in **bestellen** and **ent-** in **enttäuschen.**

MIXED VERB a German verb whose stem changes its vowel to form the imperfect tense and the past participle, like strong verbs. Its past participle is formed by adding –t to the verb stem, like weak verbs. Compare with **strong verb** and **weak verb.**

MODAL VERBS are used to modify or change other verbs to show such things as *ability, permission* or *necessity.* For example, *he can swim, may I come?* and *he ought to go.*

NOMINATIVE CASE the basic form of nouns, pronouns, adjectives and articles used in German and the one you find in the dictionary. It is used for the subject of the sentence. Compare with **subject.**

NOUN a 'naming' word for a living being, thing or idea, for example, *woman, desk, happiness, Andrew.*

OBJECT a noun or pronoun which refers to a person or thing that is affected by the action described by the verb. Compare with direct object , indirect object and subject .

OBJECT PRONOUN one of the set of pronouns including *me*, *him* and *them*, which are used instead of the noun as the object of a verb or preposition. Compare with subject pronoun .

PAST PARTICIPLE a verb form, for example, *watched*, *swum*, which is used with an auxiliary verb to form perfect and pluperfect tenses. Some past participles are also used as adjectives, for example, *a broken watch*.

PERFECT one of the verb tenses used to talk about the past, especially about actions that took place and were completed in the past. Compare with imperfect .

PERSONAL PRONOUN one of the group of words including *I*, *you* and *they* which are used to refer to yourself, the people you are talking to, or the people or things you are talking about.

PLUPERFECT one of the verb tenses used to describe something that <u>had</u> happened or had been true at a point in the past, for example, *I had forgotten to finish my homework*.

PLURAL the form of a word which is used to refer to more than one person or thing. Compare with singular .

PREPOSITION a word such as *at, for, with, into* or *from*, which is usually followed by a noun, pronoun or, in English, a word ending in *-ing*. Prepositions show how people and things relate to the rest of the sentence, for example, *She's <u>at</u> home; a tool <u>for</u> cutting grass; It's <u>from</u> David*.

PRESENT a verb form used to talk about what is true at the moment, what happens regularly, and what is happening now, for example, *I'<u>m</u> a student; I <u>travel</u> to college by train; I'<u>m studying</u> languages*.

PRESENT PARTICIPLE a verb form ending in *-ing* which is used in English to form verb tenses, and which may be used as an adjective or a noun, for example, *What are you <u>doing</u>?; the <u>setting</u> sun; <u>Swimming</u> is easy!*

PRONOUN a word which you use instead of a noun, when you do not need or want to name someone or something directly, for example, *it, you, none*.

REFLEXIVE PRONOUN a word ending in *-self* or *-selves*, such as *myself* or *themselves*, which refers back to the subject, for example, *He hurt <u>himself</u>; Take care of <u>yourself</u>*.

REFLEXIVE VERB a verb where the subject and object are the same, and where the action 'reflects back' on the subject. A reflexive verb is used with a reflexive pronoun such as *myself, yourself, herself*, for example, *I washed myself; He shaved himself*.

SEPARABLE VERB a verb with a separable prefix, for example,an- inankommen and auf- inaufstehen.

STEM the main part of a verb to which endings are added.

STRONG VERB a German verb whose stem changes its vowel to form the imperfect tense and the past participle. Its past participle is not formed by adding –t to the verb stem. Also known as irregular verbs. Compare withweak verb.

SUBJECT the noun or pronoun used to refer to the person which does the action described by the verb, for example, _My cat doesn't drink milk_. Compare withobject.

SUBJECT PRONOUN a word such as _I, he, she_ and _they_ which carries out the action described by the verb. Pronouns stand in for nouns when it is clear who is being talked about, for example, _My brother isn't here at the moment. He'll be back in an hour_. Compare withobject pronoun.

SUBJUNCTIVE a verb form used in certain circumstances to express some sort of feeling, or to show doubt about whether something will happen or whether something is true. It is only used occasionally in modern English, for example, _If I were you, I wouldn't bother.; So be it._

SUBORDINATE CLAUSE a clause which begins with a subordinating conjunction such as _because_ or _while_ and which must be used with a main clause. In German, the verb always goes to the end of the subordinate clause.

SUBORDINATING CONJUNCTION a word such as _when, because_ or _while_ that links the subordinate clause and the main clause in a sentence. Compare withsubordinate clause.

TENSE the form of a verb which shows whether you are referring to the past, present or future.

VERB a 'doing' word which describes what someone or something does, what someone or something is, or what happens to them, for example, _be, sing, live._

VOWEL one of the letters _a, e, i, o_ or _u_. Compare withconsonant.

WEAK VERB a German verb whose stem does not change its vowel to form the imperfect tense and the past participle. Its past participle is formed by adding –t to the verb stem. Also known as regular verbs. Compare withstrong verbs.

Introduction to Verb Formation

Weak, strong and mixed verbs

Verbs are usually used with a noun, with a pronoun such as *I, you or she*, or with somebody's name. They can relate to the present, the past and the future; this is called their tense.

Verbs are either:

> weak; their forms follow a set pattern. These verbs may also be called regular.
>
> strong and irregular; their forms change according to different patterns.

OR

> mixed; their forms follow a mixture of the patterns for weak and strong verbs.

Regular English verbs have a base form (the form of the verb without any endings added to it, for example, *walk*). This is the form you look up in a dictionary. The base form can have *to* in front of it, for example, *to walk*. This is called the infinitive.

German verbs also have an infinitive, which is the form shown in a dictionary; most weak, strong and mixed verbs end in -en. For example, holen (meaning *to fetch*) is weak, helfen (meaning *to help*) is strong and denken (meaning *to think*)
is mixed. All German verbs belong to one of these groups. We will look at each of these three groups in turn on the next few pages.

English verbs have other forms apart from the base form and infinitive: a form ending in -s (*walks*), a form ending in -ing (*walking*), and a form ending in -ed (*walked*). German verbs have many more forms than this, which are made up of endings added to a stem. The stem of a verb can usually be worked out from the infinitive and can change, depending on the tense of the verb and who or what you are talking about.

German verb endings also change, depending on who or what you are talking about: **ich** (*I*), **du** (*you* (informal)), **er/sie/es** (*he/she/it*), **Sie** (*you* (formal)) in the singular, or **wir** (*we*), **ihr** (*you* (informal)), **Sie** (*you* (formal)) and **sie** (*they*) in the plural. German verbs also have different forms depending on whether you are referring to the present, future or past.

The next sections give you all the help you need on how to form the different verb tenses used in German. If you would like even more information on how German verbs are used, the *Easy Learning German Grammar* shows you when and how numerous different verbs are used when writing and speaking modern German.

The present tense

Forming the present tense of weak verbs

Nearly all weak verbs in German end in -en in their infinitive form. This is the form of the verb you find in the dictionary, for example, spielen, machen, holen. Weak verbs are regular and their changes follow a set pattern or conjugation.

To know which form of the verb to use in German, you need to work out what the stem of the verb is and then add the correct ending. The stem of most verbs in the present tense is formed by chopping the -en off the infinitive.

Infinitive	Stem (without -en)
spielen (*to play*)	spiel-
machen (*to make*)	mach-
holen (*to fetch*)	hol-

Where the infinitive of a weak verb ends in -eln or -ern, only the -n is chopped off to form the stem.

Infinitive	Stem (without -n)
wandern (*to hillwalk*)	wander-
segeln (*to sail*)	segel-

Now you know how to find the stem of a verb, you can add the correct ending. Which one you choose will depend on whether you are referring to ich, du, er, sie, es, wir, ihr, Sie or sie.

For further explanation of grammatical terms, please see pages 8-11.

Here are the present tense endings for weak verbs ending in -en:

Pronoun	Ending	Add to Stem, e.g. spiel-	Meanings
ich	-e	ich spiele	I play I am playing
du	-st	du spielst	you play you are playing
er sie es	-t	er spielt sie spielt es spielt	he/she/it plays he/she/it is playing
wir	-en	wir spielen	we play we are playing
ihr	-t	ihr spielt	you (*plural*) play you are playing
sie	-en	sie spielen	they play they are playing
Sie	-en	Sie spielen	you (*polite*) play you are playing

Sie <u>macht</u> ihre Hausaufgaben. She's doing her homework.
Er <u>holt</u> die Kinder. He's fetching the children.

Note that you add -n, not -en to the stem of weak verbs ending in -ern and -eln to get the wir, sie and Sie forms of the present tense.

Pronoun	Ending	Add to Stem, e.g. wander-	Meanings
wir	-n	wir wandern	we hillwalk we are hillwalking
sie	-n	sie wandern	they hillwalk they are hillwalking
Sie	-n	Sie wandern	you (*polite*) hillwalk you are hillwalking

Sie wandern gern, oder? You like hillwalking, don't you?

Im Sommer wandern wir fast jedes Wochenende.

In the summer we go hillwalking most weekends.

If the stem of a weak verb ends in -d or -t, an extra -e is added before the usual endings in the du, er, sie, es and ihr parts of the verb to make pronunciation easier.

Pronoun	Ending	Add to Stem, e.g. red-	Meanings
du	-est	du redest	you talk you are talking
er sie es	-et	er redet sie redet es redet	he/she/it talks he/she/it is talking
ihr	-et	ihr redet	you (*plural*) talk you are talking

Du redest doch die ganze Zeit über deine Arbeit!

You talk about your work all the time!

Pronoun	Ending	Add to Stem, e.g. arbeit-	Meanings
du	-est	du arbeitest	you work you are working
er sie es	-et	er arbeitet sie arbeitet es arbeitet	he/she/it works he/she/it is working
ihr	-et	ihr arbeitet	you (*plural*) work you are working

For further explanation of grammatical terms, please see pages 8-11.

Sie arbeitet übers Wochenende. She's working over the weekend.

Ihr arbeitet ganz schön viel. You work a lot.

If the stem of a weak verb ends in **-m** or **-n**, this extra **-e** is added to make pronunciation easier. If the **-m** or **-n** has a consonant in front of it, the **-e** is added, except if the consonant is **l, r** or **h**, for example **lernen**.

Pronoun	Ending	Add to Stem, e.g. atm-	Meanings
du	-est	du atmest	you breathe you are breathing
er sie es	-et	er atmet sie atmet es atmet	he/she/it breathes he/she/it is breathing
ihr	-et	ihr atmet	you (*plural*) breathe you are breathing

Du atmest ganz tief. You're breathing very deeply.

Pronoun	Ending	Add to Stem, e.g. lern-	Meanings
du	-st	du lernst	you learn you are learning
er sie es	-t	er lernt sie lernt es lernt	he/she/it learns he/she/it is learning
ihr	-t	ihr lernt	you (*plural*) learn you are learning

Sie lernt alles ganz schnell. She learns everything very quickly.

Forming the present tense of strong verbs

The present tense of most strong verbs is formed with the same endings that are used for weak verbs.

Pronoun	Ending	Add to Stem, e.g. sing-	Meanings
ich	-e	ich singe	I sing I am singing
du	-st	du singst	you sing you are singing
er sie es	-t	er singt sie singt es singt	he/she/it sings he/she/it is singing
wir	-en	wir singen	we sing we are singing
ihr	-t	ihr singt	you (*plural*) sing you are singing
sie	-en	sie singen	they sing they are singing
Sie	-en	Sie singen	you (*polite*) sing you are singing

Sie singen in einer Gruppe. They sing in a band.

However, the vowels in stems of most strong verbs change for the du and er/sie/es forms. The vowels listed below change as shown in nearly all cases:

long e   > ie (*see* sehen)
short e   > i (*see* helfen)
a   > ä (*see* fahren)
au   > äu (*see* laufen)
o   > ö (*see* stoßen)

For further explanation of grammatical terms, please see pages 8-11.

long **e** > **ie** as in the verb sehen:

Pronoun	Ending	Add to Stem, e.g. seh-	Meanings
ich	-e	ich sehe	I see I am seeing
du	-st	du siehst	you see you are seeing
er sie es	-t	er sieht sie sieht es sieht	he/she/it sees he/she/it is seeing
wir	-en	wir sehen	we see we are seeing
ihr	-t	ihr seht	you (*plural*) see you are seeing
sie	-en	sie sehen	they see they are seeing
Sie	-en	Sie sehen	you (*polite*) see you are seeing

Siehst du fern? Are you watching TV?

short **e** > **i** as in the verb helfen:

Pronoun	Ending	Add to Stem, e.g. helf-	Meanings
ich	-e	ich helfe	I help I am helping
du	-st	du hilfst	you help you are helping
er sie es	-t	er hilft sie hilft es hilft	he/she/it helps he/she/it is helping

Pronoun	Ending	Add to Stem, e.g. help-	Meanings
wir	-en	wir helfen	we help we are helping
ihr	-t	ihr helft	you (*plural*) help you are helping
sie	-en	sie helfen	they help they are helping
Sie	-en	Sie helfen	you (*polite*) help you are helping

Heute hilft er beim Kochen. He's helping with the cooking today.

a > ä as in the verb fahren:

Pronoun	Ending	Add to Stem, e.g. fahr-	Meanings
ich	-e	ich fahre	I drive I am driving
du	-st	du fährst	you drive you are driving
er sie es	-t	er fährt sie fährt es fährt	he/she/it drives he/she/it is driving
wir	-en	wir fahren	we drive we are driving
ihr	-t	ihr fahrt	you (*plural*) drive you are driving
sie	-en	sie fahren	they drive they are driving
Sie	-en	Sie fahren	you (*polite*) drive you are driving

Am Samstag fährt sie nach Italien. She's driving to Italy on Saturday.

For further explanation of grammatical terms, please see pages 8-11.

au > äu as in the verb laufen:

Pronoun	Ending	Add to Stem, e.g. lauf-	Meanings
ich	-e	ich laufe	I run I am running
du	-st	du läufst	you run you are running
er sie es	-t	er läuft sie läuft es läuft	he/she/it runs he/she/it is running
wir	-en	wir laufen	we run we are running
ihr	-t	ihr lauft	you (*plural*) run you are running
sie	-en	sie laufen	they run they are running
Sie	-en	Sie laufen	you (*polite*) run you are running

Er läuft die 100 Meter in Rekordzeit. He runs the 100 metres in record time.

o > ö as in the verb stoßen:

Pronoun	Ending	Add to Stem, e.g. stoß-	Meanings
ich	-e	ich stoße	I push I am pushing
du	-st	du stößt	you push you are pushing
er sie es	-t	er stößt sie stößt es stößt	he/she/it pushes he/she/it is pushing

Pronoun	Ending	Add to Stem, e.g. stoß-	Meanings
wir	-en	wir stoßen	we push we are pushing
ihr	-t	ihr stoßt	you (*plural*) push you are pushing
sie	-en	sie stoßen	they push they are pushing
Sie	-en	Sie stoßen	you (*polite*) push you are pushing

Pass auf, dass du nicht an den Tisch stö<u>ßt</u>.
Watch out that you don't bump into the table.

Note that strong AND weak verbs whose stem ends in -s, -z, -ss or -ß (such as stoßen) add -t rather than -st to get the du form in the present tense. However, if the stem ends in -sch, the normal -st is added.

Verb	Stem	Du Form
wachsen	wachs-	wächst
waschen	wasch-	wäschst

Forming the present tense of mixed verbs

There are nine mixed verbs in German. They are very common and are formed according to a mixture of the rules already explained for weak and strong verbs.

The nine mixed verbs are:

Mixed Verb	Meaning	Mixed Verb	Meaning	Mixed Verb	Meaning
brennen	to burn	kennen	to know	senden	to send
bringen	to bring	nennen	to name	wenden	to turn
denken	to think	rennen	to run	wissen	to know

The present tense of mixed verbs has the same endings as weak verbs and has no vowel or consonant changes in the stem: ich bringe, du bringst, er/sie/es bringt, wir bringen, ihr bringt, sie bringen, Sie bringen.

> Sie bringt mich nach Hause. She's taking me home.
> Bringst du mir etwas mit? Will you bring something for me?

Note that the present tense of the most important strong, weak and mixed verbs is shown in the **Verb Tables** at the back of the book.

Reflexive verbs

Forming the present tense of reflexive verbs

Reflexive verbs are often used to describe things you do (to yourself) every day or that involve a change of some sort (getting dressed, sitting down, getting excited, being in a hurry).

The reflexive pronoun is either the direct object in the sentence, which means it is in the accusative case, or the indirect object in the sentence, which means it is in the dative case. Only the reflexive pronouns used with the ich and du forms of the verb have separate accusative and dative forms:

Accusative Form	Dative Form	Meaning
mich	mir	myself
dich	dir	yourself (*familiar*)
sich	sich	himself/herself/itself
uns	uns	ourselves
euch	euch	yourselves (*plural*)
sich	sich	themselves
sich	sich	yourself/yourselves (*polite*)

The present tense forms of a reflexive verb work in just the same way as an ordinary verb, except that the reflexive pronoun is used as well.

Below you will find the present tense of the common reflexive verbs **sich setzen** (meaning *to sit down*) which has its reflexive pronoun in the accusative and **sich erlauben** (meaning *to allow oneself*) which has its reflexive pronoun in the dative.

For further explanation of grammatical terms, please see pages 8-11.

Reflexive Forms	Meaning
ich setze mich	I sit (myself) down
du setzt dich	you sit (yourself) down
er/sie/es setzt sich	he/she/it sits down
wir setzen uns	we sit down
ihr setzt euch	you (*plural familiar*) sit down
sie setzen sich	they sit down
Sie setzen sich	you (*polite form*) sit down

Ich setze mich neben dich. I'll sit beside you.
Sie setzen sich aufs Sofa. They sit down on the sofa.

Reflexive Forms	Meaning
ich erlaube mir	I allow myself
du erlaubst dir	you allow yourself
er/sie/es erlaubt sich	he/she/it allows himself/herself/itself
wir erlauben uns	we allow ourselves
ihr erlaubt euch	you (*plural familiar*) allow yourselves
sie erlauben sich	they allow themselves
Sie erlauben sich	you (*polite form*) allow yourself

Ich erlaube mir jetzt ein Bier. Now I'm going to allow myself a beer.
Er erlaubt sich ein Stück Kuchen. He's allowing himself a piece of cake.

Some of the most common German reflexive verbs are listed here:

Reflexive Verb with Reflexive Pronoun in Accusative	Meaning
sich anziehen	to get dressed
sich aufregen	to get excited
sich beeilen	to hurry
sich beschäftigen mit	to be occupied with
sich bewerben um	to apply for
sich erinnern an	to remember
sich freuen auf	to look forward to
sich interessieren für	to be interested in
sich irren	to be wrong
sich melden	to report (*for duty etc*) *or* to volunteer
sich rasieren	to shave
sich setzen *or* hinsetzen	to sit down
sich trauen	to dare
sich umsehen	to look around

Ich ziehe mich schnell an und dann gehen wir.
I'll get dressed quickly and then we can go.
Wir müssen uns beeilen. We must hurry.

Reflexive Verb with Reflexive Pronoun in Dative	Meaning
sich abgewöhnen	to give up (*something*)
sich ansehen	to have a look at
sich einbilden	to imagine (*wrongly*)
sich erlauben	to allow oneself
sich leisten	to treat oneself
sich vornehmen	to plan to do
sich vorstellen	to imagine
sich wehtun	to hurt oneself
sich wünschen	to want

Ich muss <u>mir</u> das Rauchen <u>abgewöhnen</u>. I must give up smoking.

Sie kann <u>sich</u> ein neues Auto nicht <u>leisten</u>. She can't afford a new car.

Was <u>wünscht</u> ihr <u>euch</u> zu Weihnachten? What do you want for Christmas?

Note that a direct object reflexive pronoun changes to an indirect object pronoun if another direct object is present.

Ich wasche <u>mich</u>. I'm having a wash.

mich = direct object reflexive pronoun

Ich wasche <u>mir</u> die Hände. I am washing my hands.

mir = indirect object reflexive pronoun
die Hände = direct object

Some German verbs which are not usually reflexive can be made reflexive by adding a reflexive pronoun.

Soll ich es melden? Should I report it?

Ich habe <u>mich</u> gemeldet. I volunteered.

The imperative

Forming the present tense imperative

Most weak, strong and mixed verbs form the present tense imperative in the following way:

Pronoun	Form of Imperative	Verb Example	Meaning
du (*singular*)	verb stem (+ e)	hol(e)!	fetch!
ihr (*plural*)	verb stem + t	holt!	fetch!
Sie (*polite singular and plural*)	verb stem + en + Sie	holen Sie!	fetch!

Note that the -e of the du form is often dropped, but NOT where the verb stem ends, for example, in chn-, fn-, or tm-. In such cases, the -e is kept to make the imperative easier to pronounce.

> Hör zu! Listen!
> Hol es! Fetch it!

BUT: Öffne die Tür! Open the door!
        Atme richtig durch! Take a deep breath!
        Rechne noch mal nach! Do your sums again!

Any vowel change in the present tense of a strong verb also occurs in the du form of its imperative and the -e mentioned above is generally not added. However, if this vowel change in the present tense involves adding an umlaut, this umlaut is NOT added to the du form of the imperative.

For further explanation of grammatical terms, please see pages 8-11.

Verb	Meaning	2nd Person Singular	Meaning	2nd Person Singular Imperative	Meaning
nehmen	to take	du nimmst	you take	nimm!	take!
helfen	to help	du hilfst	you help	hilf!	help!
laufen	to run	du läufst	you run	lauf(e)!	run!
stoßen	to push	du stößt	you push	stoß(e)!	push!

Word order with the imperative

An object pronoun is a word like es (meaning *it*), mir (meaning *me*) or ihnen (meaning *them/to them*) that is used instead of a noun as the object of a sentence. In the imperative, the object pronoun comes straight after the verb. However, you can have orders and instructions containing both <u>direct object</u> and <u>indirect object pronouns</u>. In these cases, the direct object pronoun always comes before the indirect object pronoun.

> Hol mir das Buch! Fetch me that book!
> Hol es mir! Fetch me it!

> Holt mir das Buch! Fetch me that book!
> Holt es mir! Fetch me it!

> Holen Sie mir das Buch! Fetch me that book!
> Holen Sie es mir! Fetch me it!

In the imperative form of a reflexive verb such as sich waschen (meaning *to wash oneself*) or sich setzen (meaning *to sit down*), the reflexive pronoun comes immediately after the verb.

Reflexive verb	Meaning	Imperative Forms	Meaning
sich setzen	to sit down	setz dich!	sit down!
		setzt euch!	sit down!
		setzen Sie sich!	do sit down!

In verbs which have separable prefixes, the prefix comes at the end of the imperative.

Verb with Separable Prefix	Meaning
zumachen	to close
aufhören	to stop

Mach die Tür zu! Close the door!
Hör aber endlich auf! Do stop it!

Verb prefixes in the present tense

In German, verb prefixes are put before the infinitive and joined to it:

zu (meaning *to*) + geben (meaning *to give*) = zugeben (meaning *to admit*)

an (meaning *on, to, by*) + ziehen (meaning *to pull*) = anziehen (meaning *to put on* or *to attract*)

Prefixes can be found in strong, weak and mixed verbs. Some prefixes are always joined to the verb and never separated from it – these are called inseparable prefixes. However, the majority are separated from the verb in certain tenses and forms, and come at the end of the sentence. They are called separable prefixes.

Inseparable prefixes

There are eight inseparable prefixes in German, highlighted in the table of common inseparable verbs below:

Inseparable verb	Meaning
beschreiben	to describe
empfangen	to receive
enttäuschen	to disappoint
erhalten	to preserve
gehören	to belong
misstrauen	to mistrust
verlieren	to lose
zerlegen	to dismantle

Du hast uns sehr enttäuscht. You have really disappointed us.

Note that when you pronounce an inseparable verb, the stress is NEVER on the inseparable prefix:

erha*l*ten
verl*ie*ren
emp*fa*ngen
ver*ge*ssen

Das muss ich wirklich nicht vergessen. I really mustn't forget that.

Separable prefixes

There are many separable prefixes in German and some of them are highlighted in the table below which shows a selection of the most common separable verbs:

Separable Verb	Meaning	Separable Verb	Meaning
abfahren	to leave	mitmachen	to join in
ankommen	to arrive	nachgeben	to give way/in
aufstehen	to get up	vorziehen	to prefer
ausgehen	to go out	weglaufen	to run away
einsteigen	to get on	zuschauen	to watch
feststellen	to establish/see	zurechtkommen	to manage
freihalten	to keep free	zurückkehren	to return
herkommen	to come (here)	zusammenpassen	to be well-suited;
hinlegen	to put down		to go well together

Der Zug fährt in zehn Minuten ab. The train is leaving in ten minutes.
Ich stehe jeden Morgen früh auf. I get up early every morning.
Sie gibt niemals nach. She'll never give in.

For further explanation of grammatical terms, please see pages 8-11.

Word order with separable prefixes

In tenses consisting of one verb part only, for example the present and the imperfect, the separable prefix is placed at the end of the main clause.

Der Bus kam immer spät an. The bus was always late.

In subordinate clauses, the prefix is attached to the verb, which is then placed at the end of the subordinate clause.

Weil der Bus spät ankam, verpasste sie den Zug.
Because the bus arrived late, she missed the train.

In infinitive phrases using zu, the zu is inserted between the verb and its prefix to form one word.

Um rechtzeitig aufzustehen, muss ich den Wecker stellen.
In order to get up on time I'll have to set the alarm.

The perfect tense

Forming the perfect tense

Unlike the present and imperfect tenses, the perfect tense has TWO parts to it:

- the present tense of the irregular weak verb **haben** (meaning *to have*) or the irregular strong verb **sein** (meaning *to be*). They are also known as auxiliary verbs.

- a part of the main verb called the *past participle*, like *given*, *finished* and *done* in English.

In other words, the perfect tense in German is like the form *I have done* in English.

Pronoun	Ending	Present Tense	Meanings
ich	-e	ich **habe**	I **have**
du	-st	du hast	you have
er	-t	er hat	he/she/it has
sie		sie hat	
es		es hat	
wir	-en	wir haben	we have
ihr	-t	ihr habt	you (*plural*) have
sie	-en	sie haben	they have
Sie	-en	Sie haben	you (*polite*) have
ich	–	ich **bin**	I **am**
du	–	du bist	you are
er	–	er ist	he/she/it is
sie		sie ist	
es		es ist	
wir	–	wir sind	we are
ihr	–	ihr seid	you (*plural*) are
sie	–	sie sind	they are
Sie	–	Sie sind	you (*polite*) are

For further explanation of grammatical terms, please see pages 8-11.

Forming the past participle

To form the past participle of <u>weak</u> verbs, you add ge- to the beginning of the verb stem and -t to the end.

Infinitive	Take off -en	Add ge- and -t
holen (*to fetch*)	hol-	geholt
machen (*to do*)	mach-	gemacht

Sie hat es allein gemacht. She did it by herself.

Note that one exception to this rule is weak verbs ending in -ieren, which omit the ge.

studieren (*to study*)   studiert (*studied*)

To form the past participle of <u>strong</u> verbs, you add ge- to the beginning of the verb stem and -en to the end. The vowel in the stem may also change.

Infinitive	Take off -en	Add ge- and -en
laufen (*to run*)	lauf-	gelaufen
singen (*to sing*)	sing-	gesungen

Hast du die Melodie schon mal gesungen?
Have you ever sung this tune before?

To form the past participle of <u>mixed</u> verbs, you add ge- to the beginning of the verb stem and, like <u>weak</u> verbs, -t to the end. As with many strong verbs, the stem vowel may also change.

Infinitive	Take off -en	Add ge- and -t
bringen (to bring)	bring-	gebracht
denken (to think)	denk-	gedacht

Unsere Gäste haben uns einen schönen Blumenstrauß gebracht.
Our guests have brought us a lovely bunch of flowers.

The perfect tense of <u>separable</u> verbs is also formed in the above way, except that the separable prefix is joined on to the front of the ge-: ich habe die Flasche auf<u>ge</u>macht, du hast die Flasche auf<u>ge</u>macht and so on.

With <u>inseparable</u> verbs, the only difference is that past participles are formed without the ge-: ich habe Kaffee <u>bestellt</u>, du hast Kaffee <u>bestellt</u> and so on.

Verbs that form their perfect tense with haben

Most weak, strong and mixed verbs form their perfect tense with haben, for example machen:

Pronoun	haben	Past Participle	Meaning
ich	habe	gemacht	I did, I have done
du	hast	gemacht	you did, you have done
er sie es	hat	gemacht	he/she/it did, he/she/it has done
wir	haben	gemacht	we did, we have done
ihr	habt	gemacht	you (plural familiar) did, you have done
sie	haben	gemacht	they did, they have done
Sie	haben	gemacht	you (singular/plural formal) did, you have done

For further explanation of grammatical terms, please see pages 8-11.

Sie hat ihre Hausaufgaben schon gemacht.
She has already done her homework.
Haben Sie gut geschlafen? Did you sleep well?
Er hat fleißig gearbeitet. He has worked hard.

haben or sein?

MOST verbs form their perfect tense with haben.

Ich habe das schon gemacht. I've already done that.
Wo haben Sie früher gearbeitet? Where did you work before?

With reflexive verbs the reflexive pronoun comes immediately after haben.

Ich habe mich heute Morgen geduscht. I had a shower this morning.
Sie hat sich nicht daran erinnert. She didn't remember.

There are two main groups of verbs which form their perfect tense with sein
instead of haben, and most of them are strong verbs. One group are verbs which
take no direct object and are used mainly to talk about movement or a change
of some kind, such as:

gehen	to go
kommen	to come
ankommen	to arrive
abfahren	to leave
aussteigen	to get off
einsteigen	to get on
sterben	to die
sein	to be
werden	to become
bleiben	to remain
begegnen	to meet
gelingen	to succeed
aufstehen	to get up
fallen	to fall

Gestern <u>bin</u> ich ins Kino <u>gegangen</u>. I went to the cinema yesterday.

Sie <u>ist</u> heute Morgen ganz früh <u>abgefahren</u>.
She left really early this morning.

An welcher Haltestelle <u>sind</u> Sie <u>ausgestiegen</u>?
Which stop did you get off at?

There are two verbs which mean *to happen*.

Was ist geschehen *or* **passiert?** What happened?

Here are the perfect tense forms of a very common strong verb, **gehen**, in full:

Pronoun	sein	Past Participle	Meanings
ich	bin	gegangen	I went, I have gone
du	bist	gegangen	you went, you have gone
er sie es	ist	gegangen	he/she/it went, he/she/it has gone
wir	sind	gegangen	we went, we have gone
ihr	seid	gegangen	you (*plural familiar*) went, you have gone
sie	sind	gegangen	they went, they have gone
Sie	sind	gegangen	you (*singular/plural formal*) went, you have gone

Note that the perfect tense of the most important strong, weak and mixed verbs is shown in the **Verb Tables** at the back of the book.

The imperfect tense

Forming the imperfect tense of weak verbs

To form the imperfect tense of weak verbs, you use the same stem of the verb as for the present tense. Then you add the correct ending, depending on whether you are referring to ich, du, er, sie, es, wir, ihr, sie or Sie.

Pronoun	Ending	Add to Stem, e.g. spiel-	Meanings
ich	-te	ich spielte	I played I was playing
du	-test	du spieltest	you played you were playing
er sie es	-te	er spielte sie spielte es spielte	he/she/it played he/she/it played he/she/it was playing
wir	-ten	wir spielten	we played we were playing
ihr	-tet	ihr spieltet	you (*plural*) played you were playing
sie	-ten	sie spielten	they played they were playing
Sie	-ten	Sie spielten	you (*polite*) played you were playing

Sie hol<u>te</u> ihn jeden Tag von der Arbeit ab.
She picked him up from work every day.
Normalerweise mach<u>te</u> ich nach dem Abendessen meine Hausaufgaben.
I usually did my homework after dinner.

As with the present tense, some weak verbs change their spellings slightly when they are used in the imperfect tense.

dürfen (to be allowed to)

modal, *formed with* **haben**

PRESENT

ich	**darf**
du	**darfst**
er/sie/es	**darf**
wir	**dürfen**
ihr	**dürft**
sie/Sie	**dürfen**

PRESENT SUBJUNCTIVE

ich	**dürfe**
du	**dürfest**
er/sie/es	**dürfe**
wir	**dürfen**
ihr	**dürfet**
sie/Sie	**dürfen**

PERFECT

ich	**habe gedurft/dürfen**
du	**hast gedurft/dürfen**
er/sie/es	**hat gedurft/dürfen**
wir	**haben gedurft/dürfen**
ihr	**habt gedurft/dürfen**
sie/Sie	**haben gedurft/dürfen**

IMPERFECT

ich	**durfte**
du	**durftest**
er/sie/es	**durfte**
wir	**durften**
ihr	**durftet**
sie/Sie	**durften**

PRESENT PARTICIPLE

dürfend

PAST PARTICIPLE

gedurft/dürfen*

This form is used when combined with another infinitive.

EXAMPLE PHRASES

Darf ich ins Kino? Can I go to the cinema?

Er meint, er **dürfe** das nicht. He thinks he isn't allowed to.

Er **hat** nicht **gedurft**. He wasn't allowed to.

Wir **durften** nicht ausgehen. We weren't allowed to go out.

Sie lernte alles ganz schnell. She learned everything very quickly.

Forming the imperfect tense of strong verbs

The main difference between strong verbs and weak verbs in the imperfect is that strong verbs have a vowel change and take a different set of endings. For example, let's compare sagen and rufen:

	Infinitive	Meaning	Present	Imperfect
Weak	sagen	to say	er sagt	er sagte
Strong	rufen	to shout	er ruft	er rief

To form the imperfect tense of strong verbs you add the following endings to the stem, which undergoes a vowel change.

Pronoun	Ending	Add to Stem, e.g. rief-	Meanings
ich	–	ich rief	I shouted I was shouting
du	-st	du riefst	you shouted you were shouting
er sie es	–	er rief sie rief es rief	he/she/it shouted he/she/it were shouting
wir	-en	wir riefen	we shouted we were shouting
ihr	-t	ihr rieft	you (plural) shouted you were shouting
sie	-en	sie riefen	they shouted they were shouting
Sie	-en	Sie riefen	you (polite) shouted you were shouting

Sie rief mich immer freitags an. She always called me on Friday.

Sie liefen die Straße entlang. They ran along the street.

As in other tenses, the verb sein is a very irregular strong verb since the imperfect forms seem to have no relation to the infinitive form of the verb:

ich war, du warst, er/sie/es war, wir waren, ihr wart, sie/Sie waren.

Forming the imperfect tense of mixed verbs

The imperfect tense of mixed verbs is formed by adding the weak verb endings to a stem whose vowel has been changed as for a strong verb.

Pronoun	Ending	Add to Stem, e.g. kann-	Meanings
ich	-te	ich kannte	I knew
du	-test	du kanntest	you knew
er	-te	er kannte	he/she/it knew
sie		sie kannte	
es		es kannte	
wir	-ten	wir kannten	we knew
ihr	-tet	ihr kanntet	you (*plural*) knew
sie	-ten	sie kannten	they knew
Sie	-ten	Sie kannten	you (*polite*) knew

Er kannte die Stadt nicht. He didn't know the town.

bringen (meaning *to bring*) and denken (meaning *to think*) have a vowel AND a consonant change in their imperfect forms.

bringen *(to bring)*	denken *(to think)*
ich brachte	ich dachte
du brachtest	du dachtest
er/sie/es brachte	er/sie/es dachte
wir brachten	wir dachten
ihr brachtet	ihr dachtet
sie/Sie brachten	sie/Sie dachten

Meine Freunde brachten mich zum Flughafen.
My friends took me to the airport.

Note that the imperfect tense of the most important strong, weak and mixed verbs is shown in the **Verb Tables** at the back of the book.

The future tense

Forming the future tense

The future tense has TWO parts to it and is formed in the same way for all verbs, whether they are weak, strong or mixed.

The first part is the present tense of the strong verb werden (normally meaning *to become*), which acts as an auxiliary verb (meaning *will*) like haben and sein in the perfect tense.

Pronoun	Ending	Present Tense	Meanings
ich	-e	ich werde	I become
du	-st	du wirst	you become
er	–	er wird	he/she/it becomes
sie		sie wird	
es		es wird	
wir	-en	wir werden	we become
ihr	-t	ihr werdet	you (*plural*) become
sie	-en	sie werden	they become
Sie	-en	Sie werden	you (polite) become

The other part is the infinitive of the main verb, which normally goes at the end of the clause or sentence.

Pronoun	Present Tense of werden	Infinitive of Main Verb	Meanings
ich	werde	holen	I will fetch
du	wirst	holen	you will fetch
er/sie/es	wird	holen	he/she/it will fetch
wir	werden	holen	we will fetch
ihr	werdet	holen	you (*plural*) will fetch
sie	werden	holen	they will fetch
Sie	werden	holen	you (*polite*) will fetch

Morgen werde ich mein Fahrrad holen. I'll fetch my bike tomorrow.
Sie wird dir meine Adresse geben. She'll give you my address.
Wir werden draußen warten. We'll wait outside.

Note that in reflexive verbs, the reflexive pronoun comes after the present tense of werden.

Ich werde mich nächste Woche vorbereiten. I'll prepare next week.

The conditional

Forming the conditional

The conditional has <u>two</u> parts to it and is formed in the same way for all verbs, whether they are weak, strong or mixed:

- the würde form or subjunctive of the verb werden (meaning *to become*).
- the infinitive of the main verb, which normally goes at the end of the clause.

Pronoun	Subjunctive of werden	Infinitive of Main Verb	Meanings
ich	würde	holen	I would fetch
du	würdest	holen	you would fetch
er sie es	würde	holen	he/she/it would fetch
wir	würden	holen	we would fetch
ihr	würdet	holen	you (*plural*) would fetch
sie	würden	holen	they would fetch
Sie	würden	holen	you (*polite*) would fetch

Das <u>würde</u> ich nie <u>machen</u>. I would never do that.
<u>Würdest</u> du mir etwas Geld <u>leihen</u>? Would you lend me some money?
<u>Würden</u> Sie jemals mit dem Rauchen <u>aufhören</u>?
Would you ever stop smoking?

Note that you have to be careful not to mix up the present tense of werden, used to form the future tense, and the subjunctive of werden, used to form the conditional. They look similar.

For further explanation of grammatical terms, please see pages 8-11.

Future use	Conditional use
ich werde	ich würde
du wirst	du würdest
er/sie/es wird	er/sie/es würde
wir werden	wir würden
ihr werdet	ihr würdet
sie/Sie werden	sie/Sie würden

Er wird es tun. He will do it.

Er würde es nie tun. He would never do it.

The pluperfect tense

Forming the pluperfect tense

Like the perfect tense, the pluperfect tense in German has <u>two</u> parts to it:

- the <u>imperfect</u> tense of the verb **haben** (meaning *to have*) or **sein** (meaning *to be*).
- the past participle.

If a verb takes **haben** in the perfect tense, then it will take **haben** in the pluperfect too. If a verb takes **sein** in the perfect, then it will take **sein** in the pluperfect.

Verbs taking haben

Here are the pluperfect tense forms of **holen** (meaning *to fetch*) in full.

Pronoun	haben	Past Participle	Meanings
ich	hatte	geholt	I had fetched
du	hattest	geholt	you had fetched
er sie es	hatte	geholt	he/she/it had fetched
wir	hatten	geholt	we had fetched
ihr	hattet	geholt	you (*plural*) had fetched
sie	hatten	geholt	they had fetched
Sie	hatten	geholt	you (*polite*) had fetched

Ich <u>hatte</u> Brot <u>geholt</u>. I had fetched some bread.
Ich <u>hatte</u> schon mit ihm <u>gesprochen</u>. I had already spoken to him.

Verbs taking sein

Here are the pluperfect tense forms of reisen (meaning *to travel*) in full.

Pronoun	sein	Past Participle	Meanings
ich	war	gereist	I had travelled
du	warst	gereist	you had travelled
er sie es	war	gereist	he/she/it had travelled
wir	waren	gereist	we had travelled
ihr	wart	gereist	you (*plural*) had travelled
sie	waren	gereist	they had travelled
Sie	waren	gereist	you (*polite*) had travelled

Sie <u>war</u> sehr spät <u>angekommen</u>. She had arrived very late.

The subjunctive

Forming the present subjunctive

Two of the three main forms of the subjunctive are the <u>present subjunctive</u>, and the <u>pluperfect subjunctive</u>.

The present subjunctive of weak, strong and mixed verbs has the same endings:

Pronoun	Present Subjunctive: Weak and Strong Verb Endings
ich	-e
du	-est
er/sie/es	-e
wir	-en
ihr	-et
sie/Sie	-en

holen (weak verb, meaning *to fetch*)

ich hole	I fetch
du holest	you fetch

fahren (strong verb, meaning *to drive, to go*)

ich fahre	I drive, I go
du fahrest	you drive, you go

denken (mixed verb, meaning *to think*)

ich denke	I think
du denkest	you think

For further explanation of grammatical terms, please see pages 8-11.

Forming the pluperfect subjunctive

The pluperfect subjunctive is formed from the imperfect subjunctive of haben or sein + the past participle. This subjunctive form is frequently used to translate the English structure 'If I had done something, ...'

> Wenn ich Geld gehabt hätte, wäre ich gereist.
> If I had had money, I would have travelled.

The pluperfect subjunctive of weak and mixed verbs is formed with the imperfect subjunctive of haben.

holen (weak verb, meaning to fetch)

Pronoun	Pluperfect Subjunctive	Meaning
ich	hätte geholt	I would have fetched
du	hättest geholt	you would have fetched
er/sie/es	hätte geholt	he/she/it would have fetched
wir	hätten geholt	we would have fetched
ihr	hättet geholt	you (plural) would have fetched
sie/Sie	hätten geholt	they/you (polite) would have fetched

> Wenn ich mehr Zeit gehabt hätte, hätte ich Brot geholt.
> If I'd had more time I would have fetched some bread.

The pluperfect subjunctive of strong verbs is usually formed with the imperfect subjunctive of sein.

fallen (strong verb, meaning *to fall*)

Pronoun	Pluperfect Subjunctive	Meaning
ich	wäre gefallen	I would have fallen
du	wär(e)st gefallen	you would have fallen
er/sie/es	wäre gefallen	he/she/it would have fallen
wir	wären gefallen	we would have fallen
ihr	wär(e)t gefallen	you (*plural*) would have fallen
sie/Sie	wären gefallen	they/you (*polite*) would have fallen

Sie <u>wäre</u> fast aus dem Fenster <u>gefallen</u>. She almost fell out of the window.

Modal verbs

Using modal verbs

In German, the modal verbs are dürfen, können, mögen, müssen, sollen and wollen.

Modal verbs are different from other verbs in their conjugation, which is shown in the **Verb Tables** at the back of the book. You can find out more about modal verbs in the *Easy Learning German Grammar*.

Here are the main uses of dürfen:

- Meaning *to be allowed to* or *may*
    <u>Darfst</u> du mit ins Kino kommen?
    Are you allowed to/can you come to the cinema with us?

- Meaning *must not* or *may not*
    Ich <u>darf</u> keine Schokolade essen. I mustn't eat any chocolate.

Here are the main uses of können:

- Meaning *to be able to* or *can*
    Wir <u>können</u> es nicht schaffen. We can't make it.

- As a more common, informal alternative to dürfen, with the meaning *to be allowed to* or *can*
    <u>Kann</u> ich/<u>Darf</u> ich einen Kaffee haben? Can I/May I have a coffee?

Here are the main uses of mögen:

- Meaning *to like*, when expressing likes and dislikes
    <u>Magst</u> du Schokolade? Do you like chocolate?

- Meaning *would like to*, when expressing wishes and polite requests
  <u>Möchten</u> Sie etwas trinken? Would you like something to drink?

Here are the main uses of müssen :

- Meaning *to have to* or *must* or *need to*
  Sie <u>musste</u> jeden Tag um sechs aufstehen.
  She had to get up at six o'clock every day.

- Certain common, informal uses
  <u>Muss</u> das sein? Is that really necessary?

Here are the main uses of sollen :

- Meaning *ought to* or *should*
  Sie wusste nicht, was sie tun <u>sollte</u>.
  She didn't know what to do. (*what she should do*)

- Meaning *to be (supposed) to* where someone else has asked you to do something
  Du <u>sollst</u> deine Freundin anrufen.
  You are to/should phone your girlfriend. (*she has left a message asking you to ring*)

Here are the main uses of wollen :

- Meaning *to want* or *to want to*
  Sie <u>will</u> Lkw-Fahrerin werden. She wants to be a lorry driver.

- As a common, informal alternative to mögen , meaning *to want* or *wish*
  <u>Willst</u> du/<u>Möchtest</u> du etwas trinken?
  Do you want/Would you like something to drink?

- Meaning *to be willing to*
  Er <u>will</u> nichts sagen. He refuses to say anything.

For further explanation of grammatical terms, please see pages 8-11.

- Expressing something you previously intended to do
  Ich <u>wollte</u> gerade anrufen. I was just about to phone.

Modal verb forms

Modal verbs have unusual present tenses:

dürfen	können	mögen
ich darf	ich kann	ich mag
du darfst	du kannst	du magst
er/sie/es/darf	er/sie/es/kann	er/sie/es/mag
wir dürfen	wir können	wir mögen
ihr dürft	ihr könnt	ihr mögt
sie/Sie dürfen	sie/Sie können	sie/Sie mögen

müssen	sollen	wollen
ich muss	ich soll	ich will
du musst	du sollst	du willst
er/sie/es/muss	er/sie/es/soll	er/sie/es/will
wir müssen	wir sollen	wir wollen
ihr müsst	ihr sollt	ihr wollt
sie/Sie müssen	sie/Sie sollen	sie/Sie wollen

In tenses consisting of one verb part, the infinitive of the verb used with the modal comes at the end of the sentence or clause.

Sie <u>kann</u> sehr gut <u>schwimmen</u>. She is a very good swimmer.

The modal verbs are shown in full in the **Verb Tables** at the back of the book.

Verb combinations

Verbs followed by a noun or infinitive

Below you will see some other types of word which can be combined with verbs. These combinations are written as two separate words (but some may also be written as one word) and behave like separable verbs:

Here are some common noun + verb combinations:

Ski fahren to ski
Ich fahre gern Ski. I like skiing.

Schlittschuh laufen to ice-skate
Im Winter kann man Schlittschuh laufen. You can ice-skate in winter.

Here are some common infinitive + verb combinations:

kennen lernen (or kennenlernen) to meet or to get to know
Meine Mutter möchte dich kennenlernen. My mother wants to meet you.
Er lernt sie nie richtig kennen. He'll never get to know her properly.

sitzen bleiben (or sitzenbleiben) to remain seated
Bleiben Sie bitte sitzen. Please remain seated.

spazieren gehen (or spazierengehen) to go for a walk
Er geht jeden Tag spazieren. He goes for a walk every day.

Verbs followed by a preposition + the accusative case

The following list contains the most common verbs followed by a preposition plus the accusative case:

sich amüsieren über to laugh at, smile about
Sie haben sich <u>über</u> <u>ihn</u> amüsiert. They laughed at him.

sich bewerben um to apply for
Sie hat sich <u>um</u> <u>die</u> Stelle als Direktorin beworben.
She applied for the position of director.

bitten um to ask for
Er bat sie <u>um</u> Hilfe. He asked her for help.

denken an to be thinking of
<u>Daran</u> habe ich gar nicht mehr gedacht. I'd forgotten about that.

denken über to think about, hold an opinion of
Wie denkt ihr <u>darüber</u>? What do you think about it?

sich erinnern an to remember
Erinnerst du dich noch <u>an</u> <u>seinen</u> Namen?
Can you still remember his name?

sich freuen auf to look forward to
Wir freuen uns <u>darauf</u>, euch zu sehen.
We're looking forward to seeing you.

sich freuen über to be pleased about
Ich freue mich sehr <u>darüber</u>, dass du gekommen bist.
I'm very glad you came.

sich gewöhnen an to get used to
Ich muss mich erst <u>an die</u> neue Rechtschreibung gewöhnen.
I have to get used to the new spelling rules.

glauben an (etwas) to believe in (something)
Glaubst du <u>an</u> ein Leben nach dem Tod? Do you believe in life after death?

sich interessieren für to be interested in
Sie interessiert sich sehr <u>für</u> Politik. She's very interested in politics.

kämpfen um to fight for
Sie kämpften <u>ums</u> Überleben. They were fighting to survive.

klagen über to complain about/of
Er klagt dauernd <u>über</u> seine Kinder.
He's constantly complaining about his children.

sich kümmern um to take care of, see to
Kannst du dich <u>um</u> meine Pflanzen kümmern? Can you see to my plants?

nachdenken über to think about
Er hatte schon lange <u>darüber</u> nachgedacht.
He had been thinking about it for a long time.

sich unterhalten über to talk about
Wir haben uns über dich unterhalten. We talked about you.

sich verlassen auf to rely on, depend on
Kann sie sich <u>auf</u> ihn verlassen? Can she rely on him?

warten auf to wait for
Ich warte draußen auf euch. I'll wait outside for you.

Verbs followed by a preposition + the dative case

The following list contains the most common verbs followed by a preposition plus the dative case:

abhängen von to depend on
Das hängt <u>von</u> der Zeit ab, die uns noch bleibt.
That depends how much time we have left.

beitragen zu to contribute to
Er trägt selten was <u>zum</u> Unterricht bei.
He seldom contributes anything to the lesson.

sich beschäftigen mit to occupy oneself with
Sie beschäftigen sich im Moment <u>mit</u> dem neuen Haus.
They're busy with their new house at the moment.

bestehen aus to consist of
Eine Fußballmannschaft besteht <u>aus</u> elf Spielern.
A football team consists of eleven players.

leiden an/unter to suffer from
Sie hat lange <u>an</u> dieser Krankheit gelitten.
She suffered from this illness for a long time.

riechen nach to smell of
Hier riecht es <u>nach</u> Benzin. It smells of petrol here.

schmecken nach to taste of
Es schmeckt <u>nach</u> Zimt. It tastes of cinnamon.

sich sehnen nach to long for
Er sehnte sich <u>nach</u> Schokolade. He longed for chocolate.

sterben an to die of
Sie ist an Krebs gestorben. She died of cancer.

teilnehmen an to take part in
Du solltest am Wettbewerb teilnehmen.
You should take part in the competition.

träumen von to dream of
Ich habe von dir geträumt. I dreamt about you.

sich verabschieden von to say goodbye to
Ich habe mich noch nicht von ihm verabschiedet.
I haven't said goodbye to him yet.

sich verstehen mit to get along with, get on with
Sie versteht sich ganz gut mit ihr. She gets on really well with her.

VERB TABLES

Introduction

The **Verb Tables** in the following section contain 127 tables of German verbs (strong, weak and mixed) in alphabetical order. Each table shows you the following forms: **Present, Present Subjunctive, Perfect, Imperfect, Future, Conditional, Pluperfect, Pluperfect Subjunctive, Imperative** and the **Present** and **Past Participles**. For more information on these tenses and how they are formed you should look at the section on Verb Formation in the main text on pages 12–60. If you want to find out in more detail how verbs are used in different contexts, the *Easy Learning German Grammar* will give you additional information.

In order to help you use the verbs shown in the **Verb Tables** correctly, there are also a number of example phrases at the bottom of each page to show the verb as it is used in context.

In German there are **weak** verbs (their forms follow regular patterns), **strong** verbs (their forms follow irregular patterns) and **mixed** verbs (their forms follow a mixture of regular and irregular patterns). Two of the weak verbs in these tables are **holen** (*to fetch*) and **machen** (*to do, to make*). All weak, strong and mixed verbs are shown in full.

The **Verb Index** at the end of this section contains around 1000 verbs, each of which is cross-referred to one of the verbs given in the Verb Tables. The table shows the patterns that the verb listed in the index follows.

annehmen (to accept) strong, separable, *formed with* haben

PRESENT

ich **nehme an**
du **nimmst an**
er/sie/es **nimmt an**
wir **nehmen an**
ihr **nehmt an**
sie/Sie **nehmen an**

PRESENT SUBJUNCTIVE

ich **nehme an**
du **nehmest an**
er/sie/es **nehme an**
wir **nehmen an**
ihr **nehmet an**
sie/Sie **nehmen an**

PERFECT

ich **habe angenommen**
du **hast angenommen**
er/sie/es **hat angenommen**
wir **haben angenommen**
ihr **habt angenommen**
sie/Sie **haben angenommen**

IMPERFECT

ich **nahm an**
du **nahmst an**
er/sie/es **nahm an**
wir **nahmen an**
ihr **nahmt an**
sie/Sie **nahmen an**

PRESENT PARTICIPLE
annehmend

PAST PARTICIPLE
angenommen

EXAMPLE PHRASES

Ich **nehme an**, dass er heute nicht mehr kommt. I assume that he isn't
  coming today.
Er sagt, er **nehme an**, ich sei einverstanden. He says he assumes I would agree.
Ich **habe** die neue Stelle **angenommen**. I have accepted the new job.
Wir **nahmen an**, dass die Beweise ausreichen würden. We assumed the
  evidence to be sufficient.

ich = I **du** = you **er** = he/it **sie** = she/it **es** = it/he/she **wir** = we **ihr** = you **sie** = they **Sie** = you *(polite)*

annehmen

FUTURE

ich	**werde annehmen**
du	**wirst annehmen**
er/sie/es	**wird annehmen**
wir	**werden annehmen**
ihr	**werdet annehmen**
sie/Sie	**werden annehmen**

CONDITIONAL

ich	**würde annehmen**
du	**würdest annehmen**
er/sie/es	**würde annehmen**
wir	**würden annehmen**
ihr	**würdet annehmen**
sie/Sie	**würden annehmen**

PLUPERFECT

ich	**hatte angenommen**
du	**hattest angenommen**
er/sie/es	**hatte angenommen**
wir	**hatten angenommen**
ihr	**hattet angenommen**
sie/Sie	**hatten angenommen**

PLUPERFECT SUBJUNCTIVE

ich	**hätte angenommen**
du	**hättest angenommen**
er/sie/es	**hätte angenommen**
wir	**hätten angenommen**
ihr	**hättet angenommen**
sie/Sie	**hätten angenommen**

IMPERATIVE

nimm an!/nehmen wir an!/nehmt an!/nehmen Sie an!

EXAMPLE PHRASES

Ihr **werdet annehmen**, dass ich verrückt bin. You will think that I am mad.

Ich **würde** Ihr Angebot gern **annehmen**. I would be pleased to accept your offer.

Sie **hatte angenommen**, dass sie zu der Party gehen darf. She had assumed that she was allowed to go to the party.

Ich **hätte angenommen**, dass in dieser Stadt mehr los ist. I would have thought there was more going on in this town.

ich = I **du** = you **er** = he/it **sie** = she/it **es** = it/he/she **wir** = we **ihr** = you **sie** = they **Sie** = you (*polite*)

arbeiten (to work)

weak, *formed with* **haben**

PRESENT

ich	**arbeite**
du	**arbeitest**
er/sie/es	**arbeitet**
wir	**arbeiten**
ihr	**arbeitet**
sie/Sie	**arbeiten**

PRESENT SUBJUNCTIVE

ich	**arbeite**
du	**arbeitest**
er/sie/es	**arbeite**
wir	**arbeiten**
ihr	**arbeitet**
sie/Sie	**arbeiten**

PERFECT

ich	**habe gearbeitet**
du	**hast gearbeitet**
er/sie/es	**hat gearbeitet**
wir	**haben gearbeitet**
ihr	**habt gearbeitet**
sie/Sie	**haben gearbeitet**

IMPERFECT

ich	**arbeitete**
du	**arbeitetest**
er/sie/es	**arbeitete**
wir	**arbeiteten**
ihr	**arbeitetet**
sie/Sie	**arbeiteten**

PRESENT PARTICIPLE
arbeitend

PAST PARTICIPLE
gearbeitet

EXAMPLE PHRASES

Er **arbeitet** seit einem Jahr bei der Computerfirma. He has been working for the computer firm for a year.

Sie sagt, sie **arbeite** 50 Stunden in der Woche. She says she works 50 hours a week.

Er **hat** früher als Elektriker **gearbeitet**. He used to work as an electrician.

Sie **arbeitete** wochenlang an dem Projekt. Sie worked for weeks on the project.

ich = I **du** = you **er** = he/it **sie** = she/it **es** = it/he/she **wir** = we **ihr** = you **sie** = they **Sie** = you *(polite)*

arbeiten

FUTURE

ich	**werde arbeiten**
du	**wirst arbeiten**
er/sie/es	**wird arbeiten**
wir	**werden arbeiten**
ihr	**werdet arbeiten**
sie/Sie	**werden arbeiten**

CONDITIONAL

ich	**würde arbeiten**
du	**würdest arbeiten**
er/sie/es	**würde arbeiten**
wir	**würden arbeiten**
ihr	**würdet arbeiten**
sie/Sie	**würden arbeiten**

PLUPERFECT

ich	**hatte gearbeitet**
du	**hattest gearbeitet**
er/sie/es	**hatte gearbeitet**
wir	**hatten gearbeitet**
ihr	**hattet gearbeitet**
sie/Sie	**hatten gearbeitet**

PLUPERFECT SUBJUNCTIVE

ich	**hätte gearbeitet**
du	**hättest gearbeitet**
er/sie/es	**hätte gearbeitet**
wir	**hätten gearbeitet**
ihr	**hättet gearbeitet**
sie/Sie	**hätten gearbeite**

IMPERATIVE

arbeite!/arbeiten wir!/arbeitet!/arbeiten Sie!

EXAMPLE PHRASES

Wie lange **wirst** du daran **arbeiten**? How long will you be working on it?

Ich **würde** nicht gern sonntags **arbeiten**. I wouldn't like to work on Sundays.

Wir **hatten** alle hart **gearbeitet**. We had all worked hard.

Ich **hätte** lieber in einer Kneipe **gearbeitet**. I would rather have worked in a pub.

---

ich = I **du** = you **er** = he/it **sie** = she/it **es** = it/he/she **wir** = we **ihr** = you **sie** = they **Sie** = you *(polite)*

atmen (to breathe)

weak, *formed with* **haben**

PRESENT

ich	**atme**
du	**atmest**
er/sie/es	**atmet**
wir	**atmen**
ihr	**atmet**
sie/Sie	**atmen**

PRESENT SUBJUNCTIVE

ich	**atme**
du	**atmest**
er/sie/es	**atme**
wir	**atmen**
ihr	**atmet**
sie/Sie	**atmen**

PERFECT

ich	**habe geatmet**
du	**hast geatmet**
er/sie/es	**hat geatmet**
wir	**haben geatmet**
ihr	**habt geatmet**
sie/Sie	**haben geatmet**

IMPERFECT

ich	**atmete**
du	**atmetest**
er/sie/es	**atmete**
wir	**atmeten**
ihr	**atmetet**
sie/Sie	**atmeten**

PRESENT PARTICIPLE

atmend

PAST PARTICIPLE

geatmet

EXAMPLE PHRASES

Sie **atmet** jetzt wieder etwas freier. She is now breathing a bit more freely again.

Er sagt, die Luft, die er **atme**, sei verschmutzt. He says the air he is breathing is polluted.

Er **hat** ganz normal **geatmet**. He breathed normally.

Wir **atmeten** tief ein und aus. We took deep breaths.

ich = I **du** = you **er** = he/it **sie** = she/it **es** = it/he/she **wir** = we **ihr** = you **sie** = they **Sie** = you (*polite*)

atmen

FUTURE

ich	**werde atmen**
du	**wirst atmen**
er/sie/es	**wird atmen**
wir	**werden atmen**
ihr	**werdet atmen**
sie/Sie	**werden atmen**

CONDITIONAL

ich	**würde atmen**
du	**würdest atmen**
er/sie/es	**würde atmen**
wir	**würden atmen**
ihr	**würdet atmen**
sie/Sie	**würden atmen**

PLUPERFECT

ich	**hatte geatmet**
du	**hattest geatmet**
er/sie/es	**hatte geatmet**
wir	**hatten geatmet**
ihr	**hattet geatmet**
sie/Sie	**hatten geatmet**

PLUPERFECT SUBJUNCTIVE

ich	**hätte geatmet**
du	**hättest geatmet**
er/sie/es	**hätte geatmet**
wir	**hätten geatmet**
ihr	**hättet geatmet**
sie/Sie	**hätten geatmet**

IMPERATIVE
atme!/atmen wir!/atmet!/atmen Sie!

EXAMPLE PHRASES

Dort **werden** wir frischere Luft **atmen**. We'll breathe fresher air there.

Mit einem Inhalator **würde** er besser **atmen**. An inhaler would improve his breathing.

Wir **hatten** seit Tagen keine Frischluft **geatmet**. We hadn't breathed fresh air for days.

Ich **hätte** lieber Landluft **geatmet**. I would have preferred to breathe country air.

ich = I **du** = you **er** = he/it **sie** = she/it **es** = it/he/she **wir** = we **ihr** = you **sie** = they **Sie** = you (polite)

ausreichen (to be enough)

weak, separable,
formed with **haben**

PRESENT

ich	**reiche aus**
du	**reichst aus**
er/sie/es	**reicht aus**
wir	**reichen aus**
ihr	**reicht aus**
sie/Sie	**reichen aus**

PRESENT SUBJUNCTIVE

ich	**reiche aus**
du	**reichest aus**
er/sie/es	**reiche aus**
wir	**reichen aus**
ihr	**reichet aus**
sie/Sie	**reichen aus**

PERFECT

ich	**habe ausgereicht**
du	**hast ausgereicht**
er/sie/es	**hat ausgereicht**
wir	**haben ausgereicht**
ihr	**habt ausgereicht**
sie/Sie	**haben ausgereicht**

IMPERFECT

ich	**reichte aus**
du	**reichtest aus**
er/sie/es	**reichte aus**
wir	**reichten aus**
ihr	**reichtet aus**
sie/Sie	**reichten aus**

PRESENT PARTICIPLE

ausreichend

PAST PARTICIPLE

ausgereicht

EXAMPLE PHRASES

Reicht dir das **aus**? Is that enough for you?

Er meint, das Geld **reiche** nicht **aus**. He thinks the money isn't enough.

Die Vorräte **haben** nicht **ausgereicht**. There weren't enough provisions.

Die Zeit **reichte** nie **aus**. There was never enough time.

---

ich = I **du** = you **er** = he/it **sie** = she/it **es** = it/he/she **wir** = we **ihr** = you **sie** = they **Sie** = you (*polite*)

ausreichen

FUTURE

ich	**werde ausreichen**
du	**wirst ausreichen**
er/sie/es	**wird ausreichen**
wir	**werden ausreichen**
ihr	**werdet ausreichen**
sie/Sie	**werden ausreichen**

CONDITIONAL

ich	**würde ausreichen**
du	**würdest ausreichen**
er/sie/es	**würde ausreichen**
wir	**würden ausreichen**
ihr	**würdet ausreichen**
sie/Sie	**würden ausreichen**

PLUPERFECT

ich	**hatte ausgereicht**
du	**hattest ausgereicht**
er/sie/es	**hatte ausgereicht**
wir	**hatten ausgereicht**
ihr	**hattet ausgereicht**
sie/Sie	**hatten ausgereicht**

PLUPERFECT SUBJUNCTIVE

ich	**hätte ausgereicht**
du	**hättest ausgereicht**
er/sie/es	**hätte ausgereicht**
wir	**hätten ausgereicht**
ihr	**hättet ausgereicht**
sie/Sie	**hätten ausgereicht**

IMPERATIVE

reiche(e) aus!/reichen wir aus!/reicht aus!/reichen Sie aus!

EXAMPLE PHRASES

Das **wird** uns nicht **ausreichen**. That won't be enough for us.

Es **würde** uns **ausreichen**, wenn Sie 50 Euro zahlen. It would be sufficient if you paid us 50 euros.

Eine halbe Stunde **hatte ausgereicht**. Half an hour had been sufficient.

Das Essen **hätte** für 60 Personen **ausgereicht**. The food would have been enough for 60 people.

befehlen (to command)

strong, inseparable,
formed with **haben**

PRESENT		PRESENT SUBJUNCTIVE	
ich	**befehle**	ich	**befehle**
du	**befiehlst**	du	**befehlest**
er/sie/es	**befiehlt**	er/sie/es	**befehle**
wir	**befehlen**	wir	**befehlen**
ihr	**befehlt**	ihr	**befehlet**
sie/Sie	**befehlen**	sie/Sie	**befehlen**

PERFECT		IMPERFECT	
ich	**habe befohlen**	ich	**befahl**
du	**hast befohlen**	du	**befahlst**
er/sie/es	**hat befohlen**	er/sie/es	**befahl**
wir	**haben befohlen**	wir	**befahlen**
ihr	**habt befohlen**	ihr	**befahlt**
sie/Sie	**haben befohlen**	sie/Sie	**befahlen**

PRESENT PARTICIPLE
befehlend

PAST PARTICIPLE
befohlen

EXAMPLE PHRASES

Er **befiehlt** gern. He likes giving orders.

Er sagt, er **befehle** ihm, hier zu bleiben. He says he is ordering him to stay.

Er **hat** uns Stillschweigen **befohlen**. He has ordered us to be silent.

Er **befahl**, den Mann zu erschießen. He ordered the man to be shot.

ich = I **du** = you **er** = he/it **sie** = she/it **es** = it/he/she **wir** = we **ihr** = you **sie** = they **Sie** = you (*polite*)

befehlen

FUTURE

ich	**werde befehlen**
du	**wirst befehlen**
er/sie/es	**wird befehlen**
wir	**werden befehlen**
ihr	**werdet befehlen**
sie/Sie	**werden befehlen**

CONDITIONAL

ich	**würde befehlen**
du	**würdest befehlen**
er/sie/es	**würde befehlen**
wir	**würden befehlen**
ihr	**würdet befehlen**
sie/Sie	**würden befehlen**

PLUPERFECT

ich	**hatte befohlen**
du	**hattest befohlen**
er/sie/es	**hatte befohlen**
wir	**hatten befohlen**
ihr	**hattet befohlen**
sie/Sie	**hatten befohlen**

PLUPERFECT SUBJUNCTIVE

ich	**hätte befohlen**
du	**hättest befohlen**
er/sie/es	**hätte befohlen**
wir	**hätten befohlen**
ihr	**hättet befohlen**
sie/Sie	**hätten befohlen**

IMPERATIVE

befiehl!/befehlen wir!/befehlt!/befehlen Sie!

EXAMPLE PHRASES

Ich **werde** ihn zu mir **befehlen**. I will summon him to me.

Sie **würde** gern allen Leuten **befehlen**. She would like to give orders to everybody.

Der General **hatte** den Rückzug **befohlen**. The general had ordered his troops to retreat.

Er blieb stehen, als **hätte** jemand es ihm **befohlen**. He stopped as if someone had ordered him to.

---

ich = I **du** = you **er** = he/it **sie** = she/it **es** = it/he/she **wir** = we **ihr** = you **sie** = they **Sie** = you (polite)

beginnen (to begin)   strong, inseparable, *formed with* haben

PRESENT

ich	**beginne**
du	**beginnst**
er/sie/es	**beginnt**
wir	**beginnen**
ihr	**beginnt**
sie/Sie	**beginnen**

PRESENT SUBJUNCTIVE

ich	**beginne**
du	**beginnest**
er/sie/es	**beginne**
wir	**beginnen**
ihr	**beginnet**
sie/Sie	**beginnen**

PERFECT

ich	**habe begonnen**
du	**hast begonnen**
er/sie/es	**hat begonnen**
wir	**haben begonnen**
ihr	**habt begonnen**
sie/Sie	**haben begonnen**

IMPERFECT

ich	**begann**
du	**begannst**
er/sie/es	**begann**
wir	**begannen**
ihr	**begannt**
sie/Sie	**begannen**

PRESENT PARTICIPLE

beginnend

PAST PARTICIPLE

begonnen

EXAMPLE PHRASES

Die Vorstellung **beginnt** gleich. The performance is about to begin.

Sie sagt, sie **beginne** jeden Tag mit einem Gebet. She says she starts each day with a prayer.

Er **hat** als Lehrling **begonnen**. He started off as an apprentice.

Sie **begann** mit der Arbeit. She started working.

ich = I   **du** = you   **er** = he/it   **sie** = she/it   **es** = it/he/she   **wir** = we   **ihr** = you   **sie** = they   **Sie** = you (*polite*)

beginnen

FUTURE

ich **werde beginnen**
du **wirst beginnen**
er/sie/es **wird beginnen**
wir **werden beginnen**
ihr **werdet beginnen**
sie/Sie **werden beginnen**

CONDITIONAL

ich **würde beginnen**
du **würdest beginnen**
er/sie/es **würde beginnen**
wir **würden beginnen**
ihr **würdet beginnen**
sie/Sie **würden beginnen**

PLUPERFECT

ich **hatte begonnen**
du **hattest begonnen**
er/sie/es **hatte begonnen**
wir **hatten begonnen**
ihr **hattet begonnen**
sie/Sie **hatten begonnen**

PLUPERFECT SUBJUNCTIVE

ich **hätte begonnen**
du **hättest begonnen**
er/sie/es **hätte begonnen**
wir **hätten begonnen**
ihr **hättet begonnen**
sie/Sie **hätten begonnen**

IMPERATIVE

beginn(e)!/beginnen wir!/beginnt!/beginnen Sie!

EXAMPLE PHRASES

Wann **werdet** ihr endlich damit **beginnen**? When will you get started on it?

Wir **würden** nicht ohne dich **beginnen**. We wouldn't start without you.

Wir **hatten** gerade **begonnen**, als er kam. We had just got started when he came.

Wenn du gestern **begonnen hättest**, wärest du jetzt fertig. If you had started yesterday, you would be finished now.

ich = I **du** = you **er** = he/it **sie** = she/it **es** = it/he/she **wir** = we **ihr** = you **sie** = they **Sie** = you (*polite*)

beißen (to bite)

strong, *formed with* **haben**

PRESENT

ich	**beiße**
du	**beißt**
er/sie/es	**beißt**
wir	**beißen**
ihr	**beißt**
sie/Sie	**beißen**

PRESENT SUBJUNCTIVE

ich	**beiße**
du	**beißest**
er/sie/es	**beiße**
wir	**beißen**
ihr	**beißet**
sie/Sie	**beißen**

PERFECT

ich	**habe gebissen**
du	**hast gebissen**
er/sie/es	**hat gebissen**
wir	**haben gebissen**
ihr	**habt gebissen**
sie/Sie	**haben gebissen**

IMPERFECT

ich	**biss**
du	**bissest**
er/sie/es	**biss**
wir	**bissen**
ihr	**bisst**
sie/Sie	**bissen**

PRESENT PARTICIPLE
beißend

PAST PARTICIPLE
gebissen

EXAMPLE PHRASES

Rosa **beißt** sich mit Orange. Pink clashes with orange.

Er versichert uns, sein Hund **beiße** nicht. He assures us his dog doesn't bite.

Der Hund **hat** mich **gebissen**. The dog bit me.

Sie **biss** in den Apfel. She bit into the apple.

ich = I **du** = you **er** = he/it **sie** = she/it **es** = it/he/she **wir** = we **ihr** = you **sie** = they **Sie** = you *(polite)*

beißen

FUTURE

ich **werde beißen**
du **wirst beißen**
er/sie/es **wird beißen**
wir **werden beißen**
ihr **werdet beißen**
sie/Sie **werden beißen**

CONDITIONAL

ich **würde beißen**
du **würdest beißen**
er/sie/es **würde beißen**
wir **würden beißen**
ihr **würdet beißen**
sie/Sie **würden beißen**

PLUPERFECT

ich **hatte gebissen**
du **hattest gebissen**
er/sie/es **hatte gebissen**
wir **hatten gebissen**
ihr **hattet gebissen**
sie/Sie **hatten gebissen**

PLUPERFECT SUBJUNCTIVE

ich **hätte gebissen**
du **hättest gebissen**
er/sie/es **hätte gebissen**
wir **hätten gebissen**
ihr **hättet gebissen**
sie/Sie **hätten gebissen**

IMPERATIVE

beiß(e)!/beißen wir!/beißt!/beißen Sie!

EXAMPLE PHRASES

Er **wird** dich schon nicht **beißen**! He won't bite you!
Ich wette, die Katze **würde** dich **beißen**. I bet the cat would bite you.
Der Hund **hatte** den Einbrecher **gebissen**. The dog had bitten the burglar.
Die Katze **hätte** mich fast **gebissen**. The cat almost bit me.

ich = I **du** = you **er** = he/it **sie** = she/it **es** = it/he/she **wir** = we **ihr** = you **sie** = they **Sie** = you (polite)

bestellen (to order)
weak, inseparable, *formed with* **haben**

PRESENT

ich	**bestelle**
du	**bestellst**
er/sie/es	**bestellt**
wir	**bestellen**
ihr	**bestellt**
sie/Sie	**bestellen**

PRESENT SUBJUNCTIVE

ich	**bestelle**
du	**bestellest**
er/sie/es	**bestelle**
wir	**bestellen**
ihr	**bestellet**
sie/Sie	**bestellen**

PERFECT

ich	**habe bestellt**
du	**hast bestellt**
er/sie/es	**hat bestellt**
wir	**haben bestellt**
ihr	**habt bestellt**
sie/Sie	**haben bestellt**

IMPERFECT

ich	**bestellte**
du	**bestelltest**
er/sie/es	**bestellte**
wir	**bestellten**
ihr	**bestelltet**
sie/Sie	**bestellten**

PRESENT PARTICIPLE
bestellend

PAST PARTICIPLE
bestellt

EXAMPLE PHRASES

Ich **bestelle** uns schon mal ein Bier. I'll go and order a beer for us.

Er sagt, er **bestellt** alles im Internet. He says he orders everything on the Internet.

Haben Sie schon **bestellt**? Have you ordered yet?

Wir **bestellten** einen Tisch für zwei. We reserved a table for two.

---

ich = I **du** = you **er** = he/it **sie** = she/it **es** = it/he/she **wir** = we **ihr** = you **sie** = they **Sie** = you (*polite*)

bestellen

FUTURE

ich	**werde bestellen**
du	**wirst bestellen**
er/sie/es	**wird bestellen**
wir	**werden bestellen**
ihr	**werdet bestellen**
sie/Sie	**werden bestellen**

CONDITIONAL

ich	**würde bestellen**
du	**würdest bestellen**
er/sie/es	**würde bestellen**
wir	**würden bestellen**
ihr	**würdet bestellen**
sie/Sie	**würden bestellen**

PLUPERFECT

ich	**hatte bestellt**
du	**hattest bestellt**
er/sie/es	**hatte bestellt**
wir	**hatten bestellt**
ihr	**hattet bestellt**
sie/Sie	**hatten bestellt**

PLUPERFECT SUBJUNCTIVE

ich	**hätte bestellt**
du	**hättest bestellt**
er/sie/es	**hätte bestellt**
wir	**hätten bestellt**
ihr	**hättet bestellt**
sie/Sie	**hätten bestellt**

IMPERATIVE
bestelle(e)!/bestellen wir!/bestellt!/bestellen Sie!

EXAMPLE PHRASES

Dort **werde** ich nicht mehr **bestellen**. I won't be ordering anything from there anymore.

Ich **würde** die Karten gern im Voraus **bestellen**. I'd like to book the tickets in advance.

Ich **hatte** das Essen für 12 Uhr **bestellt**. I had ordered the meal for 12 o'clock.

Wir **hätten** gern noch mehr **bestellt**. We would have liked to have ordered more.

ich = I **du** = you **er** = he/it **sie** = she/it **es** = it/he/she **wir** = we **ihr** = you **sie** = they **Sie** = you (polite)

biegen (to bend; to turn) strong, *formed with* **haben/sein***

PRESENT

ich	**biege**
du	**biegst**
er/sie/es	**biegt**
wir	**biegen**
ihr	**biegt**
sie/Sie	**biegen**

PRESENT SUBJUNCTIVE

ich	**biege**
du	**biegest**
er/sie/es	**biege**
wir	**biegen**
ihr	**bieget**
sie/Sie	**biegen**

PERFECT

ich	**habe gebogen**
du	**hast gebogen**
er/sie/es	**hat gebogen**
wir	**haben gebogen**
ihr	**habt gebogen**
sie/Sie	**haben gebogen**

IMPERFECT

ich	**bog**
du	**bogst**
er/sie/es	**bog**
wir	**bogen**
ihr	**bogt**
sie/Sie	**bogen**

PRESENT PARTICIPLE

biegend

PAST PARTICIPLE

gebogen

*When **biegen** *is used with no direct object, it is formed with* **sein**.

EXAMPLE PHRASES

Die Bäume **biegen** sich im Wind. The trees are bending in the wind.

Er sagt, er **biege** gleich in die Hauptstraße. He says he'll turn into the main road soon.

Er **hat** den Löffel **gebogen**. He bent the spoon.

Ein Auto **bog** um die Kurve. A car came round the corner.

ich = I **du** = you **er** = he/it **sie** = she/it **es** = it/he/she **wir** = we **ihr** = you **sie** = they **Sie** = you (*polite*)

biegen

FUTURE

ich	**werde biegen**
du	**wirst biegen**
er/sie/es	**wird biegen**
wir	**werden biegen**
ihr	**werdet biegen**
sie/Sie	**werden biegen**

CONDITIONAL

ich	**würde biegen**
du	**würdest biegen**
er/sie/es	**würde biegen**
wir	**würden biegen**
ihr	**würdet biegen**
sie/Sie	**würden biegen**

PLUPERFECT

ich	**hatte gebogen**
du	**hattest gebogen**
er/sie/es	**hatte gebogen**
wir	**hatten gebogen**
ihr	**hattet gebogen**
sie/Sie	**hatten gebogen**

PLUPERFECT SUBJUNCTIVE

ich	**hätte gebogen**
du	**hättest gebogen**
er/sie/es	**hätte gebogen**
wir	**hätten gebogen**
ihr	**hättet gebogen**
sie/Sie	**hätten gebogen**

IMPERATIVE
bieg(e)!/biegen wir!/biegt!/biegen Sie!

EXAMPLE PHRASES

Ich **werde** die Stangen gerade **biegen**. I'll straighten the rods.

Ich **würde** nicht in diese Straße **biegen**. I wouldn't turn into that street.

Wir **hatten** uns vor Lachen **gebogen**. We had doubled up with laughter.

Er **wäre** in die Seitenstraße **gebogen**. He would have turned into the side
   street.

ich = I du = you er = he/it sie = she/it es = it/he/she wir = we ihr = you sie = they Sie = you (polite)

bieten (to offer)

strong, *formed with* **haben**

PRESENT

ich	**biete**
du	**bietest**
er/sie/es	**bietet**
wir	**bieten**
ihr	**bietet**
sie/Sie	**bieten**

PRESENT SUBJUNCTIVE

ich	**biete**
du	**bietest**
er/sie/es	**biete**
wir	**bieten**
ihr	**bietet**
sie/Sie	**bieten**

PERFECT

ich	**habe geboten**
du	**hast geboten**
er/sie/es	**hat geboten**
wir	**haben geboten**
ihr	**habt geboten**
sie/Sie	**haben geboten**

IMPERFECT

ich	**bot**
du	**bot(e)st**
er/sie/es	**bot**
wir	**boten**
ihr	**botet**
sie/Sie	**boten**

PRESENT PARTICIPLE

bietend

PAST PARTICIPLE

geboten

EXAMPLE PHRASES

Diese Stadt **bietet** mir nichts. This town has nothing to offer me.

Er sagt, er **biete** mir 5000 Euro für mein Auto. He says he's offering me 5000 euros for my car.

Für das Bild **haben** sie 2000 Euro **geboten**. They have made a bid of 2000 euros for the painting.

Er **bot** ihm die Hand. He held out his hand to him.

bieten

FUTURE

ich	**werde bieten**
du	**wirst bieten**
er/sie/es	**wird bieten**
wir	**werden bieten**
ihr	**werdet bieten**
sie/Sie	**werden bieten**

CONDITIONAL

ich	**würde bieten**
du	**würdest bieten**
er/sie/es	**würde bieten**
wir	**würden bieten**
ihr	**würdet bieten**
sie/Sie	**würden bieten**

PLUPERFECT

ich	**hatte geboten**
du	**hattest geboten**
er/sie/es	**hatte geboten**
wir	**hatten geboten**
ihr	**hattet geboten**
sie/Sie	**hatten geboten**

PLUPERFECT SUBJUNCTIVE

ich	**hätte geboten**
du	**hättest geboten**
er/sie/es	**hätte geboten**
wir	**hätten geboten**
ihr	**hättet geboten**
sie/Sie	**hätten geboten**

IMPERATIVE

biet(e)!/bieten wir!/bietet!/bieten Sie!

EXAMPLE PHRASES

Was **werden** sie uns **bieten**? What will they offer us?

Wir **würden** ihm gern mehr **bieten**. We would like to offer him more.

Sie **hatten** ihr eine Million für das Haus **geboten**. They had offered her one million for the house.

Ich **hätte** ihr gern noch mehr **geboten**. I would have liked to offer her even more.

ich = I **du** = you **er** = he/it **sie** = she/it **es** = it/he/she **wir** = we **ihr** = you **sie** = they **Sie** = you (polite)

binden (to tie)

strong, *formed with* **haben**

PRESENT

ich	**binde**
du	**bindest**
er/sie/es	**bindet**
wir	**binden**
ihr	**bindet**
sie/Sie	**binden**

PRESENT SUBJUNCTIVE

ich	**binde**
du	**bindest**
er/sie/es	**binde**
wir	**binden**
ihr	**bindet**
sie/Sie	**binden**

PERFECT

ich	**habe gebunden**
du	**hast gebunden**
er/sie/es	**hat gebunden**
wir	**haben gebunden**
ihr	**habt gebunden**
sie/Sie	**haben gebunden**

IMPERFECT

ich	**band**
du	**band(e)st**
er/sie/es	**band**
wir	**banden**
ihr	**bandet**
sie/Sie	**banden**

PRESENT PARTICIPLE

bindend

PAST PARTICIPLE

gebunden

EXAMPLE PHRASES

Er **bindet** sich die Schuhe. He is tying his shoelaces.

Sie sagt, sie **binde** sich nicht gern. She says she doesn't like getting involved.

Sie **hat** die Haare zu einem Pferdeschwanz **gebunden**. She has tied her hair back into a ponytail.

Sie **band** ihm die Hände auf den Rücken. She tied his hands behind his back.

---

ich = I **du** = you **er** = he/it **sie** = she/it **es** = it/he/she **wir** = we **ihr** = you **sie** = they **Sie** = you (*polite*)

binden

FUTURE

ich	**werde binden**
du	**wirst binden**
er/sie/es	**wird binden**
wir	**werden binden**
ihr	**werdet binden**
sie/Sie	**werden binden**

CONDITIONAL

ich	**würde binden**
du	**würdest binden**
er/sie/es	**würde binden**
wir	**würden binden**
ihr	**würdet binden**
sie/Sie	**würden binden**

PLUPERFECT

ich	**hatte gebunden**
du	**hattest gebunden**
er/sie/es	**hatte gebunden**
wir	**hatten gebunden**
ihr	**hattet gebunden**
sie/Sie	**hatten gebunden**

PLUPERFECT SUBJUNCTIVE

ich	**hätte gebunden**
du	**hättest gebunden**
er/sie/es	**hätte gebunden**
wir	**hätten gebunden**
ihr	**hättet gebunden**
sie/Sie	**hätten gebunden**

IMPERATIVE

bind(e)!/binden wir!/bindet!/binden Sie!

EXAMPLE PHRASES

Ich **werde** diese Blumen zu einem Strauß **binden**. I'll make these flowers into a bunch.

Ich **würde** sie nie an mich **binden**. I would never want to tie her to me.

Mich **hatte** nichts an diese Stadt **gebunden**. I had no special ties to keep me in this town.

Wenn ich sie geheiratet hätte, **hätte** ich mich zu früh **gebunden**. If I had married her, I would have committed myself too early.

ich = I   **du** = you   **er** = he/it   **sie** = she/it   **es** = it/he/she   **wir** = we   **ihr** = you   **sie** = they   **Sie** = you (*polite*)

bitten (to request)

strong, *formed with* **haben**

PRESENT

ich	**bitte**
du	**bittest**
er/sie/es	**bittet**
wir	**bitten**
ihr	**bittet**
sie/Sie	**bitten**

PRESENT SUBJUNCTIVE

ich	**bitte**
du	**bittest**
er/sie/es	**bitte**
wir	**bitten**
ihr	**bittet**
sie/Sie	**bitten**

PERFECT

ich	**habe gebeten**
du	**hast gebeten**
er/sie/es	**hat gebeten**
wir	**haben gebeten**
ihr	**habt gebeten**
sie/Sie	**haben gebeten**

IMPERFECT

ich	**bat**
du	**bat(e)st**
er/sie/es	**bat**
wir	**baten**
ihr	**batet**
sie/Sie	**baten**

PRESENT PARTICIPLE

bittend

PAST PARTICIPLE

gebeten

EXAMPLE PHRASES

Ich **bitte** Sie, uns in Ruhe zu lassen. I'm asking you to leave us alone.

Er sagt, er **bitte** uns darum, seinem Plan zuzustimmen. He says he's asking us to agree to his plan.

Man **hat** die Bevölkerung um Mithilfe **gebeten**. The public was asked for assistance.

Sie **bat** ihn um Hilfe. She asked him for help.

---

ich = I **du** = you **er** = he/it **sie** = she/it **es** = it/he/she **wir** = we **ihr** = you **sie** = they **Sie** = you (*polite*)

bitten

FUTURE

ich	**werde bitten**
du	**wirst bitten**
er/sie/es	**wird bitten**
wir	**werden bitten**
ihr	**werdet bitten**
sie/Sie	**werden bitten**

CONDITIONAL

ich	**würde bitten**
du	**würdest bitten**
er/sie/es	**würde bitten**
wir	**würden bitten**
ihr	**würdet bitten**
sie/Sie	**würden bitten**

PLUPERFECT

ich	**hatte gebeten**
du	**hattest gebeten**
er/sie/es	**hatte gebeten**
wir	**hatten gebeten**
ihr	**hattet gebeten**
sie/Sie	**hatten gebeten**

PLUPERFECT SUBJUNCTIVE

ich	**hätte gebeten**
du	**hättest gebeten**
er/sie/es	**hätte gebeten**
wir	**hätten gebeten**
ihr	**hättet gebeten**
sie/Sie	**hätten gebeten**

IMPERATIVE

bitt(e)!/bitten wir!/bittet!/bitten Sie!

EXAMPLE PHRASES

Wir **werden** ihn nicht länger darum **bitten**. We won't ask him for it any longer.

Ich **würde** Sie **bitten**, still zu sein. I would ask you to keep quiet.

Ihr **hattet** uns **gebeten**, euch zu besuchen. You had asked us to visit you.

Sie selbst **hätte** niemals um Hilfe **gebeten**. She would never have asked for help herself.

---

ich = I **du** = you **er** = he/it **sie** = she/it **es** = it/he/she **wir** = we **ihr** = you **sie** = they **Sie** = you (polite)

bleiben (to remain)

strong, *formed with* **sein**

PRESENT

ich	**bleibe**
du	**bleibst**
er/sie/es	**bleibt**
wir	**bleiben**
ihr	**bleibt**
sie/Sie	**bleiben**

PRESENT SUBJUNCTIVE

ich	**bleibe**
du	**bleibest**
er/sie/es	**bleibe**
wir	**bleiben**
ihr	**bleibet**
sie/Sie	**bleiben**

PERFECT

ich	**bin geblieben**
du	**bist geblieben**
er/sie/es	**ist geblieben**
wir	**sind geblieben**
ihr	**seid geblieben**
sie/Sie	**sind geblieben**

IMPERFECT

ich	**blieb**
du	**bliebst**
er/sie/es	**blieb**
wir	**blieben**
ihr	**bliebt**
sie/Sie	**blieben**

PRESENT PARTICIPLE
bleibend

PAST PARTICIPLE
geblieben

EXAMPLE PHRASES

Hoffentlich **bleibt** das Wetter schön. I hope the weather stays fine.

Er meint, er **bleibe** bei seiner Meinung. He thinks he will stick to his opinion.

Vom Kuchen **ist** nur noch ein Stück **geblieben**. There's only one piece of cake left.

Dieses Erlebnis **blieb** in meiner Erinnerung. This experience stayed with me.

---

ich = I **du** = you **er** = he/it **sie** = she/it **es** = it/he/she **wir** = we **ihr** = you **sie** = they **Sie** = you (*polite*)

bleiben

FUTURE

ich	**werde bleiben**
du	**wirst bleiben**
er/sie/es	**wird bleiben**
wir	**werden bleiben**
ihr	**werdet bleiben**
sie/Sie	**werden bleiben**

CONDITIONAL

ich	**würde bleiben**
du	**würdest bleiben**
er/sie/es	**würde bleiben**
wir	**würden bleiben**
ihr	**würdet bleiben**
sie/Sie	**würden bleiben**

PLUPERFECT

ich	**war geblieben**
du	**warst geblieben**
er/sie/es	**war geblieben**
wir	**waren geblieben**
ihr	**wart geblieben**
sie/Sie	**waren geblieben**

PLUPERFECT SUBJUNCTIVE

ich	**wäre geblieben**
du	**wär(e)st geblieben**
er/sie/es	**wäre geblieben**
wir	**wären geblieben**
ihr	**wär(e)t geblieben**
sie/Sie	**wären geblieben**

IMPERATIVE
bleib(e)!/bleiben wir!/bleibt!/bleiben Sie!

EXAMPLE PHRASES

Wir **werden** nicht länger als eine Stunde **bleiben**. We won't stay longer than an hour.

Ich **würde** gern noch in der Stadt **bleiben**. I would like to stay in town.

Das Verbrechen **war** unbestraft **geblieben**. The crime had remained unpunished.

Wir **wären** gern Freunde **geblieben**. We would have liked to stay friends.

ich = I du = you er = he/it sie = she/it es = it/he/she wir = we ihr = you sie = they Sie = you (polite)

brechen (to break)

strong, *formed with* **haben/sein***

PRESENT

ich	**breche**
du	**brichst**
er/sie/es	**bricht**
wir	**brechen**
ihr	**brecht**
sie/Sie	**brechen**

PRESENT SUBJUNCTIVE

ich	**breche**
du	**brechest**
er/sie/es	**breche**
wir	**brechen**
ihr	**brechet**
sie/Sie	**brechen**

PERFECT

ich	**habe gebrochen**
du	**hast gebrochen**
er/sie/es	**hat gebrochen**
wir	**haben gebrochen**
ihr	**habt gebrochen**
sie/Sie	**haben gebrochen**

IMPERFECT

ich	**brach**
du	**brachst**
er/sie/es	**brach**
wir	**brachen**
ihr	**bracht**
sie/Sie	**brachen**

PRESENT PARTICIPLE
brechend

PAST PARTICIPLE
gebrochen

*When **brechen** is used with no direct object, it is formed with **sein**.

EXAMPLE PHRASES

Mir **bricht** das Herz. It's breaking my heart.

Sie sagt, das **breche** die Abmachung. She says it meant breaking the
agreement.

Sie **hat** ihr Versprechen **gebrochen**. She broke her promise.

Der Sturz **brach** ihm fast den Arm. The fall almost broke his arm.

Das Eis **ist gebrochen**. The ice is broken.

ich = I **du** = you **er** = he/it **sie** = she/it **es** = it/he/she **wir** = we **ihr** = you **sie** = they **Sie** = you *(polite)*

brechen

FUTURE

ich	**werde brechen**
du	**wirst brechen**
er/sie/es	**wird brechen**
wir	**werden brechen**
ihr	**werdet brechen**
sie/Sie	**werden brechen**

CONDITIONAL

ich	**würde brechen**
du	**würdest brechen**
er/sie/es	**würde brechen**
wir	**würden brechen**
ihr	**würdet brechen**
sie/Sie	**würden brechen**

PLUPERFECT

ich	**hatte gebrochen**
du	**hattest gebrochen**
er/sie/es	**hatte gebrochen**
wir	**hatten gebrochen**
ihr	**hattet gebrochen**
sie/Sie	**hatten gebrochen**

PLUPERFECT SUBJUNCTIVE

ich	**hätte gebrochen**
du	**hättest gebrochen**
er/sie/es	**hätte gebrochen**
wir	**hätten gebrochen**
ihr	**hättet gebrochen**
sie/Sie	**hätten gebrochen**

IMPERATIVE

brich!/brechen wir!/brecht!/brechen Sie!

EXAMPLE PHRASES

Wir **werden** ihren Widerstand **brechen**. We will break their resistance.

Ich **würde** ihm nie die Treue **brechen**. I would never break his trust.

Wir **hatten** mit der Tradition **gebrochen**. We had broken with tradition.

Er **hätte** diesen Rekord gern **gebrochen**. He would have liked to break that record.

ich = I **du** = you **er** = he/it **sie** = she/it **es** = it/he/she **wir** = we **ihr** = you **sie** = they **Sie** = you (*polite*)

brennen (to burn)

mixed, *formed with* haben

PRESENT

ich	**brenne**
du	**brennst**
er/sie/es	**brennt**
wir	**brennen**
ihr	**brennt**
sie/Sie	**brennen**

PRESENT SUBJUNCTIVE

ich	**brenne**
du	**brennest**
er/sie/es	**brenne**
wir	**brennen**
ihr	**brennet**
sie/Sie	**brennen**

PERFECT

ich	**habe gebrannt**
du	**hast gebrannt**
er/sie/es	**hat gebrannt**
wir	**haben gebrannt**
ihr	**habt gebrannt**
sie/Sie	**haben gebrannt**

IMPERFECT

ich	**brannte**
du	**branntest**
er/sie/es	**brannte**
wir	**brannten**
ihr	**branntet**
sie/Sie	**brannten**

PRESENT PARTICIPLE

brennend

PAST PARTICIPLE

gebrannt

EXAMPLE PHRASES

Das Streichholz **brennt** nicht. The match won't light.

Sie sagt, das Problem **brenne** ihr auf der Seele. She says the problem is preying on her mind.

Im Zimmer **hat** noch Licht **gebrannt**. The light was still on in the room.

Das ganze Haus **brannte**. The entire house was on fire.

ich = I **du** = you **er** = he/it **sie** = she/it **es** = it/he/she **wir** = we **ihr** = you **sie** = they **Sie** = you (*polite*)

brennen

FUTURE
ich	**werde brennen**
du	**wirst brennen**
er/sie/es	**wird brennen**
wir	**werden brennen**
ihr	**werdet brennen**
sie/Sie	**werden brennen**

CONDITIONAL
ich	**würde brennen**
du	**würdest brennen**
er/sie/es	**würde brennen**
wir	**würden brennen**
ihr	**würdet brennen**
sie/Sie	**würden brennen**

PLUPERFECT
ich	**hatte gebrannt**
du	**hattest gebrannt**
er/sie/es	**hatte gebrannt**
wir	**hatten gebrannt**
ihr	**hattet gebrannt**
sie/Sie	**hatten gebrannt**

PLUPERFECT SUBJUNCTIVE
ich	**hätte gebrannt**
du	**hättest gebrannt**
er/sie/es	**hätte gebrannt**
wir	**hätten gebrannt**
ihr	**hättet gebrannt**
sie/Sie	**hätten gebrannt**

IMPERATIVE
brenn(e)!/brennen wir!/brennt!/brennen Sie!

EXAMPLE PHRASES
Wir **werden** diese CD zuerst **brennen**. We'll burn this CD first.

Er **würde** darauf **brennen**, das zu tun. He would be dying to do it.

Die Zigarette **hatte** ein Loch in ihr Kleid **gebrannt**. The cigarette had burned a hole in her dress.

Fast **hätte** die ganze Stadt **gebrannt**. The whole town had almost been on fire.

ich = I **du** = you **er** = he/it **sie** = she/it **es** = it/he/she **wir** = we **ihr** = you **sie** = they **Sie** = you (*polite*)

bringen (to bring)

mixed, *formed with* **haben**

PRESENT

ich	**bringe**
du	**bringst**
er/sie/es	**bringt**
wir	**bringen**
ihr	**bringt**
sie/Sie	**bringen**

PRESENT SUBJUNCTIVE

ich	**bringe**
du	**bringest**
er/sie/es	**bringe**
wir	**bringen**
ihr	**bringet**
sie/Sie	**bringen**

PERFECT

ich	**habe gebracht**
du	**hast gebracht**
er/sie/es	**hat gebracht**
wir	**haben gebracht**
ihr	**habt gebracht**
sie/Sie	**haben gebracht**

IMPERFECT

ich	**brachte**
du	**brachtest**
er/sie/es	**brachte**
wir	**brachten**
ihr	**brachtet**
sie/Sie	**brachten**

PRESENT PARTICIPLE

bringend

PAST PARTICIPLE

gebracht

EXAMPLE PHRASES

Bringst du mich zum Flughafen? Can you take me to the airport?

Sie beschwert sich, er **bringe** ihr nie Geschenke. She is complaining he never brings her presents.

Max **hat** mir Blumen **gebracht**. Max brought me flowers.

Das **brachte** mich auf eine Idee. It gave me an idea.

ich = I **du** = you **er** = he/it **sie** = she/it **es** = it/he/she **wir** = we **ihr** = you **sie** = they **Sie** = you *(polite)*

bringen

FUTURE

ich	**werde bringen**
du	**wirst bringen**
er/sie/es	**wird bringen**
wir	**werden bringen**
ihr	**werdet bringen**
sie/Sie	**werden bringen**

CONDITIONAL

ich	**würde bringen**
du	**würdest bringen**
er/sie/es	**würde bringen**
wir	**würden bringen**
ihr	**würdet bringen**
sie/Sie	**würden bringen**

PLUPERFECT

ich	**hatte gebracht**
du	**hattest gebracht**
er/sie/es	**hatte gebracht**
wir	**hatten gebracht**
ihr	**hattet gebracht**
sie/Sie	**hatten gebracht**

PLUPERFECT SUBJUNCTIVE

ich	**hätte gebracht**
du	**hättest gebracht**
er/sie/es	**hätte gebracht**
wir	**hätten gebracht**
ihr	**hättet gebracht**
sie/Sie	**hätten gebracht**

IMPERATIVE

bring(e)!/bringen wir!/bringt!/bringen Sie!

EXAMPLE PHRASES

Das **wird** dich noch ins Gefängnis **bringen**. You'll end up in prison if you do that.

Ich **würde** die Kinder gern ins Bett **bringen**. I would like to put the children to bed.

Er **hatte** sie fast zum Weinen **gebracht**. He had almost made her cry.

Ich **hätte** das gern hinter mich **gebracht**. I would like to get it over and done with.

ich = I du = you er = he/it sie = she/it es = it/he/she wir = we ihr = you sie = they Sie = you (polite)

denken (to think)

mixed, *formed with* **haben**

PRESENT

ich	**denke**
du	**denkst**
er/sie/es	**denkt**
wir	**denken**
ihr	**denkt**
sie/Sie	**denken**

PRESENT SUBJUNCTIVE

ich	**denke**
du	**denkest**
er/sie/es	**denke**
wir	**denken**
ihr	**denket**
sie/Sie	**denken**

PERFECT

ich	**habe gedacht**
du	**hast gedacht**
er/sie/es	**hat gedacht**
wir	**haben gedacht**
ihr	**habt gedacht**
sie/Sie	**haben gedacht**

IMPERFECT

ich	**dachte**
du	**dachtest**
er/sie/es	**dachte**
wir	**dachten**
ihr	**dachtet**
sie/Sie	**dachten**

PRESENT PARTICIPLE

denkend

PAST PARTICIPLE

gedacht

EXAMPLE PHRASES

Wie **denken** Sie darüber? What do you think about it?

Er sagt, er **denke** nicht daran, das zu tun. He says there is no way he will
    do it.

Er **hat** an sie **gedacht**. He thought of her.

Es war das Erste, woran ich **dachte**. It was the first thing I thought of.

---

ich = I **du** = you **er** = he/it **sie** = she/it **es** = it/he/she **wir** = we **ihr** = you **sie** = they **Sie** = you (*polite*)

denken

FUTURE

ich	**werde denken**
du	**wirst denken**
er/sie/es	**wird denken**
wir	**werden denken**
ihr	**werdet denken**
sie/Sie	**werden denken**

CONDITIONAL

ich	**würde denken**
du	**würdest denken**
er/sie/es	**würde denken**
wir	**würden denken**
ihr	**würdet denken**
sie/Sie	**würden denken**

PLUPERFECT

ich	**hatte gedacht**
du	**hattest gedacht**
er/sie/es	**hatte gedacht**
wir	**hatten gedacht**
ihr	**hattet gedacht**
sie/Sie	**hatten gedacht**

PLUPERFECT SUBJUNCTIVE

ich	**hätte gedacht**
du	**hättest gedacht**
er/sie/es	**hätte gedacht**
wir	**hätten gedacht**
ihr	**hättet gedacht**
sie/Sie	**hätten gedacht**

IMPERATIVE
denk(e)!/denken wir!/denkt!/denken Sie!

EXAMPLE PHRASES

Ich **werde** versuchen, nicht daran zu **denken**. I'll try not to think of it.
Ich **würde** nie schlecht von ihm **denken**. I would never think badly of him.
So **hatte** ich mir das nicht **gedacht**. That's not what I had thought of.
Ich **hätte** nicht **gedacht**, dass er kommt. I wouldn't have thought that he'd
   come.

ich = I **du** = you **er** = he/it **sie** = she/it **es** = it/he/she **wir** = we **ihr** = you **sie** = they **Sie** = you (polite)

durchsetzen (to enforce)

weak, separable,
formed with **haben**

PRESENT

ich	**setze durch**
du	**setzt durch**
er/sie/es	**setzt durch**
wir	**setzen durch**
ihr	**setzt durch**
sie/Sie	**setzen durch**

PRESENT SUBJUNCTIVE

ich	**setze durch**
du	**setzest durch**
er/sie/es	**setze durch**
wir	**setzen durch**
ihr	**setzet durch**
sie/Sie	**setzen durch**

PERFECT

ich	**habe durchgesetzt**
du	**hast durchgesetzt**
er/sie/es	**hat durchgesetzt**
wir	**haben durchgesetzt**
ihr	**habt durchgesetzt**
sie/Sie	**haben durchgesetzt**

IMPERFECT

ich	**setzte durch**
du	**setztest durch**
er/sie/es	**setzte durch**
wir	**setzten durch**
ihr	**setztet durch**
sie/Sie	**setzten durch**

PRESENT PARTICIPLE

durchsetzend

PAST PARTICIPLE

durchgesetzt

EXAMPLE PHRASES

Sie **setzt** immer ihren Willen **durch**. She always gets her own way.

Er meint, er **setze** sich damit nicht **durch**. He thinks he won't be successful with it.

Ich **habe** mich mit meinem Vorschlag **durchgesetzt**. They accepted my suggestion.

Er **setzte** sich mit seinem Plan **durch**. He was successful with his plan.

---

ich = I **du** = you **er** = he/it **sie** = she/it **es** = it/he/she **wir** = we **ihr** = you **sie** = they **Sie** = you (*polite*)

durchsetzen

FUTURE

ich **werde durchsetzen**
du **wirst durchsetzen**
er/sie/es **wird durchsetzen**
wir **werden durchsetzen**
ihr **werdet durchsetzen**
sie/Sie **werden durchsetzen**

CONDITIONAL

ich **würde durchsetzen**
du **würdest durchsetzen**
er/sie/es **würde durchsetzen**
wir **würden durchsetzen**
ihr **würdet durchsetzen**
sie/Sie **würden durchsetzen**

PLUPERFECT

ich **hatte durchgesetzt**
du **hattest durchgesetzt**
er/sie/es **hatte durchgesetzt**
wir **hatten durchgesetzt**
ihr **hattet durchgesetzt**
sie/Sie **hatten durchgesetzt**

PLUPERFECT SUBJUNCTIVE

ich **hätte durchgesetzt**
du **hättest durchgesetzt**
er/sie/es **hätte durchgesetzt**
wir **hätten durchgesetzt**
ihr **hättet durchgesetzt**
sie/Sie **hätten durchgesetztt**

IMPERATIVE

setz(e) durch!/setzen wir durch!/setzt durch!/setzen Sie durch!

EXAMPLE PHRASES

Ich **werde** mich gegen ihn **durchsetzen**. I will assert myself against him.
Ich **würde** dieses Ziel gern bald **durchsetzen**. I would like to achieve this aim soon.
Er **hatte** sich im Leben **durchgesetzt**. He had made his way in life.
Diese Idee **hätte** sich früher nicht **durchgesetzt**. This idea wouldn't have been accepted in the past.

ich = I **du** = you **er** = he/it **sie** = she/it **es** = it/he/she **wir** = we **ihr** = you **sie** = they **Sie** = you (polite)

dürfen (to be allowed to) modal, *formed with* **haben**

PRESENT
ich	**darf**
du	**darfst**
er/sie/es	**darf**
wir	**dürfen**
ihr	**dürft**
sie/Sie	**dürfen**

PRESENT SUBJUNCTIVE
ich	**dürfe**
du	**dürfest**
er/sie/es	**dürfe**
wir	**dürfen**
ihr	**dürfet**
sie/Sie	**dürfen**

PERFECT
ich	**habe gedurft/dürfen**
du	**hast gedurft/dürfen**
er/sie/es	**hat gedurft/dürfen**
wir	**haben gedurft/dürfen**
ihr	**habt gedurft/dürfen**
sie/Sie	**haben gedurft/dürfen**

IMPERFECT
ich	**durfte**
du	**durftest**
er/sie/es	**durfte**
wir	**durften**
ihr	**durftet**
sie/Sie	**durften**

PRESENT PARTICIPLE
dürfend

PAST PARTICIPLE
gedurft/dürfen*

*This form is used when combined with another infinitive.

EXAMPLE PHRASES
Darf ich ins Kino? Can I go to the cinema?
Er meint, er **dürfe** das nicht. He thinks he isn't allowed to.
Er **hat** nicht **gedurft**. I wasn't allowed to.
Wir **durften** nicht ausgehen. We weren't allowed to go out.

ich = I **du** = you **er** = he/it **sie** = she/it **es** = it/he/she **wir** = we **ihr** = you **sie** = they **Sie** = you (*polite*)

dürfen

FUTURE

ich	**werde dürfen**
du	**wirst dürfen**
er/sie/es	**wird dürfen**
wir	**werden dürfen**
ihr	**werdet dürfen**
sie/Sie	**werden dürfen**

CONDITIONAL

ich	**würde dürfen**
du	**würdest dürfen**
er/sie/es	**würde dürfen**
wir	**würden dürfen**
ihr	**würdet dürfen**
sie/Sie	**würden dürfen**

PLUPERFECT

ich	**hatte gedurft/dürfen**
du	**hattest gedurft/dürfen**
er/sie/es	**hatte gedurft/dürfen**
wir	**hatten gedurft/dürfen**
ihr	**hattet gedurft/dürfen**
sie/Sie	**hatten gedurft/dürfen**

PLUPERFECT SUBJUNCTIVE

ich	**hätte gedurft/dürfen**
du	**hättest gedurft/dürfen**
er/sie/es	**hätte gedurft/dürfen**
wir	**hätten gedurft/dürfen**
ihr	**hättet gedurft/dürfen**
sie/Sie	**hätten gedurft/dürfen**

EXAMPLE PHRASES

Dort **werden** wir nicht rauchen **dürfen**. We won't be allowed to smoke there.

Das **würde** ich zu Hause nicht **dürfen**. I wouldn't be allowed to do that at home.

Die Katze **hatte** nie ins Haus **gedurft**. The cat had never been allowed in the house.

Das **hätte** ich als Kind nicht **gedurft**. I wouldn't have been allowed to do that as a child.

ich = I **du** = you **er** = he/it **sie** = she/it **es** = it/he/she **wir** = we **ihr** = you **sie** = they **Sie** = you (polite)

empfehlen (to recommend)

strong, inseparable,
formed with **haben**

PRESENT		PRESENT SUBJUNCTIVE	
ich	**empfehle**	ich	**empfehle**
du	**empfiehlst**	du	**empfehlest**
er/sie/es	**empfiehlt**	er/sie/es	**empfehle**
wir	**empfehlen**	wir	**empfehlen**
ihr	**empfehlt**	ihr	**empfehlet**
sie/Sie	**empfehlen**	sie/Sie	**empfehlen**

PERFECT		IMPERFECT	
ich	**habe empfohlen**	ich	**empfahl**
du	**hast empfohlen**	du	**empfahlst**
er/sie/es	**hat empfohlen**	er/sie/es	**empfahl**
wir	**haben empfohlen**	wir	**empfahlen**
ihr	**habt empfohlen**	ihr	**empfahlt**
sie/Sie	**haben empfohlen**	sie/Sie	**empfahlen**

PRESENT PARTICIPLE	PAST PARTICIPLE
empfehlend	empfohlen

EXAMPLE PHRASES

Was **empfiehlst** du mir zu tun? What would you recommend I do?

Er meint, er **empfehle** mir Vorsicht. He says he would recommend caution.

Man **hat** uns **empfohlen**, nach Ägypten zu reisen. They recommended we travel to Egypt.

Sie **empfahl** uns, eine Diät zu machen. She recommended that we go on a diet.

---

ich = I **du** = you **er** = he/it **sie** = she/it **es** = it/he/she **wir** = we **ihr** = you **sie** = they **Sie** = you *(polite)*

empfehlen

FUTURE

ich	**werde empfehlen**
du	**wirst empfehlen**
er/sie/es	**wird empfehlen**
wir	**werden empfehlen**
ihr	**werdet empfehlen**
sie/Sie	**werden empfehlen**

CONDITIONAL

ich	**würde empfehlen**
du	**würdest empfehlen**
er/sie/es	**würde empfehlen**
wir	**würden empfehlen**
ihr	**würdet empfehlen**
sie/Sie	**würden empfehlen**

PLUPERFECT

ich	**hatte empfohlen**
du	**hattest empfohlen**
er/sie/es	**hatte empfohlen**
wir	**hatten empfohlen**
ihr	**hattet empfohlen**
sie/Sie	**hatten empfohlen**

PLUPERFECT SUBJUNCTIVE

ich	**hätte empfohlen**
du	**hättest empfohlen**
er/sie/es	**hätte empfohlen**
wir	**hätten empfohlen**
ihr	**hättet empfohlen**
sie/Sie	**hätten empfohlen**

IMPERATIVE
empfiehl!/empfehlen wir!/empfehlt!/empfehlen Sie!

EXAMPLE PHRASES

Ich **werde** ihm **empfehlen**, das Land zu verlassen. I will recommend that he leaves the country.

Ich **würde** Ihnen **empfehlen**, zu gehen. I would advise you to go.

Sie **hatten** uns dieses Restaurant **empfohlen**. They had recommended this restaurant to us.

Ich **hätte** Ihnen mehr Geduld **empfohlen**. I would have recommended you to be more patient.

ich = I **du** = you **er** = he/it **sie** = she/it **es** = it/he/she **wir** = we **ihr** = you **sie** = they **Sie** = you (polite)

entdecken (to discover)

weak, inseparable,
formed with **haben**

PRESENT

ich	**entdecke**
du	**entdeckst**
er/sie/es	**entdeckt**
wir	**entdecken**
ihr	**entdeckt**
sie/Sie	**entdecken**

PRESENT SUBJUNCTIVE

ich	**entdecke**
du	**entdeckest**
er/sie/es	**entdecke**
wir	**entdecken**
ihr	**entdecket**
sie/Sie	**entdecken**

PERFECT

ich	**habe entdeckt**
du	**hast entdeckt**
er/sie/es	**hat entdeckt**
wir	**haben entdeckt**
ihr	**habt entdeckt**
sie/Sie	**haben entdeckt**

IMPERFECT

ich	**entdeckte**
du	**entdecktest**
er/sie/es	**entdeckte**
wir	**entdeckten**
ihr	**entdecktet**
sie/Sie	**entdeckten**

PRESENT PARTICIPLE

entdeckend

PAST PARTICIPLE

entdeckt

EXAMPLE PHRASES

Ich **entdecke** im Park oft neue Insekten. I often discover new insects in the park.

Sie sagt, sie **entdecke** ihr Interesse an Musik. She says she's discovering an interest in music.

Kolumbus **hat** Amerika **entdeckt**. Columbus discovered America.

Er **entdeckte** sie in der Menge. He spotted her in the crowd.

ich = I   **du** = you   **er** = he/it   **sie** = she/it   **es** = it/he/she   **wir** = we   **ihr** = you   **sie** = they   **Sie** = you *(polite)*

entdecken

FUTURE

ich	**werde entdecken**
du	**wirst entdecken**
er/sie/es	**wird entdecken**
wir	**werden entdecken**
ihr	**werdet entdecken**
sie/Sie	**werden entdecken**

CONDITIONAL

ich	**würde entdecken**
du	**würdest entdecken**
er/sie/es	**würde entdecken**
wir	**würden entdecken**
ihr	**würdet entdecken**
sie/Sie	**würden entdecken**

PLUPERFECT

ich	**hatte entdeckt**
du	**hattest entdeckt**
er/sie/es	**hatte entdeckt**
wir	**hatten entdeckt**
ihr	**hattet entdeckt**
sie/Sie	**hatten entdeckt**

PLUPERFECT SUBJUNCTIVE

ich	**hätte entdeckt**
du	**hättest entdeckt**
er/sie/es	**hätte entdeckt**
wir	**hätten entdeckt**
ihr	**hättet entdeckt**
sie/Sie	**hätten entdeckt**

IMPERATIVE

entdeck(e)!/entdecken wir!/entdeckt!/entdecken Sie!

EXAMPLE PHRASES

Ich hoffe, er **wird** meine Fehler nicht **entdecken**. I hope he won't spot my mistakes.

Ich **würde** gern die spanische Küche **entdecken**. I'd like to discover Spanish cooking.

Die Raumfahrer **hatten** einen neuen Planeten **entdeckt**. The astronauts had discovered a new planet.

Fast **hätte** sie uns **entdeckt**. She almost spotted us.

ich = I **du** = you **er** = he/it **sie** = she/it **es** = it/he/she **wir** = we **ihr** = you **sie** = they **Sie** = you (*polite*)

erschrecken* (to be startled)

strong, inseparable,
formed with **sein**

PRESENT

ich	**erschrecke**
du	**erschrickst**
er/sie/es	**erschrickt**
wir	**erschrecken**
ihr	**erschreckt**
sie/Sie	**erschrecken**

PRESENT SUBJUNCTIVE

ich	**erschrecke**
du	**erschreckest**
er/sie/es	**erschrecke**
wir	**erschrecken**
ihr	**erschrecket**
sie/Sie	**erschrecken**

PERFECT

ich	**bin erschrocken**
du	**bist erschrocken**
er/sie/es	**ist erschrocken**
wir	**sind erschrocken**
ihr	**seid erschrocken**
sie/Sie	**sind erschrocken**

IMPERFECT

ich	**erschrak**
du	**erschrakst**
er/sie/es	**erschrak**
wir	**erschraken**
ihr	**erschrakt**
sie/Sie	**erschraken**

PRESENT PARTICIPLE

erschreckend

PAST PARTICIPLE

erschrocken

Weak when means to frighten.

EXAMPLE PHRASES

Diese Vorstellung **erschreckt** mich. This prospect scares me.

Sie sagt, sie **erschrecke** leicht. She says she's easily frightened.

Ich **bin** schon bei dem Gedanken **erschrocken**. The mere thought frightened me.

Ich **erschrak**, wie schlecht er aussah. It gave me a shock to see how bad he
looked.

---

ich = I **du** = you **er** = he/it **sie** = she/it **es** = it/he/she **wir** = we **ihr** = you **sie** = they **Sie** = you *(polite)*

erschrecken

FUTURE

ich	**werde erschrecken**
du	**wirst erschrecken**
er/sie/es	**wird erschrecken**
wir	**werden erschrecken**
ihr	**werdet erschrecken**
sie/Sie	**werden erschrecken**

CONDITIONAL

ich	**würde erschrecken**
du	**würdest erschrecken**
er/sie/es	**würde erschrecken**
wir	**würden erschrecken**
ihr	**würdet erschrecken**
sie/Sie	**würden erschrecken**

PLUPERFECT

ich	**war erschrocken**
du	**warst erschrocken**
er/sie/es	**war erschrocken**
wir	**waren erschrocken**
ihr	**wart erschrocken**
sie/Sie	**waren erschrocken**

PLUPERFECT SUBJUNCTIVE

ich	**wäre erschrocken**
du	**wär(e)st erschrocken**
er/sie/es	**wäre erschrocken**
wir	**wären erschrocken**
ihr	**wär(e)t erschrocken**
sie/Sie	**wären erschrocken**

IMPERATIVE
erschrick!/erschrecken wir!/erschreckt!/erschrecken Sie!

EXAMPLE PHRASES

Du **wirst erschrecken**, wenn ich dir das Ergebnis sage. You'll get a shock when I tell you the result.

Er **würde erschrecken**, wenn er das wüsste. He would get a shock if he knew.

Sie **war** bei dem Knall **erschrocken**. The bang had startled her.

Sie **wären** sicher **erschrocken**, wenn sie uns so gesehen hätten. They would certainly have got a shock if they had seen us like this.

ich = I **du** = you **er** = he/it **sie** = she/it **es** = it/he/she **wir** = we **ihr** = you **sie** = they **Sie** = you (*polite*)

erzählen (to tell)

weak, inseparable, *formed with* **haben**

PRESENT

ich	**erzähle**
du	**erzählst**
er/sie/es	**erzählt**
wir	**erzählen**
ihr	**erzählt**
sie/Sie	**erzählen**

PRESENT SUBJUNCTIVE

ich	**erzähle**
du	**erzählest**
er/sie/es	**erzähle**
wir	**erzählen**
ihr	**erzählet**
sie/Sie	**erzählen**

PERFECT

ich	**habe erzählt**
du	**hast erzählt**
er/sie/es	**hat erzählt**
wir	**haben erzählt**
ihr	**habt erzählt**
sie/Sie	**haben erzählt**

IMPERFECT

ich	**erzählte**
du	**erzähltest**
er/sie/es	**erzählte**
wir	**erzählten**
ihr	**erzähltet**
sie/Sie	**erzählten**

PRESENT PARTICIPLE

erzählend

PAST PARTICIPLE

erzählt

EXAMPLE PHRASES

Man **erzählt** sich, dass er Millionär ist. People say that he is a millionaire.

Er denkt, sie **erzähle** nur Lügen. He thinks all she tells is lies.

Er **hat** mir **erzählt**, dass er schon oft in dieser Pizzeria war. He told me that he has often been to this pizzeria.

Sie **erzählte** uns ihren Traum. She told us about her dream.

---

ich = I   **du** = you   **er** = he/it   **sie** = she/it   **es** = it/he/she   **wir** = we   **ihr** = you   **sie** = they   **Sie** = you (*polite*)

erzählen

FUTURE

ich **werde erzählen**
du **wirst erzählen**
er/sie/es **wird erzählen**
wir **werden erzählen**
ihr **werdet erzählen**
sie/Sie **werden erzählen**

CONDITIONAL

ich **würde erzählen**
du **würdest erzählen**
er/sie/es **würde erzählen**
wir **würden erzählen**
ihr **würdet erzählen**
sie/Sie **würden erzählen**

PLUPERFECT

ich **hatte erzählt**
du **hattest erzählt**
er/sie/es **hatte erzählt**
wir **hatten erzählt**
ihr **hattet erzählt**
sie/Sie **hatten erzählt**

PLUPERFECT SUBJUNCTIVE

ich **hätte erzählt**
du **hättest erzählt**
er/sie/es **hätte erzählt**
wir **hätten erzählt**
ihr **hättet erzählt**
sie/Sie **hätten erzählt**

IMPERATIVE
erzähl(e)!/erzählen wir!/erzählt!/erzählen Sie!

EXAMPLE PHRASES

Ihm **werde** ich was **erzählen**! I'll give him a piece of my mind!
Er **würde** mir immer alles **erzählen**. He would always tell me everything.
Sie **hatte** uns die ganze Geschichte **erzählt**. She had told us the whole story.
Es wäre besser, wenn wir es ihm **erzählt hätten**. It would have been better
   if we had told him.

essen (to eat)

strong, *formed with* **haben**

PRESENT

ich	**esse**
du	**isst**
er/sie/es	**isst**
wir	**essen**
ihr	**esst**
sie/Sie	**essen**

PRESENT SUBJUNCTIVE

ich	**esse**
du	**essest**
er/sie/es	**esse**
wir	**essen**
ihr	**esset**
sie/Sie	**essen**

PERFECT

ich	**habe gegessen**
du	**hast gegessen**
er/sie/es	**hat gegessen**
wir	**haben gegessen**
ihr	**habt gegessen**
sie/Sie	**haben gegessen**

IMPERFECT

ich	**aß**
du	**aßest**
er/sie/es	**aß**
wir	**aßen**
ihr	**aßt**
sie/Sie	**aßen**

PRESENT PARTICIPLE
essend

PAST PARTICIPLE
gegessen

EXAMPLE PHRASES

Ich **esse** kein Fleisch. I don't eat meat.

Er sagt, er **esse** kein Fleisch. He says he doesn't eat meat.

Wir **haben** nichts **gegessen**. We haven't had anything to eat.

Ich **aß** den ganzen Kuchen. I ate the whole cake.

ich = I **du** = you **er** = he/it **sie** = she/it **es** = it/he/she **wir** = we **ihr** = you **sie** = they **Sie** = you (*polite*)

essen

FUTURE

ich	**werde essen**
du	**wirst essen**
er/sie/es	**wird essen**
wir	**werden essen**
ihr	**werdet essen**
sie/Sie	**werden essen**

CONDITIONAL

ich	**würde essen**
du	**würdest essen**
er/sie/es	**würde essen**
wir	**würden essen**
ihr	**würdet essen**
sie/Sie	**würden essen**

PLUPERFECT

ich	**hatte gegessen**
du	**hattest gegessen**
er/sie/es	**hatte gegessen**
wir	**hatten gegessen**
ihr	**hattet gegessen**
sie/Sie	**hatten gegessen**

PLUPERFECT SUBJUNCTIVE

ich	**hätte gegessen**
du	**hättest gegessen**
er/sie/es	**hätte gegessen**
wir	**hätten gegessen**
ihr	**hättet gegessen**
sie/Sie	**hätten gegessen**

IMPERATIVE
iss!/essen wir!/esst!/essen Sie!

EXAMPLE PHRASES

Wirst du deinen Teller leer **essen**? Will you clear your plate?

Das **würde** nicht mal mein Hund **essen**. Not even my dog would eat that.

Wir **hatten** gerade **gegessen**, als sie kam. We had just finished our meal when she came.

Wenn ich das gewusst hätte, **hätten** wir früher **gegessen**. If I had known that, we would have eaten earlier.

ich = I du = you er = he/it sie = she/it es = it/he/she wir = we ihr = you sie = they Sie = you (polite)

fahren (to drive; to go)

strong, *formed with* **haben/sein***

PRESENT

ich	**fahre**
du	**fährst**
er/sie/es	**fährt**
wir	**fahren**
ihr	**fahrt**
sie/Sie	**fahren**

PRESENT SUBJUNCTIVE

ich	**fahre**
du	**fahrest**
er/sie/es	**fahre**
wir	**fahren**
ihr	**fahret**
sie/Sie	**fahren**

PERFECT

ich	**bin gefahren**
du	**bist gefahren**
er/sie/es	**ist gefahren**
wir	**sind gefahren**
ihr	**seid gefahren**
sie/Sie	**sind gefahren**

IMPERFECT

ich	**fuhr**
du	**fuhrst**
er/sie/es	**fuhr**
wir	**fuhren**
ihr	**fuhrt**
sie/Sie	**fuhren**

PRESENT PARTICIPLE

fahrend

PAST PARTICIPLE

gefahren

*When **fahren** *is used with a direct object, it is formed with* **haben**.

EXAMPLE PHRASES

In Deutschland **fährt** man rechts. In Germany they drive on the right.

Er sagt, er **fahre** nicht gern nach England. He says he doesn't like going to England.

Ich **bin** mit der Familie nach Spanien **gefahren**. I went to Spain with my family.

Sie **fuhren** mit dem Bus in die Schule. They went to school by bus.

ich = I **du** = you **er** = he/it **sie** = she/it **es** = it/he/she **wir** = we **ihr** = you **sie** = they **Sie** = you *(polite)*

fahren

FUTURE

ich **werde fahren**
du **wirst fahren**
er/sie/es **wird fahren**
wir **werden fahren**
ihr **werdet fahren**
sie/Sie **werden fahren**

CONDITIONAL

ich **würde fahren**
du **würdest fahren**
er/sie/es **würde fahren**
wir **würden fahren**
ihr **würdet fahren**
sie/Sie **würden fahren**

PLUPERFECT

ich **war gefahren**
du **warst gefahren**
er/sie/es **war gefahren**
wir **waren gefahren**
ihr **wart gefahren**
sie/Sie **waren gefahren**

PLUPERFECT SUBJUNCTIVE

ich **wäre gefahren**
du **wär(e)st gefahren**
er/sie/es **wäre gefahren**
wir **wären gefahren**
ihr **wär(e)t gefahren**
sie/Sie **wären gefahren**

IMPERATIVE
fahr(e)!/fahren wir!/fahrt!/fahren Sie!

EXAMPLE PHRASES

Ihr **werdet** morgen nach Köln **fahren**. You'll be going to Cologne tomorrow.
Wir **würden** gern in die Berge **fahren**. We would like to go to the mountains.
Wir **waren** fünf Stunden lang **gefahren**. We had been driving for five hours.
Sie **wäre** lieber mit ihm **gefahren**. She would have preferred to go with him.

ich = I du = you er = he/it sie = she/it es = it/he/she wir = we ihr = you sie = they Sie = you (polite)

fallen (to fall)

strong, formed with **sein**

PRESENT

ich	**falle**
du	**fällst**
er/sie/es	**fällt**
wir	**fallen**
ihr	**fallt**
sie/Sie	**fallen**

PRESENT SUBJUNCTIVE

ich	**falle**
du	**fallest**
er/sie/es	**falle**
wir	**fallen**
ihr	**fallet**
sie/Sie	**fallen**

PERFECT

ich	**bin gefallen**
du	**bist gefallen**
er/sie/es	**ist gefallen**
wir	**sind gefallen**
ihr	**seid gefallen**
sie/Sie	**sind gefallen**

IMPERFECT

ich	**fiel**
du	**fielst**
er/sie/es	**fiel**
wir	**fielen**
ihr	**fielt**
sie/Sie	**fielen**

PRESENT PARTICIPLE

fallend

PAST PARTICIPLE

gefallen

EXAMPLE PHRASES

Die Aktien **fallen** im Kurs. Share prices are falling.

Er meint, der Euro **falle** im Wert. He thinks the euro is going down in value.

Ich **bin** durch die Prüfung **gefallen**. I failed my exam.

Er **fiel** vom Fahrrad. He fell off his bike.

---

ich = I **du** = you **er** = he/it **sie** = she/it **es** = it/he/she **wir** = we **ihr** = you **sie** = they **Sie** = you (*polite*)

fallen

FUTURE

ich	**werde fallen**
du	**wirst fallen**
er/sie/es	**wird fallen**
wir	**werden fallen**
ihr	**werdet fallen**
sie/Sie	**werden fallen**

CONDITIONAL

ich	**würde fallen**
du	**würdest fallen**
er/sie/es	**würde fallen**
wir	**würden fallen**
ihr	**würdet fallen**
sie/Sie	**würden fallen**

PLUPERFECT

ich	**war gefallen**
du	**warst gefallen**
er/sie/es	**war gefallen**
wir	**waren gefallen**
ihr	**wart gefallen**
sie/Sie	**waren gefallen**

PLUPERFECT SUBJUNCTIVE

ich	**wäre gefallen**
du	**wär(e)st gefallen**
er/sie/es	**wäre gefallen**
wir	**wären gefallen**
ihr	**wär(e)t gefallen**
sie/Sie	**wären gefallen**

IMPERATIVE

fall(e)!/fallen wir!/fallt!/fallen Sie!

EXAMPLE PHRASES

Ihr **werdet** noch **fallen** und euch wehtun. You'll end up falling and hurting yourselves.

Ich **würde** Ihnen nicht gern ins Wort **fallen**. I wouldn't like to interrupt you.

Die Entscheidung **war** gestern **gefallen**. The decision had been made yesterday.

Sie **wäre** fast aus dem Fenster **gefallen**. She almost fell out of the window.

ich = I **du** = you **er** = he/it **sie** = she/it **es** = it/he/she **wir** = we **ihr** = you **sie** = they **Sie** = you (*polite*)

fangen (to catch)

strong, *formed with* **haben**

PRESENT

ich	**fange**
du	**fängst**
er/sie/es	**fängt**
wir	**fangen**
ihr	**fangt**
sie/Sie	**fangen**

PRESENT SUBJUNCTIVE

ich	**fange**
du	**fangest**
er/sie/es	**fange**
wir	**fangen**
ihr	**fanget**
sie/Sie	**fangen**

PERFECT

ich	**habe gefangen**
du	**hast gefangen**
er/sie/es	**hat gefangen**
wir	**haben gefangen**
ihr	**habt gefangen**
sie/Sie	**haben gefangen**

IMPERFECT

ich	**fing**
du	**fingst**
er/sie/es	**fing**
wir	**fingen**
ihr	**fingt**
sie/Sie	**fingen**

PRESENT PARTICIPLE

fangend

PAST PARTICIPLE

gefangen

EXAMPLE PHRASES

Die Katze **fängt** die Maus. The cat catches the mouse.

Er sagt, seine Katze **fange** keine Mäuse. He says his cat doesn't catch mice.

Die Polizei **hat** die Verbrecher **gefangen**. The police caught the criminals.

Ich **fing** den Ball. I caught the ball.

fangen

FUTURE

ich	**werde fangen**
du	**wirst fangen**
er/sie/es	**wird fangen**
wir	**werden fangen**
ihr	**werdet fangen**
sie/Sie	**werden fangen**

CONDITIONAL

ich	**würde fangen**
du	**würdest fangen**
er/sie/es	**würde fangen**
wir	**würden fangen**
ihr	**würdet fangen**
sie/Sie	**würden fangen**

PLUPERFECT

ich	**hatte gefangen**
du	**hattest gefangen**
er/sie/es	**hatte gefangen**
wir	**hatten gefangen**
ihr	**hattet gefangen**
sie/Sie	**hatten gefangen**

PLUPERFECT SUBJUNCTIVE

ich	**hätte gefangen**
du	**hättest gefangen**
er/sie/es	**hätte gefangen**
wir	**hätten gefangen**
ihr	**hättet gefangen**
sie/Sie	**hätten gefangen**

IMPERATIVE

fang(e)!/fangen wir!/fangt!/fangen Sie!

EXAMPLE PHRASES

In diesem Fluss **werden** wir nichts **fangen**. We won't catch anything in this river.

Ich **würde** gern Fische **fangen**. I would like to catch fish.

Er **hatte** sich wieder **gefangen**. He had managed to steady himself.

Hättest du den Fisch **gefangen**? Would you have caught the fish?

---

ich = I **du** = you **er** = he/it **sie** = she/it **es** = it/he/she **wir** = we **ihr** = you **sie** = they **Sie** = you (polite)

finden (to find)

strong, *formed with* **haben**

PRESENT

ich	**finde**
du	**findest**
er/sie/es	**findet**
wir	**finden**
ihr	**findet**
sie/Sie	**finden**

PRESENT SUBJUNCTIVE

ich	**finde**
du	**findest**
er/sie/es	**finde**
wir	**finden**
ihr	**findet**
sie/Sie	**finden**

PERFECT

ich	**habe gefunden**
du	**hast gefunden**
er/sie/es	**hat gefunden**
wir	**haben gefunden**
ihr	**habt gefunden**
sie/Sie	**haben gefunden**

IMPERFECT

ich	**fand**
du	**fand(e)st**
er/sie/es	**fand**
wir	**fanden**
ihr	**fandet**
sie/Sie	**fanden**

PRESENT PARTICIPLE

findend

PAST PARTICIPLE

gefunden

EXAMPLE PHRASES

Ich **finde**, sie ist eine gute Lehrerin. I think she's a good teacher.

Sie sagt, sie **finde** ihn attraktiv. She says she finds him attractive.

Hast du deine Brieftasche **gefunden**? Have you found your wallet?

Er **fand** den Mut, sie zu fragen. He found the courage to ask her.

finden

FUTURE

ich	**werde finden**
du	**wirst finden**
er/sie/es	**wird finden**
wir	**werden finden**
ihr	**werdet finden**
sie/Sie	**werden finden**

CONDITIONAL

ich	**würde finden**
du	**würdest finden**
er/sie/es	**würde finden**
wir	**würden finden**
ihr	**würdet finden**
sie/Sie	**würden finden**

PLUPERFECT

ich	**hatte gefunden**
du	**hattest gefunden**
er/sie/es	**hatte gefunden**
wir	**hatten gefunden**
ihr	**hattet gefunden**
sie/Sie	**hatten gefunden**

PLUPERFECT SUBJUNCTIVE

ich	**hätte gefunden**
du	**hättest gefunden**
er/sie/es	**hätte gefunden**
wir	**hätten gefunden**
ihr	**hättet gefunden**
sie/Sie	**hätten gefunden**

IMPERATIVE
find(e)!/finden wir!/findet!/finden Sie!

EXAMPLE PHRASES

Wir **werden** dieses Dorf nie **finden**. We'll never find that village.

6000 Euro **würde** ich zu teuer **finden**. I would find 6000 euros too expensive.

Wir **hatten** nicht nach Hause **gefunden**. We hadn't been able to find our way home.

Dazu **hätte** ich nicht den Mut **gefunden**. I wouldn't have had the courage for it.

ich = I **du** = you **er** = he/it **sie** = she/it **es** = it/he/she **wir** = we **ihr** = you **sie** = they **Sie** = you (polite)

fliegen (to fly)

strong, *formed with* **haben/sein***

PRESENT

ich	**fliege**
du	**fliegst**
er/sie/es	**fliegen**
wir	**fliegen**
ihr	**fliegt**
sie/Sie	**fliegen**

PRESENT SUBJUNCTIVE

ich	**fliege**
du	**fliegest**
er/sie/es	**fliege**
wir	**fliegen**
ihr	**flieget**
sie/Sie	**fliegen**

PERFECT

ich	**bin geflogen**
du	**bist geflogen**
er/sie/es	**ist geflogen**
wir	**sind geflogen**
ihr	**seid geflogen**
sie/Sie	**sind geflogen**

IMPERFECT

ich	**flog**
du	**flogst**
er/sie/es	**flog**
wir	**flogen**
ihr	**flogt**
sie/Sie	**flogen**

PRESENT PARTICIPLE
fliegend

PAST PARTICIPLE
geflogen

*When **fliegen** *is used with no direct object, it is formed with* **haben**.

EXAMPLE PHRASES
Die Zeit **fliegt**. Time flies.
Sie sagt, sie **fliege** nicht gern. She says she doesn't like flying.
Hast du das Flugzeug selbst **geflogen**? Did you fly the plane yourself?
Wir **flogen** zusammen nach Spanien. We flew to Spain together.

fliegen

FUTURE

ich	**werde fliegen**
du	**wirst fliegen**
er/sie/es	**wird fliegen**
wir	**werden fliegen**
ihr	**werdet fliegen**
sie/Sie	**werden fliegen**

CONDITIONAL

ich	**würde fliegen**
du	**würdest fliegen**
er/sie/es	**würde fliegen**
wir	**würden fliegen**
ihr	**würdet fliegen**
sie/Sie	**würden fliegen**

PLUPERFECT

ich	**war geflogen**
du	**warst geflogen**
er/sie/es	**war geflogen**
wir	**waren geflogen**
ihr	**wart geflogen**
sie/Sie	**waren geflogen**

PLUPERFECT SUBJUNCTIVE

ich	**wäre geflogen**
du	**wär(e)st geflogen**
er/sie/es	**wäre geflogen**
wir	**wären geflogen**
ihr	**wär(e)t geflogen**
sie/Sie	**wären geflogen**

IMPERATIVE

flieg(e)!/fliegen wir!/fliegt!/fliegen Sie!

EXAMPLE PHRASES

Wir **werden** morgen in Urlaub **fliegen**. We'll fly on holiday tomorrow.

Es war, als **würde** ich **fliegen**. It was as if I was flying.

Wir **waren** drei Stunden lang **geflogen**. We had been flying for three hours.

Ich **wäre** lieber nach Teneriffa **geflogen**. I would have preferred to fly to Tenerife.

ich = I   **du** = you   **er** = he/it   **sie** = she/it   **es** = it/he/she   **wir** = we   **ihr** = you   **sie** = they   **Sie** = you (polite)

fliehen (to flee)

strong, *formed with* **haben/sein***

PRESENT

ich	**fliehe**
du	**fliehst**
er/sie/es	**flieht**
wir	**fliehen**
ihr	**flieht**
sie/Sie	**fliehen**

PRESENT SUBJUNCTIVE

ich	**fliehe**
du	**fliehest**
er/sie/es	**fliehe**
wir	**fliehen**
ihr	**fliehet**
sie/Sie	**fliehen**

PERFECT

ich	**bin geflohen**
du	**bist geflohen**
er/sie/es	**ist geflohen**
wir	**sind geflohen**
ihr	**seid geflohen**
sie/Sie	**sind geflohen**

IMPERFECT

ich	**floh**
du	**flohst**
er/sie/es	**floh**
wir	**flohen**
ihr	**floht**
sie/Sie	**flohen**

PRESENT PARTICIPLE

fliehend

PAST PARTICIPLE

geflohen

*When *fliehen* is used with a direct object, it is formed with **haben**.*

EXAMPLE PHRASES

Warum **fliehst** du vor mir? Why are you running away from me?

Er glaubt, sie **fliehe** seine Gesellschaft. He thinks she is shunning his company.

Sie **sind** aus Afghanistan **geflohen**. They are refugees from Afghanistan.

Sie **floh** vor der Polizei. She fled from the police.

ich = I **du** = you **er** = he/it **sie** = she/it **es** = it/he/she **wir** = we **ihr** = you **sie** = they **Sie** = you (*polite*)

fliehen

FUTURE

ich	**werde fliehen**
du	**wirst fliehen**
er/sie/es	**wird fliehen**
wir	**werden fliehen**
ihr	**werdet fliehen**
sie/Sie	**werden fliehen**

CONDITIONAL

ich	**würde fliehen**
du	**würdest fliehen**
er/sie/es	**würde fliehen**
wir	**würden fliehen**
ihr	**würdet fliehen**
sie/Sie	**würden fliehen**

PLUPERFECT

ich	**war geflohen**
du	**warst geflohen**
er/sie/es	**war geflohen**
wir	**waren geflohen**
ihr	**wart geflohen**
sie/Sie	**waren geflohen**

PLUPERFECT SUBJUNCTIVE

ich	**wäre geflohen**
du	**wär(e)st geflohen**
er/sie/es	**wäre geflohen**
wir	**wären geflohen**
ihr	**wär(e)t geflohen**
sie/Sie	**wären geflohen**

IMPERATIVE

flieh(e)!/fliehen wir!/flieht!/fliehen Sie!

EXAMPLE PHRASES

Wenn die Gefahr zu groß wird, **wird** sie **fliehen**. If the danger becomes too great she will flee.

Wenn er könnte, **würde** er aus dem Gefängnis **fliehen**. If he could he would escape from prison.

Sie **waren** vor dem Krieg **geflohen**. They had fled from the war.

Wenn er **geflohen wäre**, würde er noch leben. If he had escaped he would still be alive.

ich = I **du** = you **er** = he/it **sie** = she/it **es** = it/he/she **wir** = we **ihr** = you **sie** = they **Sie** = you (polite)

fließen (to flow)

strong, *formed with* **sein**

PRESENT

ich	**fließe**
du	**fließt**
er/sie/es	**fließt**
wir	**fließen**
ihr	**fließt**
sie/Sie	**fließen**

PRESENT SUBJUNCTIVE

ich	**fließe**
du	**fließest**
er/sie/es	**fließe**
wir	**fließen**
ihr	**fließet**
sie/Sie	**fließen**

PERFECT

ich	**bin geflossen**
du	**bist geflossen**
er/sie/es	**ist geflossen**
wir	**sind geflossen**
ihr	**seid geflossen**
sie/Sie	**sind geflossen**

IMPERFECT

ich	**floss**
du	**flossest**
er/sie/es	**floss**
wir	**flossen**
ihr	**flosst**
sie/Sie	**flossen**

PRESENT PARTICIPLE
fließend

PAST PARTICIPLE
geflossen

EXAMPLE PHRASES

Welcher Fluss **fließt** durch Hamburg? Which river flows through Hamburg?

Er meint, das Wasser **fließe** zu langsam. He thinks the water is flowing too slowly.

Es **ist** genug Blut **geflossen**. Enough blood has been spilled.

Die Tränen **flossen** in Strömen. There were floods of tears.

ich = I **du** = you **er** = he/it **sie** = she/it **es** = it/he/she **wir** = we **ihr** = you **sie** = they **Sie** = you (*polite*)

fließen

FUTURE

ich	**werde fließen**
du	**wirst fließen**
er/sie/es	**wird fließen**
wir	**werden fließen**
ihr	**werdet fließen**
sie/Sie	**werden fließen**

CONDITIONAL

ich	**würde fließen**
du	**würdest fließen**
er/sie/es	**würde fließen**
wir	**würden fließen**
ihr	**würdet fließen**
sie/Sie	**würden fließen**

PLUPERFECT

ich	**war geflossen**
du	**warst geflossen**
er/sie/es	**war geflossen**
wir	**waren geflossen**
ihr	**wart geflossen**
sie/Sie	**waren geflossen**

PLUPERFECT SUBJUNCTIVE

ich	**wäre geflossen**
du	**wär(e)st geflossen**
er/sie/es	**wäre geflossen**
wir	**wären geflossen**
ihr	**wär(e)t geflossen**
sie/Sie	**wären geflossen**

IMPERATIVE

fließ(e)!/fließen wir!/fließt!/fließen Sie!

EXAMPLE PHRASES

Wohin **wird** dieses Geld **fließen**? Where will this money go?

Wenn sie wegginge, **würden** viele Tränen **fließen**. If she left there would be many tears.

Der Schweiß **war** ihm von der Stirn **geflossen**. Sweat had been pouring off his forehead.

Wenn er das gesagt hätte, **wäre** Blut **geflossen**. If he had said that there would have been bloodshed.

ich = I   **du** = you   **er** = he/it   **sie** = she/it   **es** = it/he/she   **wir** = we   **ihr** = you   **sie** = they   **Sie** = you (*polite*)

frieren (to freeze)

strong, *formed with* **haber/ sein**

PRESENT

ich	**friere**
du	**frierst**
er/sie/es	**friert**
wir	**frieren**
ihr	**friert**
sie/Sie	**frieren**

PRESENT SUBJUNCTIVE

ich	**friere**
du	**frierest**
er/sie/es	**friere**
wir	**frieren**
ihr	**frieret**
sie/Sie	**frieren**

PERFECT

ich	**habe gefroren**
du	**hast gefroren**
er/sie/es	**hat gefroren**
wir	**haben gefroren**
ihr	**habt gefroren**
sie/Sie	**haben gefroren**

IMPERFECT

ich	**fror**
du	**frorst**
er/sie/es	**fror**
wir	**froren**
ihr	**frort**
sie/Sie	**froren**

PRESENT PARTICIPLE

frierend

PAST PARTICIPLE

gefroren

*When the meaning is to freeze over, *frieren* is formed with *sein*

EXAMPLE PHRASES

Ich **friere**. I'm freezing.

Sie sagt, es **friere** sie. She says she's cold.

Letzte Nacht **hat** es **gefroren**. It was frosty last night.

Er **fror** stark. He was very cold.

frieren

FUTURE

ich	**werde frieren**
du	**wirst frieren**
er/sie/es	**wird frieren**
wir	**werden frieren**
ihr	**werdet frieren**
sie/Sie	**werden frieren**

CONDITIONAL

ich	**würde frieren**
du	**würdest frieren**
er/sie/es	**würde frieren**
wir	**würden frieren**
ihr	**würdet frieren**
sie/Sie	**würden frieren**

PLUPERFECT

ich	**hatte gefroren**
du	**hattest gefroren**
er/sie/es	**hatte gefroren**
wir	**hatten gefroren**
ihr	**hattet gefroren**
sie/Sie	**hatten gefroren**

PLUPERFECT SUBJUNCTIVE

ich	**hätte gefroren**
du	**hättest gefroren**
er/sie/es	**hätte gefroren**
wir	**hätten gefroren**
ihr	**hättet gefroren**
sie/Sie	**hätten gefroren**

IMPERATIVE

frier(e)!/frieren wir!/friert!/frieren Sie!

EXAMPLE PHRASES

Heute Nacht **wird** es bestimmt **frieren**. I'm sure temperatures will be below freezing tonight.

Ohne meinen Wintermantel **würde** ich **frieren**. I would be cold without my winter coat.

Ohne seinen Pullover **hatte** er sehr **gefroren**. He had been very cold without his jumper.

Bei minus zehn Grad **wäre** der ganze See **gefroren**. At minus ten degrees the whole lake would have frozen over.

ich= I **du**= you **er**= he/it **sie**= she/it **es**= it/he/she **wir**= we **ihr**= you **sie**= they **Sie**= you (*polite*)

geben (to give)

strong, *formed with* **haben**

PRESENT

ich	**gebe**
du	**gibst**
er/sie/es	**gibt**
wir	**geben**
ihr	**gebt**
sie/Sie	**geben**

PRESENT SUBJUNCTIVE

ich	**gebe**
du	**gebest**
er/sie/es	**gebe**
wir	**geben**
ihr	**gebet**
sie/Sie	**geben**

PERFECT

ich	**habe gegeben**
du	**hast gegeben**
er/sie/es	**hat gegeben**
wir	**haben gegeben**
ihr	**habt gegeben**
sie/Sie	**haben gegeben**

IMPERFECT

ich	**gab**
du	**gabst**
er/sie/es	**gab**
wir	**gaben**
ihr	**gabt**
sie/Sie	**gaben**

PRESENT PARTICIPLE

gebend

PAST PARTICIPLE

gegeben

EXAMPLE PHRASES

Was **gibt** es im Kino? What's on at the cinema?

Er sagt, er **gebe** Bettlern kein Geld. He says he won't give money to beggars.

Das **hat** mir wieder Selbstvertrauen **gegeben**. This has given me new self-confidence.

Er **gab** mir das Geld für die Bücher. He gave me the money for the books.

---

ich = I **du** = you **er** = he/it **sie** = she/it **es** = it/he/she **wir** = we **ihr** = you **sie** = they **Sie** = you (*polite*)

geben

FUTURE

ich	**werde geben**
du	**wirst geben**
er/sie/es	**wird geben**
wir	**werden geben**
ihr	**werdet geben**
sie/Sie	**werden geben**

CONDITIONAL

ich	**würde geben**
du	**würdest geben**
er/sie/es	**würde geben**
wir	**würden geben**
ihr	**würdet geben**
sie/Sie	**würden geben**

PLUPERFECT

ich	**hatte gegeben**
du	**hattest gegeben**
er/sie/es	**hatte gegeben**
wir	**hatten gegeben**
ihr	**hattet gegeben**
sie/Sie	**hatten gegeben**

PLUPERFECT SUBJUNCTIVE

ich	**hätte gegeben**
du	**hättest gegeben**
er/sie/es	**hätte gegeben**
wir	**hätten gegeben**
ihr	**hättet gegeben**
sie/Sie	**hätten gegeben**

IMPERATIVE
gib!/geben wir!/gebt!/geben Sie!

EXAMPLE PHRASES

Das **wird** sich schon **geben**. That'll sort itself out.

Wir **würden** alles darum **geben**, ins Finale zu kommen. We would give anything to reach the finals.

Ich **hatte** das Buch seiner Mutter **gegeben**. I had given the book to his mother.

Wir **hätten** alles darum **gegeben**, ihn wiederzusehen. We would have given anything to see him again.

---

ich = I **du** = you **er** = he/it **sie** = she/it **es** = it/he/she **wir** = we **ihr** = you **sie** = they **Sie** = you (polite)

gehen (to go)

strong, *formed with* **sein**

<table>
<tr><td>

PRESENT

ich	**gehe**
du	**gehst**
er/sie/es	**geht**
wir	**gehen**
ihr	**geht**
sie/Sie	**gehen**

</td><td>

PRESENT SUBJUNCTIVE

ich	**gehe**
du	**gehest**
er/sie/es	**gehe**
wir	**gehen**
ihr	**gehet**
sie/Sie	**gehen**

</td></tr>
<tr><td>

PERFECT

ich	**bin gegangen**
du	**bist gegangen**
er/sie/es	**ist gegangen**
wir	**sind gegangen**
ihr	**seid gegangen**
sie/Sie	**sind gegangen**

</td><td>

IMPERFECT

ich	**ging**
du	**gingst**
er/sie/es	**ging**
wir	**gingen**
ihr	**gingt**
sie/Sie	**gingen**

</td></tr>
<tr><td>

PRESENT PARTICIPLE

gehend

</td><td>

PAST PARTICIPLE

gegangen

</td></tr>
</table>

EXAMPLE PHRASES

Wie **geht** es dir? How are you?

Er meint, das **ginge** zu weit. He thinks that would go too far.

Wir **sind** gestern schwimmen **gegangen**. We went swimming yesterday.

Die Kinder **gingen** ins Haus. The children went into the house.

gehen

FUTURE

ich	**werde gehen**
du	**wirst gehen**
er/sie/es	**wird gehen**
wir	**werden gehen**
ihr	**werdet gehen**
sie/Sie	**werden gehen**

CONDITIONAL

ich	**würde gehen**
du	**würdest gehen**
er/sie/es	**würde gehen**
wir	**würden gehen**
ihr	**würdet gehen**
sie/Sie	**würden gehen**

PLUPERFECT

ich	**war gegangen**
du	**warst gegangen**
er/sie/es	**war gegangen**
wir	**waren gegangen**
ihr	**wart gegangen**
sie/Sie	**waren gegangen**

PLUPERFECT SUBJUNCTIVE

ich	**wäre gegangen**
du	**wär(e)st gegangen**
er/sie/es	**wäre gegangen**
wir	**wären gegangen**
ihr	**wär(e)t gegangen**
sie/Sie	**wären gegangen**

IMPERATIVE

geh(e)!/gehen wir!/geht!/gehen Sie!

EXAMPLE PHRASES

Dabei **wird** es um sehr viel Geld **gehen**. A lot of money will be at stake here.

In diesen Kleidern **würde** ich nicht ins Theater **gehen**. I wouldn't go to the theatre in these clothes.

Wir **waren** durch den Wald **gegangen**. We had gone through the wood.

Ohne Schirm **wäre** ich nicht aus dem Haus **gegangen**. I wouldn't have left the house without an umbrella.

ich= I **du**= you **er**= he/it **sie**= she/it **es**= it/he/she **wir**= we **ihr**= you **sie**= they **Sie**= you (polite)

gehorchen (to obey) weak, inseparable, *formed with* haben

PRESENT

ich	**gehorche**
du	**gehorchst**
er/sie/es	**gehorcht**
wir	**gehorchen**
ihr	**gehorcht**
sie/Sie	**gehorchen**

PRESENT SUBJUNCTIVE

ich	**gehorche**
du	**gehorchest**
er/sie/es	**gehorche**
wir	**gehorchen**
ihr	**gehorchet**
sie/Sie	**gehorchen**

PERFECT

ich	**habe gehorcht**
du	**hast gehorcht**
er/sie/es	**hat gehorcht**
wir	**haben gehorcht**
ihr	**habt gehorcht**
sie/Sie	**haben gehorcht**

IMPERFECT

ich	**gehorchte**
du	**gehorchtest**
er/sie/es	**gehorchte**
wir	**gehorchten**
ihr	**gehorchtet**
sie/Sie	**gehorchten**

PRESENT PARTICIPLE
gehorchend

PAST PARTICIPLE
gehorcht

EXAMPLE PHRASES

Der Hund **gehorcht** mir nicht. That dog is disobedient.

Er sagt, sein Sohn **gehorche** ihm nicht. He says his son is disobedient.

Meine Schwester **hat** meinen Eltern überhaupt nicht **gehorcht**. My sister
   didn't obey my parents at all.

Er **gehorchte** seiner Mutter. He obeyed his mother.

ich = I **du** = you **er** = he/it **sie** = she/it **es** = it/he/she **wir** = we **ihr** = you **sie** = they **Sie** = you (*polite*)

gehorchen

FUTURE

ich	**werde gehorchen**
du	**wirst gehorchen**
er/sie/es	**wird gehorchen**
wir	**werden gehorchen**
ihr	**werdet gehorchen**
sie/Sie	**werden gehorchen**

CONDITIONAL

ich	**würde gehorchen**
du	**würdest gehorchen**
er/sie/es	**würde gehorchen**
wir	**würden gehorchen**
ihr	**würdet gehorchen**
sie/Sie	**würden gehorchen**

PLUPERFECT

ich	**hatte gehorcht**
du	**hattest gehorcht**
er/sie/es	**hatte gehorcht**
wir	**hatten gehorcht**
ihr	**hattet gehorcht**
sie/Sie	**hatten gehorcht**

PLUPERFECT SUBJUNCTIVE

ich	**hätte gehorcht**
du	**hättest gehorcht**
er/sie/es	**hätte gehorcht**
wir	**hätten gehorcht**
ihr	**hättet gehorcht**
sie/Sie	**hätten gehorcht**

IMPERATIVE

gehorch(e)!/gehorchen wir!/gehorcht!/gehorchen Sie!

EXAMPLE PHRASES

Ich hoffe, das Auto **wird** mir heute **gehorchen**. I hope the car will behave today.

Wenn ich strenger mit ihm wäre, **würde** er mir besser **gehorchen**. If I was
   stricter with him he would be more obedient.

Ich **hatte** meinem Vater immer **gehorcht**. I had always obeyed my father.

Ich **hätte** meinem Chef in dieser Frage nicht **gehorcht**. I would have gone
   against my boss in this matter.

ich = I **du** = you **er** = he/it **sie** = she/it **es** = it/he/she **wir** = we **ihr** = you **sie** = they **Sie** = you (polite)

genießen (to enjoy) strong, inseparable, *formed with* haben

PRESENT		PRESENT SUBJUNCTIVE	
ich	genieße	ich	genieße
du	genießt	du	genießest
er/sie/es	genießt	er/sie/es	genieße
wir	genießen	wir	genießen
ihr	genießt	ihr	genießet
sie/Sie	genießen	sie/Sie	genießen

PERFECT		IMPERFECT	
ich	habe genossen	ich	genoss
du	hast genossen	du	genossest
er/sie/es	hat genossen	er/sie/es	genoss
wir	haben genossen	wir	genossen
ihr	habt genossen	ihr	genosst
sie/Sie	haben genossen	sie/Sie	genossen

PRESENT PARTICIPLE

genießend

PAST PARTICIPLE

genossen

EXAMPLE PHRASES

Ich **genieße** meine Freizeit. I'm enjoying my spare time.

Sie sagt, sie **genieße** das Leben. She says she's enjoying life.

Wir **haben** die Ferien **genossen**. We enjoyed our holidays.

Er **genoss** ein Glas Wein. He enjoyed a glass of wine.

---

ich= I du= you er= he/it sie= she/it es= it/he/she wir= we ihr= you sie= they Sie= you (polite)

genießen

FUTURE

ich	**werde genießen**
du	**wirst genießen**
er/sie/es	**wird genießen**
wir	**werden genießen**
ihr	**werdet genießen**
sie/Sie	**werden genießen**

CONDITIONAL

ich	**würde genießen**
du	**würdest genießen**
er/sie/es	**würde genießen**
wir	**würden genießen**
ihr	**würdet genießen**
sie/Sie	**würden genießen**

PLUPERFECT

ich	**hatte genossen**
du	**hattest genossen**
er/sie/es	**hatte genossen**
wir	**hatten genossen**
ihr	**hattet genossen**
sie/Sie	**hatten genossen**

PLUPERFECT SUBJUNCTIVE

ich	**hätte genossen**
du	**hättest genossen**
er/sie/es	**hätte genossen**
wir	**hätten genossen**
ihr	**hättet genossen**
sie/Sie	**hätten genossen**

IMPERATIVE

genieß(e)!/genießen wir!/genießt!/genießen Sie!

EXAMPLE PHRASES

Diese Prüfung **werde** ich nicht **genießen**. I won't enjoy this test.

Ich **würde** mein Leben gern **genießen**. I'd like to enjoy my life.

Ich **hatte** das Wochenende in Paris **genossen**. I had enjoyed the weekend in Paris.

Ich **hätte** den Urlaub besser **genossen**, wenn du dabei gewesen wärst.
I would have enjoyed the holiday more if you had been with me.

ich= I   **du**= you   **er**= he/it   **sie**= she/it   **es**= it/he/she   **wir**= we   **ihr**= you   **sie**= they   **Sie**= you (*polite*)

gewinnen (to win) strong, inseparable, *formed with* **haben**

PRESENT

ich	**gewinne**
du	**gewinnst**
er/sie/es	**gewinnt**
wir	**gewinnen**
ihr	**gewinnt**
sie/Sie	**gewinnen**

PRESENT SUBJUNCTIVE

ich	**gewinne**
du	**gewinnest**
er/sie/es	**gewinne**
wir	**gewinnen**
ihr	**gewinnet**
sie/Sie	**gewinnen**

PERFECT

ich	**habe gewonnen**
du	**hast gewonnen**
er/sie/es	**hat gewonnen**
wir	**haben gewonnen**
ihr	**habt gewonnen**
sie/Sie	**haben gewonnen**

IMPERFECT

ich	**gewann**
du	**gewannst**
er/sie/es	**gewann**
wir	**gewannen**
ihr	**gewannt**
sie/Sie	**gewannen**

PRESENT PARTICIPLE
gewinnend

PAST PARTICIPLE
gewonnen

EXAMPLE PHRASES

Er **gewinnt** immer beim Kartenspielen. He always wins at cards.

Er sagt, seine Mannschaft **gewinne** alle Spiele. He says his team wins all the matches.

Er **hat** den ersten Preis **gewonnen**. He won first prize.

Das Flugzeug **gewann** an Höhe. The plane gained altitude.

---

ich = I **du** = you **er** = he/it **sie** = she/it **es** = it/he/she **wir** = we **ihr** = you **sie** = they **Sie** = you (*polite*)

gewinnen

FUTURE

ich	**werde gewinnen**
du	**wirst gewinnen**
er/sie/es	**wird gewinnen**
wir	**werden gewinnen**
ihr	**werdet gewinnen**
sie/Sie	**werden gewinnen**

CONDITIONAL

ich	**würde gewinnen**
du	**würdest gewinnen**
er/sie/es	**würde gewinnen**
wir	**würden gewinnen**
ihr	**würdet gewinnen**
sie/Sie	**würden gewinnen**

PLUPERFECT

ich	**hatte gewonnen**
du	**hattest gewonnen**
er/sie/es	**hatte gewonnen**
wir	**hatten gewonnen**
ihr	**hattet gewonnen**
sie/Sie	**hatten gewonnen**

PLUPERFECT SUBJUNCTIVE

ich	**hätte gewonnen**
du	**hättest gewonnen**
er/sie/es	**hätte gewonnen**
wir	**hätten gewonnen**
ihr	**hättet gewonnen**
sie/Sie	**hätten gewonnen**

IMPERATIVE

gewinn(e)!/gewinnen wir!/gewinnt!/gewinnen Sie!

EXAMPLE PHRASES

Gegen ihn **werden** wir niemals **gewinnen**. We'll never win against him.

Am liebsten **würde** ich im Lotto **gewinnen**. What I'd love most is to win the lottery.

Ich **hatte** ihn zum Freund **gewonnen**. I had won him as a friend.

Hättest du **gewonnen**, wärest du jetzt reich. If you had won you would be rich now.

ich = I **du** = you **er** = he/it **sie** = she/it **es** = it/he/she **wir** = we **ihr** = you **sie** = they **Sie** = you (polite)

gießen (to pour)

strong, *formed with* **haben**

PRESENT

ich	**gieße**
du	**gießt**
er/sie/es	**gießt**
wir	**gießen**
ihr	**gießt**
sie/Sie	**gießen**

PRESENT SUBJUNCTIVE

ich	**gieße**
du	**gießest**
er/sie/es	**gieße**
wir	**gießen**
ihr	**gießet**
sie/Sie	**gießen**

PERFECT

ich	**habe gegossen**
du	**hast gegossen**
er/sie/es	**hat gegossen**
wir	**haben gegossen**
ihr	**habt gegossen**
sie/Sie	**haben gegossen**

IMPERFECT

ich	**goss**
du	**gossest**
er/sie/es	**goss**
wir	**gossen**
ihr	**gosst**
sie/Sie	**gossen**

PRESENT PARTICIPLE

gießend

PAST PARTICIPLE

gegossen

EXAMPLE PHRASES

Sie **gießt** den Garten. She is watering the garden.

Sie sagt, es **gieße** draußen. She says it's pouring outside.

Ich **habe** die Blumen **gegossen**. I watered the flowers.

Er **goss** mir Wasser über den Kopf. He poured water over my head.

gießen

FUTURE

ich	**werde gießen**
du	**wirst gießen**
er/sie/es	**wird gießen**
wir	**werden gießen**
ihr	**werdet gießen**
sie/Sie	**werden gießen**

CONDITIONAL

ich	**würde gießen**
du	**würdest gießen**
er/sie/es	**würde gießen**
wir	**würden gießen**
ihr	**würdet gießen**
sie/Sie	**würden gießen**

PLUPERFECT

ich	**hatte gegossen**
du	**hattest gegossen**
er/sie/es	**hatte gegossen**
wir	**hatten gegossen**
ihr	**hattet gegossen**
sie/Sie	**hatten gegossen**

PLUPERFECT SUBJUNCTIVE

ich	**hätte gegossen**
du	**hättest gegossen**
er/sie/es	**hätte gegossen**
wir	**hätten gegossen**
ihr	**hättet gegossen**
sie/Sie	**hätten gegossen**

IMPERATIVE

gieß(e)!/gießen wir!/gießt!/gießen Sie!

EXAMPLE PHRASES

Ich **werde** gleich die Rosen **gießen**. I'll water the roses in a moment.

An deiner Stelle **würde** ich die Blumen nicht so oft **gießen**. If I were you I wouldn't water the flowers so often.

Dienstag **hatte** es in Strömen **gegossen**. On Tuesday it had been bucketing down.

Ich **hätte** besser die Pflanzen **gegossen**. I should have watered the plants.

ich= I   du= you   er= he/it   sie= she/it   es= it/he/she   wir= we   ihr= you   sie= they   Sie= you (polite)

graben (to dig)

strong, *formed with* haben

PRESENT

ich	grabe
du	gräbst
er/sie/es	gräbt
wir	graben
ihr	grabt
sie/Sie	graben

PRESENT SUBJUNCTIVE

ich	grabe
du	grabest
er/sie/es	grabe
wir	graben
ihr	grabet
sie/Sie	graben

PERFECT

ich	habe gegraben
du	hast gegraben
er/sie/es	hat gegraben
wir	haben gegraben
ihr	habt gegraben
sie/Sie	haben gegraben

IMPERFECT

ich	grub
du	grubst
er/sie/es	grub
wir	gruben
ihr	grubt
sie/Sie	gruben

PRESENT PARTICIPLE
grabend

PAST PARTICIPLE
gegraben

EXAMPLE PHRASES

Er **gräbt** ein Loch. He is digging a hole.

Er sagt, er **grabe** in Alaska nach Gold. He says he digs for gold in Alaska.

Der Fluss **hat** sich in den Fels **gegraben**. The river has eaten its way into the rock.

Der Archäologe **grub** nach antiken Schätzen. The archaeologist was digging for antique treasures.

ich = I **du** = you **er** = he/it **sie** = she/it **es** = it/he/she **wir** = we **ihr** = you **sie** = they **Sie** = you (*polite*)

graben

FUTURE

ich	**werde graben**
du	**wirst graben**
er/sie/es	**wird graben**
wir	**werden graben**
ihr	**werdet graben**
sie/Sie	**werden graben**

CONDITIONAL

ich	**würde graben**
du	**würdest graben**
er/sie/es	**würde graben**
wir	**würden graben**
ihr	**würdet graben**
sie/Sie	**würden graben**

PLUPERFECT

ich	**hatte gegraben**
du	**hattest gegraben**
er/sie/es	**hatte gegraben**
wir	**hatten gegraben**
ihr	**hattet gegraben**
sie/Sie	**hatten gegraben**

PLUPERFECT SUBJUNCTIVE

ich	**hätte gegraben**
du	**hättest gegraben**
er/sie/es	**hätte gegraben**
wir	**hätten gegraben**
ihr	**hättet gegraben**
sie/Sie	**hätten gegraben**

IMPERATIVE

grab(e)!/graben wir!/grabt!/graben Sie!

EXAMPLE PHRASES

Wir **werden** uns durch diese Probleme **graben**. We'll work our way through these problems.

Ich **würde** nicht in seiner Vergangenheit **graben**. I wouldn't dig around in his past.

Das **hatte** sich mir ins Gedächtnis **gegraben**. It had imprinted itself on my memory.

Wir **hätten** gern ein tieferes Loch **gegraben**. We would have liked to dig a deeper hole.

ich = I **du** = you **er** = he/it **sie** = she/it **es** = it/he/she **wir** = we **ihr** = you **sie** = they **Sie** = you (polite)

greifen (to take hold of; to seize) strong, *formed with* haben

PRESENT

ich	greife
du	greifst
er/sie/es	greift
wir	greifen
ihr	greift
sie/Sie	greifen

PRESENT SUBJUNCTIVE

ich	greife
du	greifest
er/sie/es	greife
wir	greifen
ihr	greifet
sie/Sie	greifen

PERFECT

ich	habe gegriffen
du	hast gegriffen
er/sie/es	hat gegriffen
wir	haben gegriffen
ihr	habt gegriffen
sie/Sie	haben gegriffen

IMPERFECT

ich	griff
du	griffst
er/sie/es	griff
wir	griffen
ihr	grifft
sie/Sie	griffen

PRESENT PARTICIPLE

griefend

PAST PARTICIPLE

gegriffen

EXAMPLE PHRASES

Die Geschichte **greift** ans Herz. The story pulls at one's heartstrings.

Sie sagt, sie **greife** nicht gern zu diesen Mitteln. She says she doesn't like to resort to these measures.

Er **hat** zum Äußersten **gegriffen**. He has resorted to extremes.

Er **griff** das Buch. He grabbed the book.

---

ich= I **du**= you **er**= he/it **sie**= she/it **es**= it/he/she **wir**= we **ihr**= you **sie**= they **Sie**= you (*polite*)

greifen

FUTURE

ich	**werde greifen**
du	**wirst greifen**
er/sie/es	**wird greifen**
wir	**werden greifen**
ihr	**werdet greifen**
sie/Sie	**werden greifen**

CONDITIONAL

ich	**würde greifen**
du	**würdest greifen**
er/sie/es	**würde greifen**
wir	**würden greifen**
ihr	**würdet greifen**
sie/Sie	**würden greifen**

PLUPERFECT

ich	**hatte gegriffen**
du	**hattest gegriffen**
er/sie/es	**hatte gegriffen**
wir	**hatten gegriffen**
ihr	**hattet gegriffen**
sie/Sie	**hatten gegriffen**

PLUPERFECT SUBJUNCTIVE

ich	**hätte gegriffen**
du	**hättest gegriffen**
er/sie/es	**hätte gegriffen**
wir	**hätten gegriffen**
ihr	**hättet gegriffen**
sie/Sie	**hätten gegriffen**

IMPERATIVE
greif(e)!/greifen wir!/greift!/greifen Sie!

EXAMPLE PHRASES

Der Staat **wird** uns tief in die Tasche **greifen**. The state will be asking us to dig deep.

Wenn ich könnte, **würde** ich nach den Sternen **greifen**. If I could I would reach for the stars.

Er **hatte** wieder zur Flasche **gegriffen**. He had taken to the bottle again.

In dieser Situation **hätte** ich zur Pistole **gegriffen**. In that situation I would have reached for my gun.

ich= I du= you er= he/it sie= she/it es= it/he/she wir= we ihr= you sie= they Sie= you (polite)

grüßen (to greet)

weak, *formed with* haben

PRESENT

ich	grüße
du	grüßt
er/sie/es	grüßt
wir	grüßen
ihr	grüßt
sie/Sie	grüßen

PRESENT SUBJUNCTIVE

ich	grüße
du	grüßest
er/sie/es	grüße
wir	grüßen
ihr	grüßet
sie/Sie	grüßen

PERFECT

ich	habe gegrüßt
du	hast gegrüßt
er/sie/es	hat gegrüßt
wir	haben gegrüßt
ihr	habt gegrüßt
sie/Sie	haben gegrüßt

IMPERFECT

ich	grüßte
du	grüßtest
er/sie/es	grüßte
wir	grüßten
ihr	grüßtet
sie/Sie	grüßten

PRESENT PARTICIPLE

grüßend

PAST PARTICIPLE

gegrüßt

EXAMPLE PHRASES

Unsere Nachbarin **grüßt** uns jeden Morgen. Our neighbour greets us every morning.

Er sagt, er **grüße** sie nicht einmal. He says he doesn't even say hello to her.

Er **hat** mich nicht **gegrüßt**. He didn't say hello to me.

Sie **grüßte** mich mit einem Lächeln. She greeted me with a smile.

---

ich = I   **du** = you   **er** = he/it   **sie** = she/it   **es** = it/he/she   **wir** = we   **ihr** = you   **sie** = they   **Sie** = you (*polite*)

grüßen

FUTURE

ich **werde grüßen**
du **wirst grüßen**
er/sie/es **wird grüßen**
wir **werden grüßen**
ihr **werdet grüßen**
sie/Sie **werden grüßen**

CONDITIONAL

ich **würde grüßen**
du **würdest grüßen**
er/sie/es **würde grüßen**
wir **würden grüßen**
ihr **würdet grüßen**
sie/Sie **würden grüßen**

PLUPERFECT

ich **hatte gegrüßt**
du **hattest gegrüßt**
er/sie/es **hatte gegrüßt**
wir **hatten gegrüßt**
ihr **hattet gegrüßt**
sie/Sie **hatten gegrüßt**

PLUPERFECT SUBJUNCTIVE

ich **hätte gegrüßt**
du **hättest gegrüßt**
er/sie/es **hätte gegrüßt**
wir **hätten gegrüßt**
ihr **hättet gegrüßt**
sie/Sie **hätten gegrüßt**

IMPERATIVE

grüß(e)!/grüßen wir!/grüßt!/grüßen Sie!

EXAMPLE PHRASES

In Österreich **werden** uns die Berge **grüßen**. In Austria we will be greeted
by the mountains.

Solche Nachbarn **würde** ich nicht **grüßen**. I wouldn't say hello to neighbours
like that.

Er **hatte** mich auf der Straße **gegrüßt**. He had greeted me in the street.

Sie **hätte** dich gegrüßt, wenn sie dich erkannt hätte. She would have said hello
if she had recognized you.

ich = I du = you er = he/it sie = she/it es = it/he/she wir = we ihr = you sie = they Sie = you *(polite)*

haben (to have)

strong, *formed with* **haben**

PRESENT

ich	**habe**
du	**hast**
er/sie/es	**hat**
wir	**haben**
ihr	**habt**
sie/Sie	**haben**

PRESENT SUBJUNCTIVE

ich	**habe**
du	**habest**
er/sie/es	**habe**
wir	**haben**
ihr	**habet**
sie/Sie	**haben**

PERFECT

ich	**habe gehabt**
du	**hast gehabt**
er/sie/es	**hat gehabt**
wir	**haben gehabt**
ihr	**habt gehabt**
sie/Sie	**haben gehabt**

IMPERFECT

ich	**hatte**
du	**hattest**
er/sie/es	**hatte**
wir	**hatten**
ihr	**hattet**
sie/Sie	**hatten**

PRESENT PARTICIPLE

habend

PAST PARTICIPLE

gehabt

EXAMPLE PHRASES

Hast du eine Schwester? Have you got a sister?

Er sagt, er **habe** keine Zeit. He says he has no time

Sie **hat** letzte Woche Geburtstag **gehabt**. Her birthday was last week.

Er **hatte** Hunger. He was hungry.

ich = I **du** = you **er** = he/it **sie** = she/it **es** = it/he/she **wir** = we **ihr** = you **sie** = they **Sie** = you (*polite*)

haben

FUTURE

ich	**werde haben**
du	**wirst haben**
er/sie/es	**wird haben**
wir	**werden haben**
ihr	**werdet haben**
sie/Sie	**werden haben**

CONDITIONAL

ich	**würde haben**
du	**würdest haben**
er/sie/es	**würde haben**
wir	**würden haben**
ihr	**würdet haben**
sie/Sie	**würden haben**

PLUPERFECT

ich	**hatte gehabt**
du	**hattest gehabt**
er/sie/es	**hatte gehabt**
wir	**hatten gehabt**
ihr	**hattet gehabt**
sie/Sie	**hatten gehabt**

PLUPERFECT SUBJUNCTIVE

ich	**hätte gehabt**
du	**hättest gehabt**
er/sie/es	**hätte gehabt**
wir	**hätten gehabt**
ihr	**hättet gehabt**
sie/Sie	**hätten gehabt**

IMPERATIVE
hab(e)!/haben wir!/habt!/haben Sie!

EXAMPLE PHRASES

Diese Gelegenheit **werden** wir nie wieder **haben**. We'll never have this opportunity again.

Ich **würde** gern viel Geld **haben**. I'd like to have a lot of money.

Davor **hatten** wir immer Angst **gehabt**. We had always been afraid of that.

Er **hätte** sie gern zur Freundin **gehabt**. He would have liked her to be his girlfriend.

ich = I **du** = you **er** = he/it **sie** = she/it **es** = it/he/she **wir** = we **ihr** = you **sie** = they **Sie** = you *(polite)*

halten (to hold)

strong, *formed with* **haben**

PRESENT

ich	**halte**
du	**hältst**
er/sie/es	**hält**
wir	**halten**
ihr	**haltet**
sie/Sie	**halten**

PRESENT SUBJUNCTIVE

ich	**halte**
du	**haltest**
er/sie/es	**halte**
wir	**halten**
ihr	**haltet**
sie/Sie	**halten**

PERFECT

ich	**habe gehalten**
du	**hast gehalten**
er/sie/es	**hat gehalten**
wir	**haben gehalten**
ihr	**habt gehalten**
sie/Sie	**haben gehalten**

IMPERFECT

ich	**hielt**
du	**hielt(e)st**
er/sie/es	**hielt**
wir	**hielten**
ihr	**hieltet**
sie/Sie	**hielten**

PRESENT PARTICIPLE

haltend

PAST PARTICIPLE

gehalten

EXAMPLE PHRASES

Hältst du das mal für mich? Can you hold that for me?

Sie sagt, sie **halte** nicht viel von diesem Vorschlag. She says she doesn't think much of this suggestion.

Ich **habe** sie für deine Mutter **gehalten**. I took her for your mother.

Der Bus **hielt** vor dem Rathaus. The bus stopped in front of the town hall.

ich = I   du = you   er = he/it   sie = she/it   es = it/he/she   wir = we   ihr = you   sie = they   Sie = you (*polite*)

halten

FUTURE

ich	**werde halten**
du	**wirst halten**
er/sie/es	**wird halten**
wir	**werden halten**
ihr	**werdet halten**
sie/Sie	**werden halten**

CONDITIONAL

ich	**würde halten**
du	**würdest halten**
er/sie/es	**würde halten**
wir	**würden halten**
ihr	**würdet halten**
sie/Sie	**würden halten**

PLUPERFECT

ich	**hatte gehalten**
du	**hattest gehalten**
er/sie/es	**hatte gehalten**
wir	**hatten gehalten**
ihr	**hattet gehalten**
sie/Sie	**hatten gehalten**

PLUPERFECT SUBJUNCTIVE

ich	**hätte gehalten**
du	**hättest gehalten**
er/sie/es	**hätte gehalten**
wir	**hätten gehalten**
ihr	**hättet gehalten**
sie/Sie	**hätten gehalten**

IMPERATIVE

halt(e)!/halten wir!/haltet!/halten Sie!

EXAMPLE PHRASES

Sie **werden** das Land besetzt **halten**. They will keep the country under occupation.
Ich **würde** mich an diese Methode **halten**. I would stick with that method.
Ich **hatte** ihn für ehrlicher **gehalten**. I had thought him to be more honest.
Das **hätte** ich nie für möglich **gehalten**. I would never have thought it possible.

ich = I **du** = you **er** = he/it **sie** = she/it **es** = it/he/she **wir** = we **ihr** = you **sie** = they **Sie** = you (*polite*)

handeln (to trade; to act)

weak, *formed with* **haben**

PRESENT

ich	**handle**
du	**handelst**
er/sie/es	**handelt**
wir	**handeln**
ihr	**handelt**
sie/Sie	**handeln**

PRESENT SUBJUNCTIVE

ich	**handle**
du	**handlest**
er/sie/es	**handle**
wir	**handlen**
ihr	**handlet**
sie/Sie	**handlen**

PERFECT

ich	**habe gehandelt**
du	**hast gehandelt**
er/sie/es	**hat gehandelt**
wir	**haben gehandelt**
ihr	**habt gehandelt**
sie/Sie	**haben gehandelt**

IMPERFECT

ich	**handelte**
du	**handeltest**
er/sie/es	**handelte**
wir	**handelten**
ihr	**handeltet**
sie/Sie	**handelten**

PRESENT PARTICIPLE

handelnd

PAST PARTICIPLE

gehandelt

EXAMPLE PHRASES

Die Geschichte **handelt** von einem alten Mann. The story is about an old man.

Er sagt, der Roman **handle** von einem Bankraub. He says the novel is about a bank robbery.

Er **hat** früher in Gebrauchtwagen **gehandelt**. He used to deal in used cars.

Die Polizei **handelte** schnell. The police acted quickly.

handeln

FUTURE

ich	**werde handeln**
du	**wirst handeln**
er/sie/es	**wird handeln**
wir	**werden handeln**
ihr	**werdet handeln**
sie/Sie	**werden handeln**

CONDITIONAL

ich	**würde handeln**
du	**würdest handeln**
er/sie/es	**würde handeln**
wir	**würden handeln**
ihr	**würdet handeln**
sie/Sie	**würden handeln**

PLUPERFECT

ich	**hatte gehandelt**
du	**hattest gehandelt**
er/sie/es	**hatte gehandelt**
wir	**hatten gehandelt**
ihr	**hattet gehandelt**
sie/Sie	**hatten gehandelt**

PLUPERFECT SUBJUNCTIVE

ich	**hätte gehandelt**
du	**hättest gehandelt**
er/sie/es	**hätte gehandelt**
wir	**hätten gehandelt**
ihr	**hättet gehandelt**
sie/Sie	**hätten gehandelt**

IMPERATIVE

handle!/handeln wir!/handelt!/handeln Sie!

EXAMPLE PHRASES

Wir **werden** sofort **handeln**. We will act at once.

Er **würde** nie mit Drogen **handeln**. He would never deal in drugs.

Es **hatte** sich ums Überleben **gehandelt**. It had been a question of survival.

Ich **hätte** gern mit ihm über den Preis **gehandelt**. I would have liked to bargain with him over the price.

---

ich = I   du = you   er = he/it   sie = she/it   es = it/he/she   wir = we   ihr = you   sie = they   Sie = you (polite)

hängen* (to hang)

strong, *formed with* **haben**

PRESENT

ich	**hänge**
du	**hängst**
er/sie/es	**hängt**
wir	**hängen**
ihr	**hängt**
sie/Sie	**hängen**

PRESENT SUBJUNCTIVE

ich	**hänge**
du	**hängest**
er/sie/es	**hänge**
wir	**hängen**
ihr	**hänget**
sie/Sie	**hängen**

PERFECT

ich	**habe gehangen**
du	**hast gehangen**
er/sie/es	**hat gehangen**
wir	**haben gehangen**
ihr	**habt gehangen**
sie/Sie	**haben gehangen**

IMPERFECT

ich	**hing**
du	**hingst**
er/sie/es	**hing**
wir	**hingen**
ihr	**hingt**
sie/Sie	**hingen**

PRESENT PARTICIPLE

hängend

PAST PARTICIPLE

gehangen

Conjugated as a weak verb when it has a direct object.

EXAMPLE PHRASES

Er **hängt** an seinem Beruf. He loves his job.

Sie sagt, sie **hänge** sehr an ihm. She says she's very attached to him.

Sie **hat** schon immer an ihrem Vater **gehangen**. She has always been attached to her father.

Er **hat** das Bild an der Wand **gehängt**. He hung the picture on the wall.

ich = I **du** = you **er** = he/it **sie** = she/it **es** = it/he/she **wir** = we **ihr** = you **sie** = they **Sie** = you (*polite*)

hängen

FUTURE

ich	**werde hängen**
du	**wirst hängen**
er/sie/es	**wird hängen**
wir	**werden hängen**
ihr	**werdet hängen**
sie/Sie	**werden hängen**

CONDITIONAL

ich	**würde hängen**
du	**würdest hängen**
er/sie/es	**würde hängen**
wir	**würden hängen**
ihr	**würdet hängen**
sie/Sie	**würden hängen**

PLUPERFECT

ich	**hatte gehangen**
du	**hattest gehangen**
er/sie/es	**hatte gehangen**
wir	**hatten gehangen**
ihr	**hattet gehangen**
sie/Sie	**hatten gehangen**

PLUPERFECT SUBJUNCTIVE

ich	**hätte gehangen**
du	**hättest gehangen**
er/sie/es	**hätte gehangen**
wir	**hätten gehangen**
ihr	**hättet gehange**
sie/Sie	**hätten gehangen**

IMPERATIVE

häng(e)!/hängen wir!/hängt!/hängen Sie!

EXAMPLE PHRASES

Wir **werden** die Wäsche auf die Leine **hängen**. We'll hang the washing on the line.

Daran **würde** viel Arbeit **hängen**. A lot of work would be involved in it.

Ihre Blicke **hatten** an ihm **gehangen**. Her eyes had been fixed on him.

Wenn das Bild dort **gehangen hätte**, hätte ich es gesehen. If the picture had been hanging there, I would have seen it.

ich = I **du** = you **er** = he/it **sie** = she/it **es** = it/he/she **wir** = we **ihr** = you **sie** = they **Sie** = you (polite)

heben (to lift)

strong, *formed with* haben

PRESENT

ich	hebe
du	hebst
er/sie/es	hebt
wir	heben
ihr	hebt
sie/Sie	heben

PRESENT SUBJUNCTIVE

ich	hebe
du	hebest
er/sie/es	hebe
wir	heben
ihr	hebet
sie/Sie	heben

PERFECT

ich	habe gehoben
du	hast gehoben
er/sie/es	hat gehoben
wir	haben gehoben
ihr	habt gehoben
sie/Sie	haben gehoben

IMPERFECT

ich	hob
du	hobst
er/sie/es	hob
wir	hoben
ihr	hobt
sie/Sie	hoben

PRESENT PARTICIPLE

hebend

PAST PARTICIPLE

gehoben

EXAMPLE PHRASES

Ich **hebe** die Hand. I raise my hand.

Sie sagt, das **hebe** ihre Stimmung. She says it cheers her up.

Wir **haben** diesen Schatz zusammen **gehoben**. We raised the treasure together.

Er **hob** das Kind auf die Mauer. He lifted the child onto the wall.

ich = I du = you er = he/it sie = she/it es = it/he/she wir = we ihr = you sie = they Sie = you (polite)

heben

FUTURE

ich	**werde heben**
du	**wirst heben**
er/sie/es	**wird heben**
wir	**werden heben**
ihr	**werdet heben**
sie/Sie	**werden heben**

CONDITIONAL

ich	**würde heben**
du	**würdest heben**
er/sie/es	**würde heben**
wir	**würden heben**
ihr	**würdet heben**
sie/Sie	**würden heben**

PLUPERFECT

ich	**hatte gehoben**
du	**hattest gehoben**
er/sie/es	**hatte gehoben**
wir	**hatten gehoben**
ihr	**hattet gehoben**
sie/Sie	**hatten gehoben**

PLUPERFECT SUBJUNCTIVE

ich	**hätte gehoben**
du	**hättest gehoben**
er/sie/es	**hätte gehoben**
wir	**hätten gehoben**
ihr	**hättet gehoben**
sie/Sie	**hätten gehoben**

IMPERATIVE

heb(e)!/heben wir!/hebt!/heben Sie!

EXAMPLE PHRASES

Wirst du endlich die Füße **heben?** Will you pick up your feet?

Das **würde** meinen Mut **heben**. It would boost my morale.

Er **hatte** den Ball ins Tor **gehoben**. He had lobbed the ball into the goal.

Das **hätte** unseren Wohlstand **gehoben**. It would have improved our prosperity.

ich = I   **du** = you   **er** = he/it   **sie** = she/it   **es** = it/he/she   **wir** = we   **ihr** = you   **sie** = they   **Sie** = you (polite)

heizen (to heat)

weak, *formed with* haben

PRESENT

ich	heize
du	heizt
er/sie/es	heizt
wir	heizen
ihr	heizt
sie/Sie	heizen

PRESENT SUBJUNCTIVE

ich	heize
du	heizest
er/sie/es	heize
wir	heizen
ihr	heizet
sie/Sie	heizen

PERFECT

ich	habe geheizt
du	hast geheizt
er/sie/es	hat geheizt
wir	haben geheizt
ihr	habt geheizt
sie/Sie	haben geheizt

IMPERFECT

ich	heizte
du	heiztest
er/sie/es	heizte
wir	heizten
ihr	heiztet
sie/Sie	heizten

PRESENT PARTICIPLE

heizend

PAST PARTICIPLE

geheizt

EXAMPLE PHRASES

Der Ofen **heizt** gut. The stove gives off a good heat.

Er sagt, er **heize** am liebsten mit Strom. He says he prefers electric heating.

Wir **haben** mit Holz geheizt. We used wood for heating.

Das Zimmer **heizte** sich nur schlecht. The room was hard to heat.

ich = I **du** = you **er** = he/it **sie** = she/it **es** = it/he/she **wir** = we **ihr** = you **sie** = they **Sie** = you *(polite)*

heizen

FUTURE

ich	**werde heizen**
du	**wirst heizen**
er/sie/es	**wird heizen**
wir	**werden heizen**
ihr	**werdet heizen**
sie/Sie	**werden heizen**

CONDITIONAL

ich	**würde heizen**
du	**würdest heizen**
er/sie/es	**würde heizen**
wir	**würden heizen**
ihr	**würdet heizen**
sie/Sie	**würden heizen**

PLUPERFECT

ich	**hatte geheizt**
du	**hattest geheizt**
er/sie/es	**hatte geheizt**
wir	**hatten geheizt**
ihr	**hattet geheizt**
sie/Sie	**hatten geheizt**

PLUPERFECT SUBJUNCTIVE

ich	**hätte geheizt**
du	**hättest geheizt**
er/sie/es	**hätte geheizt**
wir	**hätten geheizt**
ihr	**hättet geheizt**
sie/Sie	**hätten geheizt**

IMPERATIVE
heiz(e)!/heizen wir!/heizt!/heizen Sie!

EXAMPLE PHRASES

Ab Oktober **werden** wir **heizen**. We'll put the heating on in October.

An Ihrer Stelle **würde** ich das Haus besser **heizen**. If I were you, I would heat the house better.

Er **hatte** den Backofen **geheizt**. He had heated the oven.

Ein Gasofen **hätte** den Raum besser **geheizt**. A gas fire would have heated the room better.

ich = I du = you er = he/it sie = she/it es = it/he/she wir = we ihr = you sie = they Sie = you *(polite)*

helfen (to help)

strong, + dative, *formed with* **haben**

PRESENT

ich	**helfe**
du	**hilfst**
er/sie/es	**hilft**
wir	**helfen**
ihr	**helft**
sie/Sie	**helfen**

PRESENT SUBJUNCTIVE

ich	**helfe**
du	**helfest**
er/sie/es	**helfe**
wir	**helfen**
ihr	**helfet**
sie/Sie	**helfen**

PERFECT

ich	**habe geholfen**
du	**hast geholfen**
er/sie/es	**hat geholfen**
wir	**haben geholfen**
ihr	**habt geholfen**
sie/Sie	**haben geholfen**

IMPERFECT

ich	**half**
du	**halfst**
er/sie/es	**half**
wir	**halfen**
ihr	**halft**
sie/Sie	**halfen**

PRESENT PARTICIPLE

helfend

PAST PARTICIPLE

geholfen

EXAMPLE PHRASES

Diese Arznei **hilft** gegen Kopfschmerzen. This medicine is good for headaches.

Sie sagt, sie **helfe** gern anderen. She says she likes to help others.

Er **hat** mir dabei **geholfen**. He helped me with it.

Sein Vorschlag **half** mir wenig. His suggestion was not much help to me.

---

ich = I **du** = you **er** = he/it **sie** = she/it **es** = it/he/she **wir** = we **ihr** = you **sie** = they **Sie** = you (*polite*)

helfen

FUTURE

ich	**werde helfen**
du	**wirst helfen**
er/sie/es	**wird helfen**
wir	**werden helfen**
ihr	**werdet helfen**
sie/Sie	**werden helfen**

CONDITIONAL

ich	**würde helfen**
du	**würdest helfen**
er/sie/es	**würde helfen**
wir	**würden helfen**
ihr	**würdet helfen**
sie/Sie	**würden helfen**

PLUPERFECT

ich	**hatte geholfen**
du	**hattest geholfen**
er/sie/es	**hatte geholfen**
wir	**hatten geholfen**
ihr	**hattet geholfen**
sie/Sie	**hatten geholfen**

PLUPERFECT SUBJUNCTIVE

ich	**hätte geholfen**
du	**hättest geholfen**
er/sie/es	**hätte geholfen**
wir	**hätten geholfen**
ihr	**hättet geholfen**
sie/Sie	**hätten geholfen**

IMPERATIVE

hilf!/helfen wir!/helft!/helfen Sie!

EXAMPLE PHRASES

Er **wird** mir **helfen**, den Aufsatz zu schreiben. He will help me write the essay.

Ich weiß, das Sie mir gern **helfen würden**. I know you would like to help me.

Sie **hatte** mir aus einer schwierigen Lage **geholfen**. She had helped me out of a difficult situation.

Das Geld **hätte** ihm auch nicht **geholfen**. The money wouldn't have helped him either.

ich = I **du** = you **er** = he/it **sie** = she/it **es** = it/he/she **wir** = we **ihr** = you **sie** = they **Sie** = you *(polite)*

holen (to fetch)

weak, *formed with* **haben**

PRESENT

ich	**hole**
du	**holst**
er/sie/es	**holt**
wir	**holen**
ihr	**holt**
sie/Sie	**holen**

PRESENT SUBJUNCTIVE

ich	**hole**
du	**holest**
er/sie/es	**hole**
wir	**holen**
ihr	**holet**
sie/Sie	**holen**

PERFECT

ich	**habe geholt**
du	**hast geholt**
er/sie/es	**hat geholt**
wir	**haben geholt**
ihr	**habt geholt**
sie/Sie	**haben geholt**

IMPERFECT

ich	**holte**
du	**holtest**
er/sie/es	**holte**
wir	**holten**
ihr	**holtet**
sie/Sie	**holten**

PRESENT PARTICIPLE

holend

PAST PARTICIPLE

geholt

EXAMPLE PHRASES

Er **holt** jeden Tag frische Milch vom Supermarkt. He gets fresh milk from the supermarket every day.

Er sagt, er **hole** gleich die Polizei. He says he was about to call the police.

Ich **habe** mir eine Erkältung **geholt**. I caught a cold.

Ich **holte** ihn ans Telefon. I got him to come to the phone.

ich = I   **du** = you   **er** = he/it   **sie** = she/it   **es** = it/he/she   **wir** = we   **ihr** = you   **sie** = they   **Sie** = you (*polite*)

holen

FUTURE

ich	**werde holen**
du	**wirst holen**
er/sie/es	**wird holen**
wir	**werden holen**
ihr	**werdet holen**
sie/Sie	**werden holen**

CONDITIONAL

ich	**würde holen**
du	**würdest holen**
er/sie/es	**würde holen**
wir	**würden holen**
ihr	**würdet holen**
sie/Sie	**würden holen**

PLUPERFECT

ich	**hatte geholt**
du	**hattest geholt**
er/sie/es	**hatte geholt**
wir	**hatten geholt**
ihr	**hattet geholt**
sie/Sie	**hatten geholt**

PLUPERFECT SUBJUNCTIVE

ich	**hätte geholt**
du	**hättest geholt**
er/sie/es	**hätte geholt**
wir	**hätten geholt**
ihr	**hättet geholt**
sie/Sie	**hätten gehol**

IMPERATIVE

hol(e)!/holen wir!/holt!/holen Sie!

EXAMPLE PHRASES

Du **wirst** dir da draußen noch den Tod **holen**. You'll end up catching your death out there!

Ich **würde** mir gern die neue CD **holen**. I'd like to go and get the new CD.

Er **hatte** ihn aus dem Bett **geholt**. He had got him out of bed.

Wenn ich nicht gekommen wäre, **hätte** sie Hilfe **geholt**. If I hadn't come she would have called for help.

ich = I **du** = you **er** = he/it **sie** = she/it **es** = it/he/she **wir** = we **ihr** = you **sie** = they **Sie** = you (*polite*)

kennen (to know) *(be acquainted with)*   mixed, *formed with* haben

PRESENT

ich	kenne
du	kennst
er/sie/es	kennt
wir	kennen
ihr	kennt
sie/Sie	kennen

PRESENT SUBJUNCTIVE

ich	kenne
du	kennest
er/sie/es	kenne
wir	kennen
ihr	kennet
sie/Sie	kennen

PERFECT

ich	habe gekannt
du	hast gekannt
er/sie/es	hat gekannt
wir	haben gekannt
ihr	habt gekannt
sie/Sie	haben gekannt

IMPERFECT

ich	kannte
du	kanntest
er/sie/es	kannte
wir	kannten
ihr	kanntet
sie/Sie	kannten

PRESENT PARTICIPLE

kennendgekannt

PAST PARTICIPLE

EXAMPLE PHRASES

Ich **kenne** ihn nicht. I don't know him.

Er sagt, er **kenne** diese Sängerin nicht. He says he doesn't know this singer.

Er **hat** kein Erbarmen **gekannt**. He knew no mercy.

Kanntest du mich noch? Did you remember me?

---

ich = I du = you er = he/it sie = she/it es = it/he/she wir = we ihr = you sie = they Sie = you *(polite)*

kennen

FUTURE

ich	**werde kennen**
du	**wirst kennen**
er/sie/es	**wird kennen**
wir	**werden kennen**
ihr	**werdet kennen**
sie/Sie	**werden kennen**

CONDITIONAL

ich	**würde kennen**
du	**würdest kennen**
er/sie/es	**würde kennen**
wir	**würden kennen**
ihr	**würdet kennen**
sie/Sie	**würden kennen**

PLUPERFECT

ich	**hatte gekannt**
du	**hattest gekannt**
er/sie/es	**hatte gekannt**
wir	**hatten gekannt**
ihr	**hattet gekannt**
sie/Sie	**hatten gekannt**

PLUPERFECT SUBJUNCTIVE

ich	**hätte gekannt**
du	**hättest gekannt**
er/sie/es	**hätte gekannt**
wir	**hätten gekannt**
ihr	**hättet gekannt**
sie/Sie	**hätten gekannt**

IMPERATIVE
kenn(e)!/kennen wir!/kennt!/kennen Sie!

EXAMPLE PHRASES

Wenn du älter bist, **wirst** du den Unterschied **kennen**. When you're older you'll know the difference.

Er sprach von ihr, als **würde** er sie **kennen**. He spoke of her as if he knew her.

Damals **hatte** ich ihn noch nicht **gekannt**. I hadn't known him then.

Ich **hätte** mich vor Wut nicht mehr **gekannt**. I would have been beside myself with anger.

ich = I **du** = you **er** = he/it **sie** = she/it **es** = it/he/she **wir** = we **ihr** = you **sie** = they **Sie** = you (polite)

klingen (to sound)

strong, *formed with* haben

PRESENT

ich	klinge
du	klingst
er/sie/es	klingt
wir	klingen
ihr	klingt
sie/Sie	klingen

PRESENT SUBJUNCTIVE

ich	klinge
du	klingest
er/sie/es	klinge
wir	klingen
ihr	klinget
sie/Sie	klingen

PERFECT

ich	habe geklungen
du	hast geklungen
er/sie/es	hat geklungen
wir	haben geklungen
ihr	habt geklungen
sie/Sie	haben geklungen

IMPERFECT

ich	klang
du	klangst
er/sie/es	klang
wir	klangen
ihr	klangt
sie/Sie	klangen

PRESENT PARTICIPLE

klingend geklungen

PAST PARTICIPLE

EXAMPLE PHRASES

Du **klingst** deprimiert. You sound depressed.

Sie meinte, das **klinge** nach Neid. She thinks this sounds like envy.

Die Glocke **hat** hell **geklungen**. The bell had a clear ring.

Das Klavier **klang** verstimmt. The piano sounded out of tune.

klingen

FUTURE

ich	**werde klingen**
du	**wirst klingen**
er/sie/es	**wird klingen**
wir	**werden klingen**
ihr	**werdet klingen**
sie/Sie	**werden klingen**

CONDITIONAL

ich	**würde klingen**
du	**würdest klingen**
er/sie/es	**würde klingen**
wir	**würden klingen**
ihr	**würdet klingen**
sie/Sie	**würden klingen**

PLUPERFECT

ich	**hatte geklungen**
du	**hattest geklungen**
er/sie/es	**hatte geklungen**
wir	**hatten geklungen**
ihr	**hattet geklungen**
sie/Sie	**hatten geklungen**

PLUPERFECT SUBJUNCTIVE

ich	**hätte geklungen**
du	**hättest geklungen**
er/sie/es	**hätte geklungen**
wir	**hätten geklungen**
ihr	**hättet geklungen**
sie/Sie	**hätten geklungen**

IMPERATIVE

kling(e)!/klingen wir!/klingt!/klingen Sie!

EXAMPLE PHRASES

Morgen **werden** bei uns die Gläser **klingen**. Tomorrow we'll hear the sound
   of clinking glasses.

Das **würde** nicht richtig **klingen**. It wouldn't sound right.

Es **hatte** mir wie Musik in den Ohren **geklungen**. It had been music to my ears.

Das **hätte** so **geklungen**, als ob ich ihn beleidigen wollte. It would have
   sounded as if I wanted to insult him.

ich = I **du** = you **er** = he/it **sie** = she/it **es** = it/he/she **wir** = we **ihr** = you **sie** = they **Sie** = you (polite)

kommen (to come)

strong, *formed with* **sein**

PRESENT

ich	**komme**
du	**kommst**
er/sie/es	**kommt**
wir	**kommen**
ihr	**kommt**
sie/Sie	**kommen**

PRESENT SUBJUNCTIVE

ich	**komme**
du	**kommest**
er/sie/es	**komme**
wir	**kommen**
ihr	**kommet**
sie/Sie	**kommen**

PERFECT

ich	**bin gekommen**
du	**bist gekommen**
er/sie/es	**ist gekommen**
wir	**sind gekommen**
ihr	**seid gekommen**
sie/Sie	**sind gekommen**

IMPERFECT

ich	**kam**
du	**kamst**
er/sie/es	**kam**
wir	**kamen**
ihr	**kamt**
sie/Sie	**kamen**

PRESENT PARTICIPLE

kommend

PAST PARTICIPLE

gekommen

EXAMPLE PHRASES

Ich **komme** zu deiner Party. I'm coming to your party.

Sie meint, das **komme** nicht in Frage. She thinks it's out of the question.

Aus welcher Richtung **bist** du **gekommen**? Which direction did you come from?

Er **kam** die Straße entlang. He was coming along the street.

ich = I **du** = you **er** = he/it **sie** = she/it **es** = it/he/she **wir** = we **ihr** = you **sie** = they **Sie** = you *(polite)*

kommen

FUTURE

ich	**werde kommen**
du	**wirst kommen**
er/sie/es	**wird kommen**
wir	**werden kommen**
ihr	**werdet kommen**
sie/Sie	**werden kommen**

CONDITIONAL

ich	**würde kommen**
du	**würdest kommen**
er/sie/es	**würde kommen**
wir	**würden kommen**
ihr	**würdet kommen**
sie/Sie	**würden kommen**

PLUPERFECT

ich	**war gekommen**
du	**warst gekommen**
er/sie/es	**war gekommen**
wir	**waren gekommen**
ihr	**wart gekommen**
sie/Sie	**waren gekommen**

PLUPERFECT SUBJUNCTIVE

ich	**wäre gekommen**
du	**wär(e)st gekommen**
er/sie/es	**wäre gekommen**
wir	**wären gekommen**
ihr	**wär(e)t gekommen**
sie/Sie	**wären gekommen**

IMPERATIVE
komm(e)!/kommen wir!/kommt!/kommen Sie!

EXAMPLE PHRASES

Gleich **wird** die Grenze **kommen**. We'll soon be at the border.

Ich **würde** lieber etwas später **kommen**. I'd prefer to come a bit later.

Sie **war** zuerst an die Reihe **gekommen**. It had been her turn first.

Er **wäre** fast ums Leben **gekommen**. He would almost have lost his life.

---

ich = I **du** = you **er** = he/it **sie** = she/it **es** = it/he/she **wir** = we **ihr** = you **sie** = they **Sie** = you (polite)

können (to be able to)
modal, *formed with* **haben**

PRESENT

ich	**kann**
du	**kannst**
er/sie/es	**kann**
wir	**können**
ihr	**könnt**
sie/Sie	**können**

PRESENT SUBJUNCTIVE

ich	**könne**
du	**könnest**
er/sie/es	**könne**
wir	**können**
ihr	**könnet**
sie/Sie	**können**

PERFECT

ich	**habe gekonnt/können**
du	**hast gekonnt/können**
er/sie/es	**hat gekonnt/können**
wir	**haben gekonnt/können**
ihr	**habt gekonnt/können**
sie/Sie	**haben gekonnt/können**

IMPERFECT

ich	**konnte**
du	**konntest**
er/sie/es	**konnte**
wir	**konnten**
ihr	**konntet**
sie/Sie	**konnten**

PRESENT PARTICIPLE
könnend

PAST PARTICIPLE
gekonnt/können°

°This form is used when combined with another infinitive.

EXAMPLE PHRASES

Er **kann** gut schwimmen. He can swim well.

Sie sagt, ich **könne** jetzt noch nicht gehen. She says I can't leave yet.

Damals **habe** ich noch kein Deutsch **gekonnt**. I couldn't speak German then.

Sie **konnte** kein Wort Englisch. She couldn't speak a word of English.

ich = I **du** = you **er** = he/it **sie** = she/it **es** = it/he/she **wir** = we **ihr** = you **sie** = they **Sie** = you (*polite*)

können

FUTURE		CONDITIONAL	
ich	werde können	ich	würde können
du	wirst können	du	würdest können
er/sie/es	wird können	er/sie/es	würde können
wir	werden können	wir	würden können
ihr	werdet können	ihr	würdet können
sie/Sie	werden können	sie/Sie	würden können

PLUPERFECT		PLUPERFECT SUBJUNCTIVE	
ich	hatte gekonnt/können	ich	hätte gekonnt/können
du	hattest gekonnt/können	du	hättest gekonnt/können
er/sie/es	hatte gekonnt/können	er/sie/es	hätte gekonnt/können
wir	hatten gekonnt/können	wir	hätten gekonnt/können
ihr	hattet gekonnt/können	ihr	hättet gekonnt/können
sie/Sie	hatten gekonnt/können	sie/Sie	hätten gekonnt/können

EXAMPLE PHRASES

Morgen **werde** ich nicht kommen **können**. I won't be able to come tomorrow.

Ohne dich **würde** ich das nicht **können**. I wouldn't be able to do it without you.

Ich **habe** diese Übung nicht **gekonnt**. I wasn't able to do this exercise.

Das **hätte** ich dir gleich sagen **können**. I could have told you that straight away.

ich = I **du** = you **er** = he/it **sie** = she/it **es** = it/he/she **wir** = we **ihr** = you **sie** = they **Sie** = you (polite)

laden (to load; to invite)

strong, *formed with* **haben**

PRESENT
ich **lade**
du **lädst**
er/sie/es **lädt**
wir **laden**
ihr **ladet**
sie/Sie **laden**

PRESENT SUBJUNCTIVE
ich **lade**
du **ladest**
er/sie/es **lade**
wir **laden**
ihr **ladet**
sie/Sie **laden**

PERFECT
ich **habe geladen**
du **hast geladen**
er/sie/es **hat geladen**
wir **haben geladen**
ihr **habt geladen**
sie/Sie **haben geladen**

IMPERFECT
ich **lud**
du **ludst**
er/sie/es **lud**
wir **luden**
ihr **ludet**
sie/Sie **luden**

PRESENT PARTICIPLE
ladend

PAST PARTICIPLE
geladen

EXAMPLE PHRASES
Der Computer **lädt** das Programm. The computer is loading the program.
Er sagt, er **lade** gerade den Lastwagen. He says he is loading the truck.
Das Schiff **hat** Autos **geladen**. The ship has a cargo of cars.
Er **lud** die Waffe. He loaded the weapon.

ich = I **du** = you **er** = he/it **sie** = she/it **es** = it/he/she **wir** = we **ihr** = you **sie** = they **Sie** = you (polite)

laden

FUTURE

ich **werde laden**
du **wirst laden**
er/sie/es **wird laden**
wir **werden laden**
ihr **werdet laden**
sie/Sie **werden laden**

CONDITIONAL

ich **würde laden**
du **würdest laden**
er/sie/es **würde laden**
wir **würden laden**
ihr **würdet laden**
sie/Sie **würden laden**

PLUPERFECT

ich **hatte geladen**
du **hattest geladen**
er/sie/es **hatte geladen**
wir **hatten geladen**
ihr **hattet geladen**
sie/Sie **hatten geladen**

PLUPERFECT SUBJUNCTIVE

ich **hätte geladen**
du **hättest geladen**
er/sie/es **hätte geladen**
wir **hätten geladen**
ihr **hättet geladen**
sie/Sie **hätten geladen**

IMPERATIVE
lad(e)!/laden wir!/ladet!/laden Sie!

EXAMPLE PHRASES

Dieses Problem **werde** ich nicht auf mich **laden**. I won't take that problem on.
Damit **würdest** du Schuld auf dich **laden**. You would take on a burden of guilt.
Wir **hatten** das Gepäck ins Auto **geladen**. We had loaded the luggage into the car.
Ich **hätte** gern noch mehr Gäste **geladen**. I would have liked to invite more guests.

ich = I **du** = you **er** = he/it **sie** = she/it **es** = it/he/she **wir** = we **ihr** = you **sie** = they **Sie** = you (polite)

lassen (to leave; to allow)

strong, *formed with* haben

PRESENT

ich	**lasse**
du	**lässt**
er/sie/es	**lässt**
wir	**lassen**
ihr	**lasst**
sie/Sie	**lassen**

PRESENT SUBJUNCTIVE

ich	**lasse**
du	**lassest**
er/sie/es	**lasse**
wir	**lassen**
ihr	**lasset**
sie/Sie	**lassen**

PERFECT

ich	**habe gelassen/lassen**
du	**hast gelassen/lassen**
er/sie/es	**hat gelassen/lassen**
wir	**haben gelassen/lassen**
ihr	**habt gelassen/lassen**
sie/Sie	**haben gelassen/lassen**

IMPERFECT

ich	**ließ**
du	**ließest**
er/sie/es	**ließ**
wir	**ließen**
ihr	**ließt**
sie/Sie	**ließen**

PRESENT PARTICIPLE
lassend

PAST PARTICIPLE
gelassen/lassen*

*This form is used when combined with another infinitive.

EXAMPLE PHRASES

Ich **lasse** den Hund nicht auf das Sofa. I won't let the dog on the sofa.
Er sagt, er **lasse** sich das nicht bieten. He says he won't stand for it.
Sie **haben** ihn allein im Auto **gelassen**. They left him alone in the car.
Sie **ließ** uns warten. She kept us waiting.

lassen

FUTURE

ich	**werde lassen**
du	**wirst lassen**
er/sie/es	**wird lassen**
wir	**werden lassen**
ihr	**werdet lassen**
sie/Sie	**werden lassen**

CONDITIONAL

ich	**würde lassen**
du	**würdest lassen**
er/sie/es	**würde lassen**
wir	**würden lassen**
ihr	**würdet lassen**
sie/Sie	**würden lassen**

PLUPERFECT

ich	**hatte gelassen/lassen**
du	**hattest gelassen/lassen**
er/sie/es	**hatte gelassen/lassen**
wir	**hatten gelassen/lassen**
ihr	**hattet gelassen/lassen**
sie/Sie	**hatten gelassen/lassen**

PLUPERFECT SUBJUNCTIVE

ich	**hätte gelassen/lassen**
du	**hättest gelassen/lassen**
er/sie/es	**hätte gelassen/lassen**
wir	**hätten gelassen/lassen**
ihr	**hättet gelassen/lassen**
sie/Sie	**hätten gelassen/lassen**

IMPERATIVE
lass(e)!/lassen wir!/lasst!/lassen Sie!

EXAMPLE PHRASES

Wir **werden** uns dazu nicht zwingen **lassen**. We won't be forced into it.

Ich **würde** das Baby nie allein **lassen**. I would never leave the baby alone.

Sie **hatte** mich nicht fernsehen **lassen**. She hadn't allowed me to watch TV.

Ich **hätte** die Tasche besser im Auto **gelassen**. It would have been better if I had left the bag in the car.

ich = I **du** = you **er** = he/it **sie** = she/it **es** = it/he/she **wir** = we **ihr** = you **sie** = they **Sie** = you (polite)

laufen (to run)

strong, *formed with* **sein**

PRESENT

ich	**laufe**
du	**läufst**
er/sie/es	**läuft**
wir	**laufen**
ihr	**lauft**
sie/Sie	**laufen**

PRESENT SUBJUNCTIVE

ich	**laufe**
du	**laufest**
er/sie/es	**laufe**
wir	**laufen**
ihr	**laufet**
sie/Sie	**laufen**

PERFECT

ich	**bin gelaufen**
du	**bist gelaufen**
er/sie/es	**ist gelaufen**
wir	**sind gelaufen**
ihr	**seid gelaufen**
sie/Sie	**sind gelaufen**

IMPERFECT

ich	**lief**
du	**liefst**
er/sie/es	**lief**
wir	**liefen**
ihr	**lieft**
sie/Sie	**liefen**

PRESENT PARTICIPLE
laufend

PAST PARTICIPLE
gelaufen

EXAMPLE PHRASES

Sie **läuft** ständig zur Polizei. She's always running to the police.

Er sagt, ihm **laufe** die Nase. He says he's got a runny nose.

Das Schiff **ist** auf Grund **gelaufen**. The ship ran aground.

Er **lief** so schnell er konnte. He ran as fast as he could.

---

ich = I **du** = you **er** = he/it **sie** = she/it **es** = it/he/she **wir** = we **ihr** = you **sie** = they **Sie** = you (*polite*)

laufen

FUTURE

ich	**werde laufen**
du	**wirst laufen**
er/sie/es	**wird laufen**
wir	**werden laufen**
ihr	**werdet laufen**
sie/Sie	**werden laufen**

CONDITIONAL

ich	**würde laufen**
du	**würdest laufen**
er/sie/es	**würde laufen**
wir	**würden laufen**
ihr	**würdet laufen**
sie/Sie	**würden laufen**

PLUPERFECT

ich	**war gelaufen**
du	**warst gelaufen**
er/sie/es	**war gelaufen**
wir	**waren gelaufen**
ihr	**wart gelaufen**
sie/Sie	**waren gelaufen**

PLUPERFECT SUBJUNCTIVE

ich	**wäre gelaufen**
du	**wär(e)st gelaufen**
er/sie/es	**wäre gelaufen**
wir	**wären gelaufen**
ihr	**wär(e)t gelaufen**
sie/Sie	**wären gelaufen**

IMPERATIVE
lauf(e)!/laufen wir!/lauft!/laufen Sie!

EXAMPLE PHRASES

Wird er einen neuen Rekord **laufen**? Will he run a new record time?
Mit guter Planung **würde** alles besser **laufen**. With good planning everything
  would improve.
Ich **war** noch nie 10.000 Meter **gelaufen**. I had never run 10,000 metres.
Er **wäre** fast am schnellsten **gelaufen**. He would almost have been the fastest
  runner.

ich = I **du** = you **er** = he/it **sie** = she/it **es** = it/he/she **wir** = we **ihr** = you **sie** = they **Sie** = you *(polite)*

leiden (to suffer)

strong, *formed with* **haben**

PRESENT

ich	**leide**
du	**leidest**
er/sie/es	**leidet**
wir	**leiden**
ihr	**leidet**
sie/Sie	**leiden**

PRESENT SUBJUNCTIVE

ich	**leide**
du	**leidest**
er/sie/es	**leide**
wir	**leiden**
ihr	**leidet**
sie/Sie	**leiden**

PERFECT

ich	**habe gelitten**
du	**hast gelitten**
er/sie/es	**hat gelitten**
wir	**haben gelitten**
ihr	**habt gelitten**
sie/Sie	**haben gelitten**

IMPERFECT

ich	**litt**
du	**litt(e)st**
er/sie/es	**litt**
wir	**litten**
ihr	**littet**
sie/Sie	**litten**

PRESENT PARTICIPLE
leidend

PAST PARTICIPLE
gelitten

EXAMPLE PHRASES

Wir **leiden** sehr unter der Hitze. We're suffering badly from the heat.

Sie sagt, sie **leide** an Rückenschmerzen. She says she's suffering from backache.

Wir **haben** unter dieser Regierung **gelitten**. We have suffered under his government.

Sie **litt** an Asthma. She suffered from asthma.

---

ich = I **du** = you **er** = he/it **sie** = she/it **es** = it/he/she **wir** = we **ihr** = you **sie** = they **Sie** = you (*polite*)

leiden

FUTURE

ich	**werde leiden**
du	**wirst leiden**
er/sie/es	**wird leiden**
wir	**werden leiden**
ihr	**werdet leiden**
sie/Sie	**werden leiden**

CONDITIONAL

ich	**würde leiden**
du	**würdest leiden**
er/sie/es	**würde leiden**
wir	**würden leiden**
ihr	**würdet leiden**
sie/Sie	**würden leiden**

PLUPERFECT

ich	**hatte gelitten**
du	**hattest gelitten**
er/sie/es	**hatte gelitten**
wir	**hatten gelitten**
ihr	**hattet gelitten**
sie/Sie	**hatten gelitten**

PLUPERFECT SUBJUNCTIVE

ich	**hätte gelitten**
du	**hättest gelitten**
er/sie/es	**hätte gelitten**
wir	**hätten gelitten**
ihr	**hättet gelitten**
sie/Sie	**hätten gelitten**

IMPERATIVE

leid(e)!/leiden wir!/leidet!/leiden Sie!

EXAMPLE PHRASES

Darunter **werden** wir noch lange **leiden**. We'll be suffering the consequences for a long time.

Ohne dich **würde** ich unter Einsamkeit **leiden**. I would be lonely without you.

Er **hatte** seit Jahren an dieser Krankheit **gelitten**. He had been suffering from this illness for years.

Ohne seine Hilfe **hätte** ich Hunger **gelitten**. Without his help I would have suffered from hunger.

ich = I **du** = you **er** = he/it **sie** = she/it **es** = it/he/she **wir** = we **ihr** = you **sie** = they **Sie** = you *(polite)*

leihen (to lend)

strong, *formed with* **haben**

PRESENT

ich	**leihe**
du	**leihst**
er/sie/es	**leiht**
wir	**leihen**
ihr	**leiht**
sie/Sie	**leihen**

PRESENT SUBJUNCTIVE

ich	**leihe**
du	**leihest**
er/sie/es	**leihe**
wir	**leihen**
ihr	**leihet**
sie/Sie	**leihen**

PERFECT

ich	**habe geliehen**
du	**hast geliehen**
er/sie/es	**hat geliehen**
wir	**haben geliehen**
ihr	**habt geliehen**
sie/Sie	**haben geliehen**

IMPERFECT

ich	**lieh**
du	**liehst**
er/sie/es	**lieh**
wir	**liehen**
ihr	**lieht**
sie/Sie	**liehen**

PRESENT PARTICIPLE
leihend

PAST PARTICIPLE
geliehen

EXAMPLE PHRASES

Ich **leihe** ihm mein Auto. I lend him my car.

Er sagt, er **leihe** nie jemandem Geld. He says he never lends money to anyone.

Ich **habe** das Fahrrad von meiner Schwester **geliehen**. I have borrowed my sister's bike.

Ich **lieh** mir ein Auto. I hired a car.

---

ich = I **du** = you **er** = he/it **sie** = she/it **es** = it/he/she **wir** = we **ihr** = you **sie** = they **Sie** = you *(polite)*

leihen

FUTURE

ich	**werde leihen**
du	**wirst leihen**
er/sie/es	**wird leihen**
wir	**werden leihen**
ihr	**werdet leihen**
sie/Sie	**werden leihen**

CONDITIONAL

ich	**würde leihen**
du	**würdest leihen**
er/sie/es	**würde leihen**
wir	**würden leihen**
ihr	**würdet leihen**
sie/Sie	**würden leihen**

PLUPERFECT

ich	**hatte geliehen**
du	**hattest geliehen**
er/sie/es	**hatte geliehen**
wir	**hatten geliehen**
ihr	**hattet geliehen**
sie/Sie	**hatten geliehen**

PLUPERFECT SUBJUNCTIVE

ich	**hätte geliehen**
du	**hättest geliehen**
er/sie/es	**hätte geliehen**
wir	**hätten geliehen**
ihr	**hättet geliehen**
sie/Sie	**hätten geliehen**

IMPERATIVE
leih(e)!/leihen wir!/leiht!/leihen Sie!

EXAMPLE PHRASES

Ich **werde** dir das Geld **leihen**. I'll lend you the money.

Wenn dein Laptop kaputt ist, **würde** ich dir meinen **leihen**. If your laptop is broken I would lend you mine.

Er **hatte** mir 50 Euro **geliehen**. He had lent me 50 euros

Wenn ich ihn gefragt hätte, **hätte** er mir 50 Euro **geliehen**. He would have lent me 50 euros if I had asked him.

ich = I **du** = you **er** = he/it **sie** = she/it **es** = it/he/she **wir** = we **ihr** = you **sie** = they **Sie** = you *(polite)*

lesen (to read)

strong, *formed with* **haben**

PRESENT

ich	**lese**
du	**liest**
er/sie/es	**liest**
wir	**lesen**
ihr	**lest**
sie/Sie	**lesen**

PRESENT SUBJUNCTIVE

ich	**lese**
du	**lesest**
er/sie/es	**lese**
wir	**lesen**
ihr	**leset**
sie/Sie	**lesen**

PERFECT

ich	**habe gelesen**
du	**hast gelesen**
er/sie/es	**hat gelesen**
wir	**haben gelesen**
ihr	**habt gelesen**
sie/Sie	**haben gelesen**

IMPERFECT

ich	**las**
du	**lasest**
er/sie/es	**las**
wir	**lasen**
ihr	**last**
sie/Sie	**lasen**

PRESENT PARTICIPLE

lesend

PAST PARTICIPLE

gelesen

EXAMPLE PHRASES

Dieses Buch **liest** sich gut. This book is a good read.

Er sagt, er **lese** jeden Tag zwei Zeitungen. He says he reads two newspapers every day.

Das **habe** ich in der Zeitung **gelesen**. I read it in the newspaper.

Sie **las** sich in den Schlaf. She read herself to sleep.

ich = I **du** = you **er** = he/it **sie** = she/it **es** = it/he/she **wir** = we **ihr** = you **sie** = they **Sie** = you *(polite)*

lesen

FUTURE

ich	**werde lesen**
du	**wirst lesen**
er/sie/es	**wird lesen**
wir	**werden lesen**
ihr	**werdet lesen**
sie/Sie	**werden lesen**

CONDITIONAL

ich	**würde lesen**
du	**würdest lesen**
er/sie/es	**würde lesen**
wir	**würden lesen**
ihr	**würdet lesen**
sie/Sie	**würden lesen**

PLUPERFECT

ich	**hatte gelesen**
du	**hattest gelesen**
er/sie/es	**hatte gelesen**
wir	**hatten gelesen**
ihr	**hattet gelesen**
sie/Sie	**hatten gelesen**

PLUPERFECT SUBJUNCTIVE

ich	**hätte gelesen**
du	**hättest gelesen**
er/sie/es	**hätte gelesen**
wir	**hätten gelesen**
ihr	**hättet gelesen**
sie/Sie	**hätten gelesen**

IMPERATIVE
lies!/lesen wir!/lest!/lesen Sie!

EXAMPLE PHRASES

Morgen **werde** ich Harry Potter **lesen**. I'll read Harry Potter tomorrow.

Wenn ich könnte, **würde** ich jeden Tag ein Buch **lesen**. If I could I'd read a book every day.

Ich **hatte** den Artikel noch nicht **gelesen**. I hadn't read the article yet.

Wenn ich mehr **gelesen hätte**, wäre ich klüger. If I had read more, I'd be more intelligent.

ich = I **du** = you **er** = he/it **sie** = she/it **es** = it/he/she **wir** = we **ihr** = you **sie** = they **Sie** = you (polite)

liegen (to lie)

strong, *formed with* **haben**

PRESENT

ich **liege**
du **liegst**
er/sie/es **liegt**
wir **liegen**
ihr **liegt**
sie/Sie **liegen**

PRESENT SUBJUNCTIVE

ich **liege**
du **liegest**
er/sie/es **liege**
wir **liegen**
ihr **lieget**
sie/Sie **liegen**

PERFECT

ich **habe gelegen**
du **hast gelegen**
er/sie/es **hat gelegen**
wir **haben gelegen**
ihr **habt gelegen**
sie/Sie **haben gelegen**

IMPERFECT

ich **lag**
du **lagst**
er/sie/es **lag**
wir **lagen**
ihr **lagt**
sie/Sie **lagen**

PRESENT PARTICIPLE
liegend gelegen

PAST PARTICIPLE

EXAMPLE PHRASES

Köln **liegt** am Rhein. Cologne is on the Rhine.
Er sagt, es **liege** nicht an ihm. He says it isn't because of him.
Es **hat** daran **gelegen**, dass ich krank war. It was because I was ill.
Wir **lagen** den ganzen Tag am Strand. We lay on the beach all day.

ich = I **du** = you **er** = he/it **sie** = she/it **es** = it/he/she **wir** = we **ihr** = you **sie** = they **Sie** = you (*polite*)

liegen

FUTURE

ich	werde liegen
du	wirst liegen
er/sie/es	wird liegen
wir	werden liegen
ihr	werdet liegen
sie/Sie	werden liegen

CONDITIONAL

ich	würde liegen
du	würdest liegen
er/sie/es	würde liegen
wir	würden liegen
ihr	würdet liegen
sie/Sie	würden liegen

PLUPERFECT

ich	hatte gelegen
du	hattest gelegen
er/sie/es	hatte gelegen
wir	hatten gelegen
ihr	hattet gelegen
sie/Sie	hatten gelegen

PLUPERFECT SUBJUNCTIVE

ich	hätte gelegen
du	hättest gelegen
er/sie/es	hätte gelegen
wir	hätten gelegen
ihr	hättet gelegen
sie/Sie	hätten gelegen

IMPERATIVE
lieg(e)!/liegen wir!/liegt!/liegen Sie!

EXAMPLE PHRASES

Das **wird** am Wetter **liegen**. It'll be because of the weather.
Auf diesem Bett **würde** ich nicht gern **liegen**. I wouldn't like to lie on this bed.
Das Schiff **hatte** vor Anker **gelegen**. The ship had been lying at anchor.
Daran **hätte** mir viel **gelegen**. It would have mattered a lot to me.

ich = I **du** = you **er** = he/it **sie** = she/it **es** = it/he/she **wir** = we **ihr** = you **sie** = they **Sie** = you (polite)

lügen (to (tell a) lie)

strong, *formed with* **haben**

PRESENT
ich **lüge**
du **lügst**
er/sie/es **lügt**
wir **lügen**
ihr **lügt**
sie/Sie **lügen**

PRESENT SUBJUNCTIVE
ich **lüge**
du **lügest**
er/sie/es **lüge**
wir **lügen**
ihr **lüget**
sie/Sie **lügen**

PERFECT
ich **habe gelogen**
du **hast gelogen**
er/sie/es **hat gelogen**
wir **haben gelogen**
ihr **habt gelogen**
sie/Sie **haben gelogen**

IMPERFECT
ich **log**
du **logst**
er/sie/es **log**
wir **logen**
ihr **logt**
sie/Sie **logen**

PRESENT PARTICIPLE
lügend

PAST PARTICIPLE
gelogen

EXAMPLE PHRASES
Du **lügst**! You're a liar!
Sie behauptet, sie **lüge** nie. She says she never lies.
Er **hat gelogen**! He told a lie!
Er **log** ständig. He was always telling lies.

ich = I **du** = you **er** = he/it **sie** = she/it **es** = it/he/she **wir** = we **ihr** = you **sie** = they **Sie** = you (*polite*)

lügen

FUTURE

ich	**werde lügen**
du	**wirst lügen**
er/sie/es	**wird lügen**
wir	**werden lügen**
ihr	**werdet lügen**
sie/Sie	**werden lügen**

CONDITIONAL

ich	**würde lügen**
du	**würdest lügen**
er/sie/es	**würde lügen**
wir	**würden lügen**
ihr	**würdet lügen**
sie/Sie	**würden lügen**

PLUPERFECT

ich	**hatte gelogen**
du	**hattest gelogen**
er/sie/es	**hatte gelogen**
wir	**hatten gelogen**
ihr	**hattet gelogen**
sie/Sie	**hatten gelogen**

PLUPERFECT SUBJUNCTIVE

ich	**hätte gelogen**
du	**hättest gelogen**
er/sie/es	**hätte gelogen**
wir	**hätten gelogen**
ihr	**hättet gelogen**
sie/Sie	**hätten gelogen**

IMPERATIVE
lüg(e)!/lügen wir!/lügt!/lügen Sie!

EXAMPLE PHRASES

Er **wird** doch wieder nur **lügen**! He'll only tell lies again!

Ich **würde lügen**, wenn ich das sagen würde. I would be lying if I said that.

Ich **hatte** noch nie im Leben **gelogen**. I had never told a lie in my life.

Sie **hätte gelogen**, um ihren Freund zu schützen. She would have lied to protect her boyfriend.

ich = I du = you er = he/it sie = she/it es = it/he/she wir = we ihr = you sie = they Sie = you (polite)

machen (to do; to make)   weak, *formed with* **haben**

PRESENT	PRESENT SUBJUNCTIVE
ich **mache**	ich **mache**
du **machst**	du **machest**
er/sie/es **macht**	er/sie/es **mache**
wir **machen**	wir **machen**
ihr **macht**	ihr **machet**
sie/Sie **machen**	sie/Sie **machen**

PERFECT	IMPERFECT
ich **habe gemacht**	ich **machte**
du **hast gemacht**	du **machtest**
er/sie/es **hat gemacht**	er/sie/es **machte**
wir **haben gemacht**	wir **machten**
ihr **habt gemacht**	ihr **machtet**
sie/Sie **haben gemacht**	sie/Sie **machten**

PRESENT PARTICIPLE	PAST PARTICIPLE
machend	gemacht

EXAMPLE PHRASES

Was **machst** du? What are you doing?

Sie sagt, sie **mache** sich wegen ihm Sorgen. She says she's worried about him.

Ich **habe** die Betten **gemacht**. I made the beds.

Er **machte** es sich im Wohnzimmer bequem. He made himself comfortable in the lounge.

---

ich = I **du** = you **er** = he/it **sie** = she/it **es** = it/he/she **wir** = we **ihr** = you **sie** = they **Sie** = you (*polite*)

machen

FUTURE

ich	**werde machen**
du	**wirst machen**
er/sie/es	**wird machen**
wir	**werden machen**
ihr	**werdet machen**
sie/Sie	**werden machen**

CONDITIONAL

ich	**würde machen**
du	**würdest machen**
er/sie/es	**würde machen**
wir	**würden machen**
ihr	**würdet machen**
sie/Sie	**würden machen**

PLUPERFECT

ich	**hatte gemacht**
du	**hattest gemacht**
er/sie/es	**hatte gemacht**
wir	**hatten gemacht**
ihr	**hattet gemacht**
sie/Sie	**hatten gemacht**

PLUPERFECT SUBJUNCTIVE

ich	**hätte gemacht**
du	**hättest gemacht**
er/sie/es	**hätte gemacht**
wir	**hätten gemacht**
ihr	**hättet gemacht**
sie/Sie	**hätten gemacht**

IMPERATIVE
mach!/machen wir!/macht!/machen Sie!

EXAMPLE PHRASES

Ich **werde** es morgen **machen**. I'll do it tomorrow.

Ich **würde** es mir nicht so schwer **machen**. I wouldn't make things so difficult for myself.

So etwas **hatte** ich noch nie **gemacht**. I had never done something like that.

Das **hätte** ich an Ihrer Stelle nicht **gemacht**. I wouldn't have done this if I were you.

ich = I **du** = you **er** = he/it **sie** = she/it **es** = it/he/she **wir** = we **ihr** = you **sie** = they **Sie** = you (polite)

messen (to measure)

strong, *formed with* haben

PRESENT

ich	messe
du	misst
er/sie/es	misst
wir	messen
ihr	messt
sie/Sie	messen

PRESENT SUBJUNCTIVE

ich	messe
du	messest
er/sie/es	messe
wir	messen
ihr	messet
sie/Sie	messen

PERFECT

ich	habe gemessen
du	hast gemessen
er/sie/es	hat gemessen
wir	haben gemessen
ihr	habt gemessen
sie/Sie	haben gemessen

IMPERFECT

ich	maß
du	maßest
er/sie/es	maß
wir	maßen
ihr	maßt
sie/Sie	maßen

PRESENT PARTICIPLE

messend

PAST PARTICIPLE

gemessen

EXAMPLE PHRASES

Ich **messe** 1,80 Meter. I'm 1 metre 80.

Er sagt, dieses Instrument **messe** die Temperatur. He says this instrument measures the temperature.

Der Arzt **hat** meinen Blutdruck **gemessen**. The doctor took my blood pressure.

Während ich lief, **maß** er die Zeit. He timed me while I ran.

ich = I **du** = you **er** = he/it **sie** = she/it **es** = it/he/she **wir** = we **ihr** = you **sie** = they **Sie** = you (*polite*)

messen

FUTURE

ich	**werde messen**
du	**wirst messen**
er/sie/es	**wird messen**
wir	**werden messen**
ihr	**werdet messen**
sie/Sie	**werden messen**

CONDITIONAL

ich	**würde messen**
du	**würdest messen**
er/sie/es	**würde messen**
wir	**würden messen**
ihr	**würdet messen**
sie/Sie	**würden messen**

PLUPERFECT

ich	**hatte gemessen**
du	**hattest gemessen**
er/sie/es	**hatte gemessen**
wir	**hatten gemessen**
ihr	**hattet gemessen**
sie/Sie	**hatten gemessen**

PLUPERFECT SUBJUNCTIVE

ich	**hätte gemessen**
du	**hättest gemessen**
er/sie/es	**hätte gemessen**
wir	**hätten gemessen**
ihr	**hättet gemessen**
sie/Sie	**hätten gemessen**

IMPERATIVE

miss!/messen wir!/messt!/messen Sie!

EXAMPLE PHRASES

Wir **werden** unsere Kräfte mit ihnen **messen**. We'll measure our strengths against theirs.

Wie **würdest** du die Entfernung **messen**? How would you gauge the distance?

Er **hatte** ihn mit den Blicken **gemessen**. He had looked him up and down.

Ich dachte, jemand **hätte** die Zeit **gemessen**. I thought somebody had timed it.

ich = I **du** = you **er** = he/it **sie** = she/it **es** = it/he/she **wir** = we **ihr** = you **sie** = they **Sie** = you (polite)

misstrauen (to mistrust)

weak, inseparable,
formed with **haben**

PRESENT

ich **misstraue**
du **misstraust**
er/sie/es **misstraut**
wir **misstrauen**
ihr **misstraut**
sie/Sie **misstrauen**

PRESENT SUBJUNCTIVE

ich **misstraue**
du **misstrauest**
er/sie/es **misstraue**
wir **misstrauen**
ihr **misstrauet**
sie/Sie **misstrauen**

PERFECT

ich **habe misstraut**
du **hast misstraut**
er/sie/es **hat misstraut**
wir **haben misstraut**
ihr **habt misstraut**
sie/Sie **haben misstraut**

IMPERFECT

ich **misstraute**
du **misstrautest**
er/sie/es **misstraute**
wir **misstrauten**
ihr **misstrautet**
sie/Sie **misstrauten**

PRESENT PARTICIPLE
misstrauend

PAST PARTICIPLE
misstraut

EXAMPLE PHRASES

Warum **misstraut** ihr uns? Why don't you trust us?
Er sagt, er **misstraue** allen Politikern. He says he mistrusts all politicians.
Ich **habe** ihr von Anfang an **misstraut**. I didn't trust her from the start.
Sie **misstraute** ihrem Gedächtnis. She didn't trust her memory.

ich = I **du** = you **er** = he/it **sie** = she/it **es** = it/he/she **wir** = we **ihr** = you **sie** = they **Sie** = you (*polite*)

misstrauen

FUTURE

ich	**werde misstrauen**
du	**wirst misstrauen**
er/sie/es	**wird misstrauen**
wir	**werden misstrauen**
ihr	**werdet misstrauen**
sie/Sie	**werden misstrauen**

CONDITIONAL

ich	**würde misstrauen**
du	**würdest misstrauen**
er/sie/es	**würde misstrauen**
wir	**würden misstrauen**
ihr	**würdet misstrauen**
sie/Sie	**würden misstrauen**

PLUPERFECT

ich	**hatte misstraut**
du	**hattest misstraut**
er/sie/es	**hatte misstraut**
wir	**hatten misstraut**
ihr	**hattet misstraut**
sie/Sie	**hatten misstraut**

PLUPERFECT SUBJUNCTIVE

ich	**hätte misstraut**
du	**hättest misstraut**
er/sie/es	**hätte misstraut**
wir	**hätten misstraut**
ihr	**hättet misstraut**
sie/Sie	**hätten misstraut**

IMPERATIVE
misstrau(e)!/misstrauen wir!/misstraut!/misstrauen Sie!

EXAMPLE PHRASES

Von jetzt an **werde** ich Ihnen nicht mehr **misstrauen**. From now on I will trust you.

Ich **würde** seinen Ratschlägen **misstrauen**. I would not trust his advice.

Sie **hatte** seinen Versprechungen **misstraut**. She had not trusted his promises.

Wenn er nicht so nett gewesen wäre, **hätte** ich ihm **misstraut**. If he hadn't been so nice, I wouldn't have trusted him.

ich = I **du** = you **er** = he/it **sie** = she/it **es** = it/he/she **wir** = we **ihr** = you **sie** = they **Sie** = you (*polite*)

mögen (to like)

modal, *formed with* **haben**

PRESENT

ich **mag**
du **magst**
er/sie/es **mag**
wir **mögen**
ihr **mögt**
sie/Sie **mögen**

PRESENT SUBJUNCTIVE

ich **möge**
du **mögest**
er/sie/es **möge**
wir **mögen**
ihr **möget**
sie/Sie **mögen**

PERFECT

ich **habe gemocht/mögen**
du **hast gemocht/mögen**
er/sie/es **hat gemocht/mögen**
wir **haben gemocht/mögen**
ihr **habt gemocht/mögen**
sie/Sie **haben gemocht/mögen**

IMPERFECT

ich **mochte**
du **mochtest**
er/sie/es **mochte**
wir **mochten**
ihr **mochtet**
sie/Sie **mochten**

PRESENT PARTICIPLE
mögend

PAST PARTICIPLE
gemocht/mögen*

*This form is used when combined with another infinitive.

EXAMPLE PHRASES

Ich **mag** gern Vanilleeis. I like vanilla ice cream.

Er sagt, er **möge** jetzt nicht mit mir reden. He says he doesn't want to talk to me right now.

Ich **habe** ihn noch nie **gemocht**. I never liked him.

Er **mochte** sie nicht danach fragen. He didn't want to ask her about it.

ich = I **du** = you **er** = he/it **sie** = she/it **es** = it/he/she **wir** = we **ihr** = you **sie** = they **Sie** = you (polite)

mögen

FUTURE

ich	**werde mögen**
du	**wirst mögen**
er/sie/es	**wird mögen**
wir	**werden mögen**
ihr	**werdet mögen**
sie/Sie	**werden mögen**

CONDITIONAL

ich	**würde mögen**
du	**würdest mögen**
er/sie/es	**würde mögen**
wir	**würden mögen**
ihr	**würdet mögen**
sie/Sie	**würden mögen**

PLUPERFECT

ich	**hatte gemocht/mögen**
du	**hattest gemocht/mögen**
er/sie/es	**hatte gemocht/mögen**
wir	**hatten gemocht/mögen**
ihr	**hattet gemocht/mögen**
sie/Sie	**hatten gemocht/mögen**

PLUPERFECT SUBJUNCTIVE

ich	**hätte gemocht/mögen**
du	**hättest gemocht/mögen**
er/sie/es	**hätte gemocht/mögen**
wir	**hätten gemocht/mögen**
ihr	**hättet gemocht/mögen**
sie/Sie	**hätten gemocht/mögen**

EXAMPLE PHRASES

Ich bin gespannt, ob ich den Film **mögen werde**. I wonder if I'm going to like the film.

Ich **würde** ihn lieber **mögen**, wenn er größer wäre. I would like him more if he was taller.

Sie **hatte** Katzen noch nie **gemocht**. She had never liked cats.

Ich weiß nicht, ob er dieses Buch **gemocht hätte**. I don't know if he would have liked this book.

ich = I **du** = you **er** = he/it **sie** = she/it **es** = it/he/she **wir** = we **ihr** = you **sie** = they **Sie** = you (*polite*)

müssen (to have to)

modal, *formed with* **haben**

PRESENT		PRESENT SUBJUNCTIVE	
ich	**muss**	ich	**müsse**
du	**musst**	du	**müssest**
er/sie/es	**muss**	er/sie/es	**müsse**
wir	**müssen**	wir	**müssen**
ihr	**müsst**	ihr	**müsset**
sie/Sie	**müssen**	sie/Sie	**müssen**

PERFECT		IMPERFECT	
ich	**habe gemusst/müssen**	ich	**musste**
du	**hast gemusst/müssen**	du	**musstest**
er/sie/es	**hat gemusst/müssen**	er/sie/es	**musste**
wir	**haben gemusst/müssen**	wir	**mussten**
ihr	**habt gemusst/müssen**	ihr	**musstet**
sie/Sie	**haben gemusst/müssen**	sie/Sie	**mussten**

PRESENT PARTICIPLE
müssend

PAST PARTICIPLE
gemusst/müssen *

This form is used when combined with another infinitive.

EXAMPLE PHRASES

Ich **muss** auf die Toilette. I must go to the toilet.

Er meint, er **müsse** jetzt gehen. He thinks he'll have to leave now.

Sie **hat** abwaschen **müssen**. She had to wash up.

Wir **mussten** jeden Abend unsere Hausaufgaben machen. We had to do our
   homework every night.

ich = I du = you er = he/it sie = she/it es = it/he/she wir = we ihr = you sie = they Sie = you *(polite)*

müssen

FUTURE

ich	**werde müssen**
du	**wirst müssen**
er/sie/es	**wird müssen**
wir	**werden müssen**
ihr	**werdet müssen**
sie/Sie	**werden müssen**

CONDITIONAL

ich	**würde müssen**
du	**würdest müssen**
er/sie/es	**würde müssen**
wir	**würden müssen**
ihr	**würdet müssen**
sie/Sie	**würden müssen**

PLUPERFECT

ich	**hatte gemusst/müssen**
du	**hattest gemusst/müssen**
er/sie/es	**hatte gemusst/müssen**
wir	**hatten gemusst/müssen**
ihr	**hattet gemusst/müssen**
sie/Sie	**hatten gemusst/müssen**

PLUPERFECT SUBJUNCTIVE

ich	**hätte gemusst/müssen**
du	**hättest gemusst/müssen**
er/sie/es	**hätte gemusst/müssen**
wir	**hätten gemusst/müssen**
ihr	**hättet gemusst/müssen**
sie/Sie	**hätten gemusst/müssen**

EXAMPLE PHRASES

Morgen **werden** wir nicht in die Schule **müssen**. We won't have to go to school tomorrow.

Dann **würde** er mich heiraten **müssen**. Then he would have to marry me.

Sylvia **hatte** ins Krankenhaus **gemusst**. Sylvia had had to go into hospital.

Nach diesem Foul **hätte** er eigentlich vom Platz **gemusst**. After that foul he should really have been sent off.

ich = I **du** = you **er** = he/it **sie** = she/it **es** = it/he/she **wir** = we **ihr** = you **sie** = they **Sie** = you (polite)

nehmen (to take)

strong, *formed with* **haben**

PRESENT
ich	**nehme**
du	**nimmst**
er/sie/es	**nimmt**
wir	**nehmen**
ihr	**nehmt**
sie/Sie	**nehmen**

PRESENT SUBJUNCTIVE
ich	**nehme**
du	**nehmest**
er/sie/es	**nehme**
wir	**nehmen**
ihr	**nehmet**
sie/Sie	**nehmen**

PERFECT
ich	**habe genommen**
du	**hast genommen**
er/sie/es	**hat genommen**
wir	**haben genommen**
ihr	**habt genommen**
sie/Sie	**haben genommen**

IMPERFECT
ich	**nahm**
du	**nahmst**
er/sie/es	**nahm**
wir	**nahmen**
ihr	**nahmt**
sie/Sie	**nahmen**

PRESENT PARTICIPLE
nehmend

PAST PARTICIPLE
genommen

EXAMPLE PHRASES

Wie viel **nimmst** du dafür? How much do you want for it?

Sie sagt, sie **nehme** keine Drogen. She says she doesn't take any drugs.

Hast du den Bus in die Stadt **genommen**? Did you take the bus into town?

Er **nahm** sich vom Brot. He helped himself to bread.

nehmen

FUTURE

ich	**werde nehmen**
du	**wirst nehmen**
er/sie/es	**wird nehmen**
wir	**werden nehmen**
ihr	**werdet nehmen**
sie/Sie	**werden nehmen**

CONDITIONAL

ich	**würde nehmen**
du	**würdest nehmen**
er/sie/es	**würde nehmen**
wir	**würden nehmen**
ihr	**würdet nehmen**
sie/Sie	**würden nehmen**

PLUPERFECT

ich	**hatte genommen**
du	**hattest genommen**
er/sie/es	**hatte genommen**
wir	**hatten genommen**
ihr	**hattet genommen**
sie/Sie	**hatten genommen**

PLUPERFECT SUBJUNCTIVE

ich	**hätte genommen**
du	**hättest genommen**
er/sie/es	**hätte genommen**
wir	**hätten genommen**
ihr	**hättet genommen**
sie/Sie	**hätten genommen**

IMPERATIVE

nimm/nehmen wir!/nehmt!/nehmen Sie!

EXAMPLE PHRASES

Wir **werden** den Bus in die Stadt **nehmen**. We'll take the bus into town.

Ich **würde** gern noch vom Brot **nehmen**. I'd like to take some more bread.

Er **hatte** seine Medizin nicht **genommen**. He hadn't taken his medicine.

An Ihrer Stelle **hätte** ich ihn nicht ernst **genommen**. If I were you I wouldn't have taken him seriously.

---

ich = I du = you er = he/it sie = she/it es = it/he/she wir = we ihr = you sie = they Sie = you (polite)

nennen (to name)

mixed, *formed with* **haben**

PRESENT

ich	**nenne**
du	**nennst**
er/sie/es	**nennt**
wir	**nennen**
ihr	**nennt**
sie/Sie	**nennen**

PRESENT SUBJUNCTIVE

ich	**nenne**
du	**nennest**
er/sie/es	**nenne**
wir	**nennen**
ihr	**nennet**
sie/Sie	**nennen**

PERFECT

ich	**habe genannt**
du	**hast genannt**
er/sie/es	**hat genannt**
wir	**haben genannt**
ihr	**habt genannt**
sie/Sie	**haben genannt**

IMPERFECT

ich	**nannte**
du	**nanntest**
er/sie/es	**nannte**
wir	**nannten**
ihr	**nanntet**
sie/Sie	**nannten**

PRESENT PARTICIPLE
nennend

PAST PARTICIPLE
gennant

EXAMPLE PHRASES

Das **nenne** ich Mut! That's what I call courage!

Er sagt, er **nenne** ihn 'Franzi'. He says he calls him 'Franzi'.

Er **hat** ihn nach seinem Vater **genannt**. He named him after his father.

Sie **nannte** mir den Namen ihres Arztes. She told me the name of her doctor.

ich = I **du** = you **er** = he/it **sie** = she/it **es** = it/he/she **wir** = we **ihr** = you **sie** = they **Sie** = you (polite)

nennen

FUTURE

ich	**werde nennen**
du	**wirst nennen**
er/sie/es	**wird nennen**
wir	**werden nennen**
ihr	**werdet nennen**
sie/Sie	**werden nennen**

CONDITIONAL

ich	**würde nennen**
du	**würdest nennen**
er/sie/es	**würde nennen**
wir	**würden nennen**
ihr	**würdet nennen**
sie/Sie	**würden nennen**

PLUPERFECT

ich	**hätte genannt**
du	**hättest genannt**
er/sie/es	**hätte genannt**
wir	**hätten genannt**
ihr	**hättet genannt**
sie/Sie	**hätten genannt**

PLUPERFECT SUBJUNCTIVE

ich	**hätte genannt**
du	**hättest genannt**
er/sie/es	**hätte genannt**
wir	**hätten genannt**
ihr	**hättet genannt**
sie/Sie	**hätten genannt**

IMPERATIVE

nenn(e)!/nennen wir!/nennt!/nennen Sie!

EXAMPLE PHRASES

Werden Sie mir seinen Namen **nennen**? Are you going to tell me his name?

Ich **würde** sie nicht gerade freundlich **nennen**. I wouldn't exactly say she's friendly.

Er **hatte** der Polizei alle Komplizen **genannt**. He had named all his accomplices to the police.

Ich **hätte** Ihnen gern noch mehr Gründe **genannt**. I would have liked to give you more reasons.

ich = I **du** = you **er** = he/it **sie** = she/it **es** = it/he/she **wir** = we **ihr** = you **sie** = they **Sie** = you (polite)

raten (to guess; to advise)

strong, *formed with* **haben**

PRESENT

ich	**rate**
du	**rätst**
er/sie/es	**rät**
wir	**raten**
ihr	**ratet**
sie/Sie	**raten**

PRESENT SUBJUNCTIVE

ich	**rate**
du	**ratest**
er/sie/es	**rate**
wir	**raten**
ihr	**ratet**
sie/Sie	**raten**

PERFECT

ich	**habe geraten**
du	**hast geraten**
er/sie/es	**hat geraten**
wir	**haben geraten**
ihr	**habt geraten**
sie/Sie	**haben geraten**

IMPERFECT

ich	**riet**
du	**riet(e)st**
er/sie/es	**riet**
wir	**rieten**
ihr	**rietet**
sie/Sie	**rieten**

PRESENT PARTICIPLE

ratend

PAST PARTICIPLE

geraten

EXAMPLE PHRASES

Ich **rate** dir, zu gehen. I advise you to go.

Sie sagt, sie **rate** ihm, die Stadt zu verlassen. She says she's advising him to leave town.

Ich **habe** das nur so **geraten**. I was only guessing.

Er **riet** mir, einen Astrologen aufzusuchen. He advised me to consult an astrologer.

raten

FUTURE

ich	**werde raten**
du	**wirst raten**
er/sie/es	**wird raten**
wir	**werden raten**
ihr	**werdet raten**
sie/Sie	**werden raten**

CONDITIONAL

ich	**würde raten**
du	**würdest raten**
er/sie/es	**würde raten**
wir	**würden raten**
ihr	**würdet raten**
sie/Sie	**würden raten**

PLUPERFECT

ich	**hatte geraten**
du	**hattest geraten**
er/sie/es	**hatte geraten**
wir	**hatten geraten**
ihr	**hattet geraten**
sie/Sie	**hatten geraten**

PLUPERFECT SUBJUNCTIVE

ich	**hätte geraten**
du	**hättest geraten**
er/sie/es	**hätte geraten**
wir	**hätten geraten**
ihr	**hättet geraten**
sie/Sie	**hätten geraten**

IMPERATIVE

rat(e)!/raten wir!/ratet!/raten Sie!

EXAMPLE PHRASES

Das **wirst** du nie **raten**! You'll never guess!

Das **würde** ich dir nicht **raten**. I wouldn't recommend it.

Er **hatte** mir zu einer Auslandsreise **geraten**. He had advised me to travel abroad.

Ich **hätte** nie **geraten**, dass sie deine Schwester ist. I would never have guessed that she's your sister.

ich = I **du** = you **er** = he/it **sie** = she/it **es** = it/he/she **wir** = we **ihr** = you **sie** = they **Sie** = you *(polite)*

rechnen (to calculate)

weak, *formed with* **haben**

PRESENT		PRESENT SUBJUNCTIVE	
ich	**rechne**	ich	**rechne**
du	**rechnest**	du	**rechnest**
er/sie/es	**rechnet**	er/sie/es	**rechne**
wir	**rechnen**	wir	**rechnen**
ihr	**rechnet**	ihr	**rechnet**
sie/Sie	**rechnen**	sie/Sie	**rechnen**

PERFECT		IMPERFECT	
ich	**habe gerechnet**	ich	**rechnete**
du	**hast gerechnet**	du	**rechnetest**
er/sie/es	**hat gerechnet**	er/sie/es	**rechnete**
wir	**haben gerechnet**	wir	**rechneten**
ihr	**habt gerechnet**	ihr	**rechnetet**
sie/Sie	**haben gerechnet**	sie/Sie	**rechneten**

PRESENT PARTICIPLE
rechnend

PAST PARTICIPLE
gerechnet

EXAMPLE PHRASES

Wir **rechnen** auf dich. We are counting on you.

Sie sagt, sie **rechne** damit, dass es regnet. She says she expects it to rain.

Damit **habe** ich nicht **gerechnet**. I wasn't expecting that.

Man **rechnete** ihn zu den besten Spielern. He was regarded as one of the
    top players.

---

ich = I du = you er = he/it sie = she/it es = it/he/she wir = we ihr = you sie = they Sie = you (polite)

rechnen

FUTURE

ich	**werde rechnen**
du	**wirst rechnen**
er/sie/es	**wird rechnen**
wir	**werden rechnen**
ihr	**werdet rechnen**
sie/Sie	**werden rechnen**

CONDITIONAL

ich	**würde rechnen**
du	**würdest rechnen**
er/sie/es	**würde rechnen**
wir	**würden rechnen**
ihr	**würdet rechnen**
sie/Sie	**würden rechnen**

PLUPERFECT

ich	**hatte gerechnet**
du	**hattest gerechnet**
er/sie/es	**hatte gerechnet**
wir	**hatten gerechnet**
ihr	**hattet gerechnet**
sie/Sie	**hatten gerechnet**

PLUPERFECT SUBJUNCTIVE

ich	**hätte gerechnet**
du	**hättest gerechnet**
er/sie/es	**hätte gerechnet**
wir	**hätten gerechnet**
ihr	**hättet gerechnet**
sie/Sie	**hätten gerechnet**

IMPERATIVE

rechne!/rechnen wir!/rechnet!/rechnen Sie!

EXAMPLE PHRASES

Ich **werde** mal schnell **rechnen**, wie viel das wird. I'll work out quickly how much that's going to be.

Ich **würde** jetzt nicht mehr mit ihm **rechnen**. I wouldn't reckon on him coming now.

Da **hattest** du falsch **gerechnet**! You had got that wrong!

Ich **hätte** nie damit **gerechnet**, dass er gewinnt. I would never have expected him to win.

ich = I du = you er = he/it sie = she/it es = it/he/she wir = we ihr = you sie = they Sie = you (polite)

reden (to talk)

weak, *formed with* haben

PRESENT

ich	**rede**
du	**redest**
er/sie/es	**redet**
wir	**reden**
ihr	**redet**
sie/Sie	**reden**

PRESENT SUBJUNCTIVE

ich	**rede**
du	**redest**
er/sie/es	**rede**
wir	**reden**
ihr	**redet**
sie/Sie	**reden**

PERFECT

ich	**habe geredet**
du	**hast geredet**
er/sie/es	**hat geredet**
wir	**haben geredet**
ihr	**habt geredet**
sie/Sie	**haben geredet**

IMPERFECT

ich	**redete**
du	**redetest**
er/sie/es	**redete**
wir	**redeten**
ihr	**redetet**
sie/Sie	**redeten**

PRESENT PARTICIPLE

redend

PAST PARTICIPLE

geredet

EXAMPLE PHRASES

Wir **reden** besser erst darüber. We should talk about it first.

Er meint, ich **rede** Unsinn. He thinks I'm talking nonsense.

Sie **hat** ununterbrochen **geredet**. She was talking the whole time.

Er **redete** ständig von seinem Hund. He kept talking about his dog.

ich = I **du** = you **er** = he/it **sie** = she/it **es** = it/he/she **wir** = we **ihr** = you **sie** = they **Sie** = you (*polite*)

reden

FUTURE

ich	**werde reden**
du	**wirst reden**
er/sie/es	**wird reden**
wir	**werden reden**
ihr	**werdet reden**
sie/Sie	**werden reden**

CONDITIONAL

ich	**würde reden**
du	**würdest reden**
er/sie/es	**würde reden**
wir	**würden reden**
ihr	**würdet reden**
sie/Sie	**würden reden**

PLUPERFECT

ich	**hatte geredet**
du	**hattest geredet**
er/sie/es	**hatte geredet**
wir	**hatten geredet**
ihr	**hattet geredet**
sie/Sie	**hatten geredet**

PLUPERFECT SUBJUNCTIVE

ich	**hätte geredet**
du	**hättest geredet**
er/sie/es	**hätte geredet**
wir	**hätten geredet**
ihr	**hättet geredet**
sie/Sie	**hätten geredet**

IMPERATIVE
red(e)!/reden wir!/redet!/reden Sie!

EXAMPLE PHRASES

Ich **werde** mit deinem Vater **reden**. I'll speak to your father.

Er **würde** am liebsten nicht mehr darüber **reden**. He would prefer not to talk about it anymore.

Er **hatte** davon **geredet**, ins Ausland zu ziehen. He had been talking about moving abroad.

Ich wünschte, ich **hätte** mit ihm **geredet**. I wished I had talked to him.

ich = I **du** = you **er** = he/it **sie** = she/it **es** = it/he/she **wir** = we **ihr** = you **sie** = they **Sie** = you (*polite*)

reißen (to tear)

strong, *formed with* **haben/sein***

PRESENT

ich **reiße**
du **reißt**
er/sie/es **reißt**
wir **reißen**
ihr **reißt**
sie/Sie **reißen**

PRESENT SUBJUNCTIVE

ich **reiße**
du **reißest**
er/sie/es **reiße**
wir **reißen**
ihr **reißet**
sie/Sie **reißen**

PERFECT

ich **habe gerissen**
du **hast gerissen**
er/sie/es **hat gerissen**
wir **haben gerissen**
ihr **habt gerissen**
sie/Sie **haben gerissen**

IMPERFECT

ich **riss**
du **rissest**
er/sie/es **riss**
wir **rissen**
ihr **risst**
sie/Sie **rissen**

PRESENT PARTICIPLE
reißend

PAST PARTICIPLE
gerissen

*When **reißen** is used with no direct object, it is formed with **sein**.

EXAMPLE PHRASES

Das Seil **reißt**. The rope is breaking.
Er sagt, ihm **reiße** bald die Geduld. He says his patience will soon be at an end.
Er **hat** mir den Geldbeutel aus der Hand **gerissen**. He snatched my purse from my hand.
Sie **riss** ihn zu Boden. She dragged him to the floor.

ich = I **du** = you **er** = he/it **sie** = she/it **es** = it/he/she **wir** = we **ihr** = you **sie** = they **Sie** = you (*polite*)

reißen

FUTURE

ich **werde reißen**
du **wirst reißen**
er/sie/es **wird reißen**
wir **werden reißen**
ihr **werdet reißen**
sie/Sie **werden reißen**

CONDITIONAL

ich **würde reißen**
du **würdest reißen**
er/sie/es **würde reißen**
wir **würden reißen**
ihr **würdet reißen**
sie/Sie **würden reißen**

PLUPERFECT

ich **hatte gerissen**
du **hattest gerissen**
er/sie/es **hatte gerissen**
wir **hatten gerissen**
ihr **hattet gerissen**
sie/Sie **hatten gerissen**

PLUPERFECT SUBJUNCTIVE

ich **hätte gerissen**
du **hättest gerissen**
er/sie/es **hätte gerissen**
wir **hätten gerissen**
ihr **hättet gerissen**
sie/Sie **hätten gerissen**

IMPERATIVE
reiß(e)!/reißen wir!/reißt!/reißen Sie!

EXAMPLE PHRASES

Die Kunden **werden** sich um die Sonderangebote **reißen**. The customers will be scrambling for the special offers.

Ich **würde** ihn nicht gern aus seinen Gedanken **reißen**. I wouldn't like to interrupt his thoughts.

Er **hatte** uns alle ins Verderben **gerissen**. He had ruined all of us.

Die Lawine **hätte** ihn in den Tod **gerissen**. The avalanche would have swept him to his death.

ich = I **du** = you **er** = he/it **sie** = she/it **es** = it/he/she **wir** = we **ihr** = you **sie** = they **Sie** = you (polite)

rennen (to run)

mixed, *formed with* **sein**

PRESENT		PRESENT SUBJUNCTIVE	
ich	renne	ich	renne
du	rennst	du	rennest
er/sie/es	rennt	er/sie/es	renne
wir	rennen	wir	rennen
ihr	rennt	ihr	rennet
sie/Sie	rennen	sie/Sie	rennen

PERFECT		IMPERFECT	
ich	bin gerannt	ich	rannte
du	bist gerannt	du	ranntest
er/sie/es	ist gerannt	er/sie/es	rannte
wir	sind gerannt	wir	rannten
ihr	seid gerannt	ihr	ranntet
sie/Sie	sind gerannt	sie/Sie	rannten

PRESENT PARTICIPLE	PAST PARTICIPLE
rennend	gerannt

EXAMPLE PHRASES

Er **rennt** dauernd zum Chef. He keeps running to the boss.

Sie denkt, ich **renne** ins Unglück. She thinks I'm rushing into disaster.

Ich **bin** mit dem Kopf gegen die Wand **gerannt**. I bumped my head against the wall.

Sie **rannte** schnell weg. She ran away fast.

ich = I **du** = you **er** = he/it **sie** = she/it **es** = it/he/she **wir** = we **ihr** = you **sie** = they **Sie** = you (polite)

rennen

FUTURE

ich	**werde rennen**
du	**wirst rennen**
er/sie/es	**wird rennen**
wir	**werden rennen**
ihr	**werdet rennen**
sie/Sie	**werden rennen**

CONDITIONAL

ich	**würde rennen**
du	**würdest rennen**
er/sie/es	**würde rennen**
wir	**würden rennen**
ihr	**würdet rennen**
sie/Sie	**würden rennen**

PLUPERFECT

ich	**war gerannt**
du	**warst gerannt**
er/sie/es	**war gerannt**
wir	**waren gerannt**
ihr	**wart gerannt**
sie/Sie	**waren gerannt**

PLUPERFECT SUBJUNCTIVE

ich	**wäre gerannt**
du	**wär(e)st gerannt**
er/sie/es	**wäre gerannt**
wir	**wären gerannt**
ihr	**wär(e)t gerannt**
sie/Sie	**wären gerannt**

IMPERATIVE
renn(e)!/rennen wir!/rennt!/rennen Sie!

EXAMPLE PHRASES

Ich **werde** die 100 Meter nicht **rennen**. I won't run the 100 metres.

Bei Kopfschmerzen **würde** er sofort zum Arzt **rennen**. If he had a headache he would rush straight to the doctor.

Ich **war** so **gerannt**, dass mir die Luft wegblieb. I had been running so much that I was out of breath.

Wenn wir nicht **gerannt wären**, hätten wir den Zug verpasst. If we hadn't run we'd have missed the train.

ich = I **du** = you **er** = he/it **sie** = she/it **es** = it/he/she **wir** = we **ihr** = you **sie** = they **Sie** = you (*polite*)

riechen (to smell)

strong, *formed with* haben

PRESENT

ich	**rieche**
du	**riechst**
er/sie/es	**riecht**
wir	**riechen**
ihr	**riecht**
sie/Sie	**riechen**

PRESENT SUBJUNCTIVE

ich	**rieche**
du	**riechest**
er/sie/es	**rieche**
wir	**riechen**
ihr	**riechet**
sie/Sie	**riechen**

PERFECT

ich	**habe gerochen**
du	**hast gerochen**
er/sie/es	**hat gerochen**
wir	**haben gerochen**
ihr	**habt gerochen**
sie/Sie	**haben gerochen**

IMPERFECT

ich	**roch**
du	**rochst**
er/sie/es	**roch**
wir	**rochen**
ihr	**rocht**
sie/Sie	**rochen**

PRESENT PARTICIPLE
riechendgerochen

PAST PARTICIPLE

EXAMPLE PHRASES

Ich **rieche** Gas. I can smell gas.

Sie sagt, sie **rieche** nichts. She says she can't smell anything.

Sie **hat** an der Rose **gerochen**. She smelled the rose.

In der Küche **roch** es angebrannt. There was a smell of burning in the kitchen.

---

ich = I **du** = you **er** = he/it **sie** = she/it **es** = it/he/she **wir** = we **ihr** = you **sie** = they **Sie** = you (*polite*)

riechen

FUTURE

ich	**werde riechen**
du	**wirst riechen**
er/sie/es	**wird riechen**
wir	**werden riechen**
ihr	**werdet riechen**
sie/Sie	**werden riechen**

CONDITIONAL

ich	**würde riechen**
du	**würdest riechen**
er/sie/es	**würde riechen**
wir	**würden riechen**
ihr	**würdet riechen**
sie/Sie	**würden riechen**

PLUPERFECT

ich	**hatte gerochen**
du	**hattest gerochen**
er/sie/es	**hatte gerochen**
wir	**hatten gerochen**
ihr	**hattet gerochen**
sie/Sie	**hatten gerochen**

PLUPERFECT SUBJUNCTIVE

ich	**hätte gerochen**
du	**hättest gerochen**
er/sie/es	**hätte gerochen**
wir	**hätten gerochen**
ihr	**hättet gerochen**
sie/Sie	**hätten gerochen**

IMPERATIVE
riech(e)!/riechen wir!/riecht!/riechen Sie!

EXAMPLE PHRASES

Endlich **werde** ich wieder Landluft **riechen**. At last I'll smell country air again.

Wenn ich nicht geduscht hätte, **würde** ich nach Schweiß **riechen**. If I hadn't
taken a shower I would smell of sweat.

In der Garage **hatte** es nach Benzin **gerochen**. There had been a smell of petrol
in the garage.

Das **hätte** fast nach Betrug **gerochen**. It almost smacked of deceit.

ich = I **du** = you **er** = he/it **sie** = she/it **es** = it/he/she **wir** = we **ihr** = you **sie** = they **Sie** = you (*polite*)

rufen (to shout; to call)

strong, *formed with* **haben**

PRESENT

ich	**rufe**
du	**rufst**
er/sie/es	**ruft**
wir	**rufen**
ihr	**ruft**
sie/Sie	**rufen**

PRESENT SUBJUNCTIVE

ich	**rufe**
du	**rufest**
er/sie/es	**rufe**
wir	**rufen**
ihr	**rufet**
sie/Sie	**rufen**

PERFECT

ich	**habe gerufen**
du	**hast gerufen**
er/sie/es	**hat gerufen**
wir	**haben gerufen**
ihr	**habt gerufen**
sie/Sie	**haben gerufen**

IMPERFECT

ich	**rief**
du	**riefst**
er/sie/es	**rief**
wir	**riefen**
ihr	**rieft**
sie/Sie	**riefen**

PRESENT PARTICIPLE

rufend

PAST PARTICIPLE

gerufen

EXAMPLE PHRASES

Sie **ruft** um Hilfe. She is shouting for help.

Er meint, er **rufe** besser ein Taxi. He thinks it's best to call a taxi.

Ich **habe** dir ein Taxi **gerufen**. I called you a taxi.

Er **rief** seine Schwester zu sich. He sent for his sister.

ich = I **du** = you **er** = he/it **sie** = she/it **es** = it/he/she **wir** = we **ihr** = you **sie** = they **Sie** = you (*polite*)

rufen

FUTURE

ich	werde rufen
du	wirst rufen
er/sie/es	wird rufen
wir	werden rufen
ihr	werdet rufen
sie/Sie	werden rufen

CONDITIONAL

ich	würde rufen
du	würdest rufen
er/sie/es	würde rufen
wir	würden rufen
ihr	würdet rufen
sie/Sie	würden rufen

PLUPERFECT

ich	hatte gerufen
du	hattest gerufen
er/sie/es	hatte gerufen
wir	hatten gerufen
ihr	hattet gerufen
sie/Sie	hatten gerufen

PLUPERFECT SUBJUNCTIVE

ich	hätte gerufen
du	hättest gerufen
er/sie/es	hätte gerufen
wir	hätten gerufen
ihr	hättet gerufen
sie/Sie	hätten gerufen

IMPERATIVE
ruf(e)!/rufen wir!/ruft!/rufen Sie!

EXAMPLE PHRASES

Ich **werde** ihn **rufen**, damit er hereinkommt. I'll call him so that he comes in.

Im Notfall **würden** wir den Arzt **rufen**. In an emergency we would call the doctor.

Hattest du die Polizei **gerufen**? Had you called the police?

Sie **hätte** einen Krankenwagen **gerufen**, aber sie hatte kein Handy. She would have called an ambulance, but she didn't have a mobile.

ich = I **du** = you **er** = he/it **sie** = she/it **es** = it/he/she **wir** = we **ihr** = you **sie** = they **Sie** = you (polite)

schaffen* (to create)

strong, *formed with* **haben**

PRESENT		PRESENT SUBJUNCTIVE	
ich	schaffe	ich	schaffe
du	schaffst	du	schaffest
er/sie/es	schafft	er/sie/es	schaffe
wir	schaffen	wir	schaffen
ihr	schafft	ihr	schaffet
sie/Sie	schaffen	sie/Sie	schaffen

PERFECT		IMPERFECT	
ich	habe geschaffen	ich	schuf
du	hast geschaffen	du	schufst
er/sie/es	hat geschaffen	er/sie/es	schuf
wir	haben geschaffen	wir	schufen
ihr	habt geschaffen	ihr	schuft
sie/Sie	haben geschaffen	sie/Sie	schufen

PRESENT PARTICIPLE
schaffend

PAST PARTICIPLE
geschaffen

*Weak when means to manage.

EXAMPLE PHRASES

Du **schaffst** dir nur Probleme. You're only creating problems for yourself.

Er sagt, das **schaffe** er heute nicht. He says he won't manage it today.

Die Regierung **hat** 20.000 Arbeitsplätze **geschaffen**. The government has created 20,000 jobs.

Gott **schuf** Himmel und Erde. God created heaven and earth.

ich = I **du** = you **er** = he/it **sie** = she/it **es** = it/he/she **wir** = we **ihr** = you **sie** = they **Sie** = you (polite)

schaffen

FUTURE

ich	**werde schaffen**
du	**wirst schaffen**
er/sie/es	**wird schaffen**
wir	**werden schaffen**
ihr	**werdet schaffen**
sie/Sie	**werden schaffen**

CONDITIONAL

ich	**würde schaffen**
du	**würdest schaffen**
er/sie/es	**würde schaffen**
wir	**würden schaffen**
ihr	**würdet schaffen**
sie/Sie	**würden schaffen**

PLUPERFECT

ich	**hatte geschaffen**
du	**hattest geschaffen**
er/sie/es	**hatte geschaffen**
wir	**hatten geschaffen**
ihr	**hattet geschaffen**
sie/Sie	**hatten geschaffen**

PLUPERFECT SUBJUNCTIVE

ich	**hätte geschaffen**
du	**hättest geschaffen**
er/sie/es	**hätte geschaffen**
wir	**hätten geschaffen**
ihr	**hättet geschaffen**
sie/Sie	**hätten geschaffen**

IMPERATIVE

schaff(e)!/schaffen wir!/schafft!/schaffen Sie!

EXAMPLE PHRASES

Diese Medizin **wird** Linderung **schaffen**. This medicine will bring relief.

Das **würde** endlich Klarheit **schaffen**. This would finally provide clarification.

Diese Politik **hatte** eine neue Situation **geschaffen**. This policy had created a new situation.

Er **hätte** doch nur Ärger **geschaffen**. He would only have caused trouble.

ich = I **du** = you **er** = he/it **sie** = she/it **es** = it/he/she **wir** = we **ihr** = you **sie** = they **Sie** = you (polite)

scheinen (to shine; to seem) strong, *formed with* haben

PRESENT

ich	**scheine**
du	**scheinst**
er/sie/es	**scheint**
wir	**scheinen**
ihr	**scheint**
sie/Sie	**scheinen**

PRESENT SUBJUNCTIVE

ich	**scheine**
du	**scheinest**
er/sie/es	**scheine**
wir	**scheinen**
ihr	**scheinet**
sie/Sie	**scheinen**

PERFECT

ich	**habe geschienen**
du	**hast geschienen**
er/sie/es	**hat geschienen**
wir	**haben geschienen**
ihr	**habt geschienen**
sie/Sie	**haben geschienen**

IMPERFECT

ich	**schien**
du	**schienst**
er/sie/es	**schien**
wir	**schienen**
ihr	**schient**
sie/Sie	**schienen**

PRESENT PARTICIPLE

scheinend

PAST PARTICIPLE

geschienen

EXAMPLE PHRASES

Es **scheint**, als ob du recht hast. It appears as if you're right.

Er meint, das **scheine** uns nicht zu interessieren. He thinks we don't seem
to be interested.

Gestern **hat** die Sonne nicht **geschienen**. The sun wasn't shining yesterday.

Sie **schienen** glücklich zu sein. They seemed to be happy.

ich = I **du** = you **er** = he/it **sie** = she/it **es** = it/he/she **wir** = we **ihr** = you **sie** = they **Sie** = you (*polite*)

scheinen

FUTURE

ich	werde scheinen
du	wirst scheinen
er/sie/es	wird scheinen
wir	werden scheinen
ihr	werdet scheinen
sie/Sie	werden scheinen

CONDITIONAL

ich	würde scheinen
du	würdest scheinen
er/sie/es	würde scheinen
wir	würden scheinen
ihr	würdet scheinen
sie/Sie	würden scheinen

PLUPERFECT

ich	hatte geschienen
du	hattest geschienen
er/sie/es	hatte geschienen
wir	hatten geschienen
ihr	hattet geschienen
sie/Sie	hatten geschienen

PLUPERFECT SUBJUNCTIVE

ich	hätte geschienen
du	hättest geschienen
er/sie/es	hätte geschienen
wir	hätten geschienen
ihr	hättet geschienen
sie/Sie	hätten geschienen

IMPERATIVE
schein(e)!/scheinen wir!/scheint!/scheinen Sie!

EXAMPLE PHRASES

In Italien **wird** bestimmt die Sonne **scheinen**. I'm sure the sun will be shining in Italy.

Es **würde scheinen**, als ob wir das Spiel verlieren. It would seem we'll be losing the match.

Die Sonne **hatte** den ganzen Tag nicht **geschienen**. There had been no sunshine all day.

Wenn doch nur die Sonne **geschienen hätte**! If only the sun had been shining!

ich = I **du** = you **er** = he/it **sie** = she/it **es** = it/he/she **wir** = we **ihr** = you **sie** = they **Sie** = you (polite)

schießen (to shoot)

strong, *formed with* **haben**

PRESENT

ich **schieße**
du **schießt**
er/sie/es **schießt**
wir **schießen**
ihr **schießt**
sie/Sie **schießen**

PRESENT SUBJUNCTIVE

ich **schieße**
du **schießest**
er/sie/es **schieße**
wir **schießen**
ihr **schießet**
sie/Sie **schießen**

PERFECT

ich **habe geschossen**
du **hast geschossen**
er/sie/es **hat geschossen**
wir **haben geschossen**
ihr **habt geschossen**
sie/Sie **haben geschossen**

IMPERFECT

ich **schoss**
du **schossest**
er/sie/es **schoss**
wir **schossen**
ihr **schosst**
sie/Sie **schossen**

PRESENT PARTICIPLE

schießend

PAST PARTICIPLE

geschossen

EXAMPLE PHRASES

Sie **schießen** auf uns. They are shooting at us.
Er sagt, er **schieße** nie auf Menschen. He says he never shoots at people.
Er **hat** ein Kaninchen **geschossen**. He shot a rabbit.
Sie **schoss** den Ball ins Tor. She kicked the ball into the goal.

ich = I **du** = you **er** = he/it **sie** = she/it **es** = it/he/she **wir** = we **ihr** = you **sie** = they **Sie** = you (*polite*)

schießen

FUTURE

ich	**werde schießen**
du	**wirst schießen**
er/sie/es	**wird schießen**
wir	**werden schießen**
ihr	**werdet schießen**
sie/Sie	**werden schießen**

CONDITIONAL

ich	**würde schießen**
du	**würdest schießen**
er/sie/es	**würde schießen**
wir	**würden schießen**
ihr	**würdet schießen**
sie/Sie	**würden schießen**

PLUPERFECT

ich	**hatte geschossen**
du	**hattest geschossen**
er/sie/es	**hatte geschossen**
wir	**hatten geschossen**
ihr	**hattet geschossen**
sie/Sie	**hatten geschossen**

PLUPERFECT SUBJUNCTIVE

ich	**hätte geschossen**
du	**hättest geschossen**
er/sie/es	**hätte geschossen**
wir	**hätten geschossen**
ihr	**hättet geschossen**
sie/Sie	**hätten geschossen**

IMPERATIVE
schieß(e)!/schießen wir!/schießt!/schießen Sie!

EXAMPLE PHRASES

Wir **werden** dort ein paar Bilder **schießen**. We'll shoot a few pictures there.

Er **würde** niemals auf einen Polizisten **schießen**. He would never shoot at a
   policeman.

Sie **hatte** ihn zum Krüppel **geschossen**. She had shot and crippled him.

Wenn ich **geschossen hätte**, wäre ich verhaftet worden. If I had fired a shot
   I would have been arrested.

ich = I **du** = you **er** = he/it **sie** = she/it **es** = it/he/she **wir** = we **ihr** = you **sie** = they **Sie** = you (polite)

schlafen (to sleep)

strong, *formed with* **haben**

PRESENT

ich	**schlafe**
du	**schläfst**
er/sie/es	**schläft**
wir	**schlafen**
ihr	**schlaft**
sie/Sie	**schlafen**

PRESENT SUBJUNCTIVE

ich	**schlafe**
du	**schlafest**
er/sie/es	**schlafe**
wir	**schlafen**
ihr	**schlafet**
sie/Sie	**schlafen**

PERFECT

ich	**habe geschlafen**
du	**hast geschlafen**
er/sie/es	**hat geschlafen**
wir	**haben geschlafen**
ihr	**habt geschlafen**
sie/Sie	**haben geschlafen**

IMPERFECT

ich	**schlief**
du	**schliefst**
er/sie/es	**schlief**
wir	**schliefen**
ihr	**schlieft**
sie/Sie	**schliefen**

PRESENT PARTICIPLE

schlafend

PAST PARTICIPLE

geschlafen

EXAMPLE PHRASES

Sie **schläft** immer noch. She's still asleep.

Er sagt, sie **schlafe** immer noch. He says she's still asleep.

Hast du gut **geschlafen**? Did you sleep well?

Er **schlief** während des Unterrichts. He slept during lessons.

---

ich = I **du** = you **er** = he/it **sie** = she/it **es** = it/he/she **wir** = we **ihr** = you **sie** = they **Sie** = you (*polite*)

schlafen

FUTURE

ich	**werde schlafen**
du	**wirst schlafen**
er/sie/es	**wird schlafen**
wir	**werden schlafen**
ihr	**werdet schlafen**
sie/Sie	**werden schlafen**

CONDITIONAL

ich	**würde schlafen**
du	**würdest schlafen**
er/sie/es	**würde schlafen**
wir	**würden schlafen**
ihr	**würdet schlafen**
sie/Sie	**würden schlafen**

PLUPERFECT

ich	**hatte geschlafen**
du	**hattest geschlafen**
er/sie/es	**hatte geschlafen**
wir	**hatten geschlafen**
ihr	**hattet geschlafen**
sie/Sie	**hatten geschlafen**

PLUPERFECT SUBJUNCTIVE

ich	**hätte geschlafen**
du	**hättest geschlafen**
er/sie/es	**hätte geschlafen**
wir	**hätten geschlafen**
ihr	**hättet geschlafen**
sie/Sie	**hätten geschlafen**

IMPERATIVE
schlaf(e)!/schlafen wir!/schlaft!/schlafen Sie!

EXAMPLE PHRASES

Heute Nacht **wirst** du bestimmt gut **schlafen**. I'm sure you'll sleep well tonight.

Mit einer Schlaftablette **würde** ich besser **schlafen**. I would sleep better if I took a sleeping pill.

Ich **hatte** drei Tage lang nicht **geschlafen**. I hadn't slept for three days.

Ohne den Lärm **hätte** ich besser **geschlafen**. Without the noise I'd have slept better.

ich = I **du** = you **er** = he/it **sie** = she/it **es** = it/he/she **wir** = we **ihr** = you **sie** = they **Sie** = you (polite)

schlagen (to hit)

strong, *formed with* **haben**

PRESENT		PRESENT SUBJUNCTIVE	
ich	**schlage**	ich	**schlage**
du	**schlägst**	du	**schlagest**
er/sie/es	**schlägt**	er/sie/es	**schlage**
wir	**schlagen**	wir	**schlagen**
ihr	**schlagt**	ihr	**schlaget**
sie/Sie	**schlagen**	sie/Sie	**schlagen**

PERFECT		IMPERFECT	
ich	**habe geschlagen**	ich	**schlug**
du	**hast geschlagen**	du	**schlugst**
er/sie/es	**hat geschlagen**	er/sie/es	**schlug**
wir	**haben geschlagen**	wir	**schlugen**
ihr	**habt geschlagen**	ihr	**schlugt**
sie/Sie	**haben geschlagen**	sie/Sie	**schlugen**

PRESENT PARTICIPLE	PAST PARTICIPLE
schlagend	geschlagen

EXAMPLE PHRASES

Mein Herz **schlägt** schneller. My heart is beating faster.

Er glaubt, sein Nachbar **schlage** seine Kinder. He believes his neighbour beats his children.

England **hat** Deutschland **geschlagen**. England beat Germany.

Ihr Herz **schlug** schneller. Her heart beat faster.

ich = I **du** = you **er** = he/it **sie** = she/it **es** = it/he/she **wir** = we **ihr** = you **sie** = they **Sie** = you (polite)

schlagen

FUTURE

ich	**werde schlagen**
du	**wirst schlagen**
er/sie/es	**wird schlagen**
wir	**werden schlagen**
ihr	**werdet schlagen**
sie/Sie	**werden schlagen**

CONDITIONAL

ich	**würde schlagen**
du	**würdest schlagen**
er/sie/es	**würde schlagen**
wir	**würden schlagen**
ihr	**würdet schlagen**
sie/Sie	**würden schlagen**

PLUPERFECT

ich	**hatte geschlagen**
du	**hattest geschlagen**
er/sie/es	**hatte geschlagen**
wir	**hatten geschlagen**
ihr	**hattet geschlagen**
sie/Sie	**hatten geschlagen**

PLUPERFECT SUBJUNCTIVE

ich	**hätte geschlagen**
du	**hättest geschlagen**
er/sie/es	**hätte geschlagen**
wir	**hätten geschlagen**
ihr	**hättet geschlagen**
sie/Sie	**hätten geschlagen**

IMPERATIVE

schlag(e)!/schlagen wir!/schlagt!/schlagen Sie!

EXAMPLE PHRASES

Wir **werden** alle unsere Gegner **schlagen**. We will beat all our opponents.

Ich **würde** mich nicht mit ihm **schlagen**. I wouldn't fight with him.

Die Uhr **hatte** zehn **geschlagen**. The clock had struck ten.

Mit etwas Glück **hätten** wir sie **geschlagen**. With a little luck we would have beaten them.

ich = I **du** = you **er** = he/it **sie** = she/it **es** = it/he/she **wir** = we **ihr** = you **sie** = they **Sie** = you *(polite)*

schließen (to close)

strong, *formed with* **haben**

PRESENT

ich	**schließe**
du	**schließt**
er/sie/es	**schließt**
wir	**schließen**
ihr	**schließt**
sie/Sie	**schließen**

PRESENT SUBJUNCTIVE

ich	**schließe**
du	**schließest**
er/sie/es	**schließe**
wir	**schließen**
ihr	**schließet**
sie/Sie	**schließen**

PERFECT

ich	**habe geschlossen**
du	**hast geschlossen**
er/sie/es	**hat geschlossen**
wir	**haben geschlossen**
ihr	**habt geschlossen**
sie/Sie	**haben geschlossen**

IMPERFECT

ich	**schloss**
du	**schlossest**
er/sie/es	**schloss**
wir	**schlossen**
ihr	**schlosst**
sie/Sie	**schlossen**

PRESENT PARTICIPLE
schließend

PAST PARTICIPLE
geschlossen

EXAMPLE PHRASES

Ich **schließe** die Tür. I shut the door.

Sie sagt, die Tür **schließe** nicht. She says the door won't shut.

Er **hat** den Betrieb **geschlossen**. He shut the company down.

Sie **schloss** die Augen. She shut her eyes.

---

ich = I du = you er = he/it sie = she/it es = it/he/she wir = we ihr = you sie = they Sie = you (polite)

schließen

FUTURE
- ich **werde schließen**
- du **wirst schließen**
- er/sie/es **wird schließen**
- wir **werden schließen**
- ihr **werdet schließen**
- sie/Sie **werden schließen**

CONDITIONAL
- ich **würde schließen**
- du **würdest schließen**
- er/sie/es **würde schließen**
- wir **würden schließen**
- ihr **würdet schließen**
- sie/Sie **würden schließen**

PLUPERFECT
- ich **hatte geschlossen**
- du **hattest geschlossen**
- er/sie/es **hatte geschlossen**
- wir **hatten geschlossen**
- ihr **hattet geschlossen**
- sie/Sie **hatten geschlossen**

PLUPERFECT SUBJUNCTIVE
- ich **hätte geschlossen**
- du **hättest geschlossen**
- er/sie/es **hätte geschlossen**
- wir **hätten geschlossen**
- ihr **hättet geschlossen**
- sie/Sie **hätten geschlossen**

IMPERATIVE
schließ(e)!/schließen wir!/schließt!/schließen Sie!

EXAMPLE PHRASES

Sie **wird** ihn bestimmt in ihr Herz **schließen**. I'm sure she will take him to her heart.

Ich **würde** daraus **schließen**, dass er schuldig ist. From this I would conclude that he is guilty.

Der Laden **hatte** bereits **geschlossen**. The shop had already closed.

Mit ihm **hätte** ich keinen Vertrag **geschlossen**. I would not have entered into a contract with him.

ich = I du = you er = he/it sie = she/it es = it/he/she wir = we ihr = you sie = they Sie = you (polite)

schneiden (to cut)

strong, *formed with* **haben**

PRESENT

ich **schneide**
du **schneidest**
er/sie/es **schneidet**
wir **schneiden**
ihr **schneidet**
sie/Sie **schneiden**

PRESENT SUBJUNCTIVE

ich **schneide**
du **schneidest**
er/sie/es **schneide**
wir **schneiden**
ihr **schneidet**
sie/Sie **schneiden**

PERFECT

ich **habe geschnitten**
du **hast geschnitten**
er/sie/es **hat geschnitten**
wir **haben geschnitten**
ihr **habt geschnitten**
sie/Sie **haben geschnitten**

IMPERFECT

ich **schnitt**
du **schnittst**
er/sie/es **schnitt**
wir **schnitten**
ihr **schnittet**
sie/Sie **schnitten**

PRESENT PARTICIPLE
schneidend

PAST PARTICIPLE
geschnitten

EXAMPLE PHRASES

Sie **schneidet** ihm die Haare. She cuts his hair.
Er sagt, das Messer **schneide** nicht gut. He says the knife isn't cutting well.
Ich **habe** mir in den Finger **geschnitten**. I've cut my finger.
Sie **schnitt** die Tomaten in Scheiben. She sliced the tomatoes.

ich = I **du** = you **er** = he/it **sie** = she/it **es** = it/he/she **wir** = we **ihr** = you **sie** = they **Sie** = you (*polite*)

schneiden

FUTURE

ich **werde schneiden**
du **wirst schneiden**
er/sie/es **wird schneiden**
wir **werden schneiden**
ihr **werdet schneiden**
sie/Sie **werden schneiden**

CONDITIONAL

ich **würde schneiden**
du **würdest schneiden**
er/sie/es **würde schneiden**
wir **würden schneiden**
ihr **würdet schneiden**
sie/Sie **würden schneiden**

PLUPERFECT

ich **hatte geschnitten**
du **hattest geschnitten**
er/sie/es **hatte geschnitten**
wir **hatten geschnitten**
ihr **hattet geschnitten**
sie/Sie **hatten geschnitten**

PLUPERFECT SUBJUNCTIVE

ich **hätte geschnitten**
du **hättest geschnitten**
er/sie/es **hätte geschnitten**
wir **hätten geschnitten**
ihr **hättet geschnitten**
sie/Sie **hätten geschnitten**

IMPERATIVE
schneid(e)!/schneiden wir!/schneidet!/schneiden Sie!

EXAMPLE PHRASES

Ich **werde** das Brot in Scheiben **schneiden**. I'll slice the bread.
Ich **würde** ihm gern die Haare **schneiden**. I would like to cut his hair.
Sie **hatte** den Kuchen in Stücke **geschnitten**. She had cut the cake into pieces.
Wenn er nicht so vorsichtig gewesen wäre, **hätte** er sich **geschnitten**.
    If he hadn't been so careful he would have cut himself.

ich = I **du** = you **er** = he/it **sie** = she/it **es** = it/he/she **wir** = we **ihr** = you **sie** = they **Sie** = you (*polite*)

schreiben (to write)

strong, *formed with* **haben**

PRESENT

ich	**schreibe**
du	**schreibst**
er/sie/es	**schreibt**
wir	**schreiben**
ihr	**schreibt**
sie/Sie	**schreiben**

PRESENT SUBJUNCTIVE

ich	**schreibe**
du	**schreibest**
er/sie/es	**schreibe**
wir	**schreiben**
ihr	**schreibet**
sie/Sie	**schreiben**

PERFECT

ich	**habe geschrieben**
du	**hast geschrieben**
er/sie/es	**hat geschrieben**
wir	**haben geschrieben**
ihr	**habt geschrieben**
sie/Sie	**haben geschrieben**

IMPERFECT

ich	**schrieb**
du	**schriebst**
er/sie/es	**schrieb**
wir	**schrieben**
ihr	**schriebt**
sie/Sie	**schrieben**

PRESENT PARTICIPLE

schreibend

PAST PARTICIPLE

geschrieben

EXAMPLE PHRASES

Wie **schreibst** du deinen Namen? How do you spell your name?

Er sagt, er **schreibe** nicht gern Briefe. He says he doesn't like writing letters.

Sie **hat** mir einen Brief **geschrieben**. She wrote me a letter.

Er **schrieb** das Wort an die Tafel. He wrote the word on the blackboard.

---

ich = I **du** = you **er** = he/it **sie** = she/it **es** = it/he/she **wir** = we **ihr** = you **sie** = they **Sie** = you *(polite)*

schreiben

FUTURE

ich	**werde schreiben**
du	**wirst schreiben**
er/sie/es	**wird schreiben**
wir	**werden schreiben**
ihr	**werdet schreiben**
sie/Sie	**werden schreiben**

CONDITIONAL

ich	**würde schreiben**
du	**würdest schreiben**
er/sie/es	**würde schreiben**
wir	**würden schreiben**
ihr	**würdet schreiben**
sie/Sie	**würden schreiben**

PLUPERFECT

ich	**hatte geschrieben**
du	**hattest geschrieben**
er/sie/es	**hatte geschrieben**
wir	**hatten geschrieben**
ihr	**hattet geschrieben**
sie/Sie	**hatten geschrieben**

PLUPERFECT SUBJUNCTIVE

ich	**hätte geschrieben**
du	**hättest geschrieben**
er/sie/es	**hätte geschrieben**
wir	**hätten geschrieben**
ihr	**hättet geschrieben**
sie/Sie	**hätten geschrieben**

IMPERATIVE

schreib(e)!/schreiben wir!/schreibt!/schreiben Sie!

EXAMPLE PHRASES

Ich **werde** Ihnen aus dem Urlaub **schreiben**. I'll write to you when I'm on holiday.

Ich **würde** dir gern öfter **schreiben**. I'd like to write to you more often.

Er **hatte** bereits drei Romane **geschrieben**. He had already written three novels.

Ich **hätte** euch **geschrieben**, aber ich hatte keine Zeit. I would have written to you, but I had no time.

ich = I **du** = you **er** = he/it **sie** = she/it **es** = it/he/she **wir** = we **ihr** = you **sie** = they **Sie** = you (*polite*)

schreien (to shout)

strong, *formed with* **haben**

PRESENT

ich	**schreie**
du	**schreist**
er/sie/es	**schreit**
wir	**schreien**
ihr	**schreit**
sie/Sie	**schreien**

PRESENT SUBJUNCTIVE

ich	**schreie**
du	**schreiest**
er/sie/es	**schreie**
wir	**schreien**
ihr	**schreiet**
sie/Sie	**schreien**

PERFECT

ich	**habe geschrien**
du	**hast geschrien**
er/sie/es	**hat geschrien**
wir	**haben geschrien**
ihr	**habt geschrien**
sie/Sie	**haben geschrien**

IMPERFECT

ich	**schrie**
du	**schriest**
er/sie/es	**schrie**
wir	**schrien**
ihr	**schriet**
sie/Sie	**schrien**

PRESENT PARTICIPLE

schreiend

PAST PARTICIPLE

geschrien

EXAMPLE PHRASES

Er **schreit** dauernd. He shouts all the time.

Sie sagt, er **schreie** zu laut. She says he's shouting too loud.

Wir **haben geschrien**, er hat uns aber nicht gehört. We shouted but he didn't hear us.

Sie **schrie** vor Schmerzen. She screamed with pain.

ich = I   **du** = you   **er** = he/it   **sie** = she/it   **es** = it/he/she   **wir** = we   **ihr** = you   **sie** = they   **Sie** = you (*polite*)

schreien

FUTURE

ich	**werde schreien**
du	**wirst schreien**
er/sie/es	**wird schreien**
wir	**werden schreien**
ihr	**werdet schreien**
sie/Sie	**werden schreien**

CONDITIONAL

ich	**würde schreien**
du	**würdest schreien**
er/sie/es	**würde schreien**
wir	**würden schreien**
ihr	**würdet schreien**
sie/Sie	**würden schreien**

PLUPERFECT

ich	**hatte geschrien**
du	**hattest geschrien**
er/sie/es	**hatte geschrien**
wir	**hatten geschrien**
ihr	**hattet geschrien**
sie/Sie	**hatten geschrien**

PLUPERFECT SUBJUNCTIVE

ich	**hätte geschrien**
du	**hättest geschrien**
er/sie/es	**hätte geschrien**
wir	**hätten geschrien**
ihr	**hättet geschrien**
sie/Sie	**hätten geschrien**

IMPERATIVE
schrei(e)!/schreien wir!/schreit!/schreien Sie!

EXAMPLE PHRASES

Wenn Sie uns bedrohen, **werden** wir **schreien**. If you threaten us, we will scream.

Ich **würde** so laut **schreien**, dass er mich hört. I would shout loud enough for him to hear me.

Sie **hatte** vor Schmerzen **geschrien**. She had been screaming with pain.

Wir **hätten** fast vor Lachen **geschrien**. We had almost been screaming with laughter.

ich = I **du** = you **er** = he/it **sie** = she/it **es** = it/he/she **wir** = we **ihr** = you **sie** = they **Sie** = you (*polite*)

schweigen (to be silent)

strong, *formed with* **haben**

PRESENT
ich	schweige
du	schweigst
er/sie/es	schweigt
wir	schweigen
ihr	schweigt
sie/Sie	schweigen

PRESENT SUBJUNCTIVE
ich	schweige
du	schweigest
er/sie/es	schweige
wir	schweigen
ihr	schweiget
sie/Sie	schweigen

PERFECT
ich	habe geschwiegen
du	hast geschwiegen
er/sie/es	hat geschwiegen
wir	haben geschwiegen
ihr	habt geschwiegen
sie/Sie	haben geschwiegen

IMPERFECT
ich	schwieg
du	schwiegst
er/sie/es	schwieg
wir	schwiegen
ihr	schwiegt
sie/Sie	schwiegen

PRESENT PARTICIPLE
schweigend

PAST PARTICIPLE
geschwiegen

EXAMPLE PHRASES

Seit gestern **schweigen** die Waffen. Yesterday the guns fell silent.

Er meint, er **schweige** lieber darüber. He thinks he'd rather say nothing about it.

Sie **hat geschwiegen** wie ein Grab. She has kept completely quiet.

Plötzlich **schwieg** er. Suddenly he went silent.

---

ich = I **du** = you **er** = he/it **sie** = she/it **es** = it/he/she **wir** = we **ihr** = you **sie** = they **Sie** = you (*polite*)

schweigen

FUTURE

ich	**werde schweigen**
du	**wirst schweigen**
er/sie/es	**wird schweigen**
wir	**werden schweigen**
ihr	**werdet schweigen**
sie/Sie	**werden schweigen**

CONDITIONAL

ich	**würde schweigen**
du	**würdest schweigen**
er/sie/es	**würde schweigen**
wir	**würden schweigen**
ihr	**würdet schweigen**
sie/Sie	**würden schweigen**

PLUPERFECT

ich	**hatte geschwiegen**
du	**hattest geschwiegen**
er/sie/es	**hatte geschwiegen**
wir	**hatten geschwiegen**
ihr	**hattet geschwiegen**
sie/Sie	**hatten geschwiegen**

PLUPERFECT SUBJUNCTIVE

ich	**hätte geschwiegen**
du	**hättest geschwiegen**
er/sie/es	**hätte geschwiegen**
wir	**hätten geschwiegen**
ihr	**hättet geschwiegen**
sie/Sie	**hätten geschwiegen**

IMPERATIVE

schweig(e)!/schweigen wir!/schweigt!/schweigen Sie!

EXAMPLE PHRASES

Wir **werden** nicht länger **schweigen**. We won't keep quiet anymore.

Würdest du **schweigen**, wenn ich dich darum bitte? Would you keep quiet if I asked you to?

Er **hatte** zu lange **geschwiegen**. He had remained silent for too long.

Wenn die Sache nicht so wichtig gewesen wäre, **hätte** ich **geschwiegen**.
   I would have kept quiet if the matter hadn't been so important.

---

ich = I **du** = you **er** = he/it **sie** = she/it **es** = it/he/she **wir** = we **ihr** = you **sie** = they **Sie** = you (polite)

schwimmen (to swim)

strong, *formed with* **sein**

PRESENT

ich	**schwimme**
du	**schwimmst**
er/sie/es	**schwimmt**
wir	**schwimmen**
ihr	**schwimmt**
sie/Sie	**schwimmen**

PRESENT SUBJUNCTIVE

ich	**schwimme**
du	**schwimmest**
er/sie/es	**schwimme**
wir	**schwimmen**
ihr	**schwimmet**
sie/Sie	**schwimmen**

PERFECT

ich	**bin geschwommen**
du	**bist geschwommen**
er/sie/es	**ist geschwommen**
wir	**sind geschwommen**
ihr	**seid geschwommen**
sie/Sie	**sind geschwommen**

IMPERFECT

ich	**schwamm**
du	**schwammst**
er/sie/es	**schwamm**
wir	**schwammen**
ihr	**schwammt**
sie/Sie	**schwammen**

PRESENT PARTICIPLE
schwimmend

PAST PARTICIPLE
geschwommen

EXAMPLE PHRASES

Sie **schwimmt gern** im Meer. She likes swimming in the sea.

Er meint, sie **schwimme** im Geld. He thinks she's rolling in money.

Er **ist** über den Fluss **geschwommen**. He swam across the river.

Wir **schwammen** in der Nordsee. We were swimming in the North Sea.

---

schwimmen

FUTURE

ich	**werde schwimmen**
du	**wirst schwimmen**
er/sie/es	**wird schwimmen**
wir	**werden schwimmen**
ihr	**werdet schwimmen**
sie/Sie	**werden schwimmen**

CONDITIONAL

ich	**würde schwimmen**
du	**würdest schwimmen**
er/sie/es	**würde schwimmen**
wir	**würden schwimmen**
ihr	**würdet schwimmen**
sie/Sie	**würden schwimmen**

PLUPERFECT

ich	**war geschwommen**
du	**warst geschwommen**
er/sie/es	**war geschwommen**
wir	**waren geschwommen**
ihr	**wart geschwommen**
sie/Sie	**waren geschwommen**

PLUPERFECT SUBJUNCTIVE

ich	**wäre geschwommen**
du	**wär(e)st geschwommen**
er/sie/es	**wäre geschwommen**
wir	**wären geschwommen**
ihr	**wär(e)t geschwommen**
sie/Sie	**wären geschwommen**

IMPERATIVE
schwimm(e)!/schwimmen wir!/schwimmt!/schwimmen Sie!

EXAMPLE PHRASES

Wenn sie das hört, **wird** sie in Tränen **schwimmen**. When she hears this,
   she will be in floods of tears.
Ich **würde** gern öfter **schwimmen**. I'd like to swim more often.
Er **war** einen neuen Rekord **geschwommen**. He had swum a new record time.
Wir **wären geschwommen**, wenn das Wasser nicht so kalt gewesen wäre. We
   would have swum if the water hadn't been so cold.

---

ich = I **du** = you **er** = he/it **sie** = she/it **es** = it/he/she **wir** = we **ihr** = you **sie** = they **Sie** = you (polite)

sehen (to see)

strong, *formed with* **haben**

PRESENT

ich	**sehe**
du	**siehst**
er/sie/es	**sieht**
wir	**sehen**
ihr	**seht**
sie/Sie	**sehen**

PRESENT SUBJUNCTIVE

ich	**sehe**
du	**sehest**
er/sie/es	**sehe**
wir	**sehen**
ihr	**sehet**
sie/Sie	**sehen**

PERFECT

ich	**habe gesehen**
du	**hast gesehen**
er/sie/es	**hat gesehen**
wir	**haben gesehen**
ihr	**habt gesehen**
sie/Sie	**haben gesehen**

IMPERFECT

ich	**sah**
du	**sahst**
er/sie/es	**sah**
wir	**sahen**
ihr	**saht**
sie/Sie	**sahen**

PRESENT PARTICIPLE

sehend

PAST PARTICIPLE

gesehen

EXAMPLE PHRASES

Mein Vater **sieht** schlecht. My father has bad eyesight.

Er sagt, er **sehe** das ganz anders. He says he sees this quite differently.

Ich **habe** diesen Film noch nicht **gesehen**. I haven't seen this film yet.

Er **sah** auf die Uhr. He looked at his watch.

ich = I **du** = you **er** = he/it **sie** = she/it **es** = it/he/she **wir** = we **ihr** = you **sie** = they **Sie** = you (*polite*)

sehen

FUTURE

ich	**werde sehen**
du	**wirst sehen**
er/sie/es	**wird sehen**
wir	**werden sehen**
ihr	**werdet sehen**
sie/Sie	**werden sehen**

CONDITIONAL

ich	**würde sehen**
du	**würdest sehen**
er/sie/es	**würde sehen**
wir	**würden sehen**
ihr	**würdet sehen**
sie/Sie	**würden sehen**

PLUPERFECT

ich	**hatte gesehen**
du	**hattest gesehen**
er/sie/es	**hatte gesehen**
wir	**hatten gesehen**
ihr	**hattet gesehen**
sie/Sie	**hatten gesehen**

PLUPERFECT SUBJUNCTIVE

ich	**hätte gesehen**
du	**hättest gesehen**
er/sie/es	**hätte gesehen**
wir	**hätten gesehen**
ihr	**hättet gesehen**
sie/Sie	**hätten gesehen**

IMPERATIVE

sieh(e)!/sehen wir!/seht!/sehen Sie!

EXAMPLE PHRASES

Wir **werden sehen**, wie sich die Dinge entwickeln. We'll see how things develop.

Das **würde** ich ganz anders **sehen**. That's not how I would see it.

Wir **hatten** ihn seit zwei Jahren nicht mehr **gesehen**. We hadn't seen him for two years.

Ich **hätte** es lieber **gesehen**, wenn du dich entschuldigt hättest. I would have preferred it if you had apologized.

ich = I **du** = you **er** = he/it **sie** = she/it **es** = it/he/she **wir** = we **ihr** = you **sie** = they **Sie** = you (polite)

sein (to be)

strong, *formed with* sein

PRESENT

ich	**bin**
du	**bist**
er/sie/es	**ist**
wir	**sind**
ihr	**seid**
sie/Sie	**sind**

PRESENT SUBJUNCTIVE

ich	**sei**
du	**sei(e)st**
er/sie/es	**sei**
wir	**seien**
ihr	**seiet**
sie/Sie	**seien**

PERFECT

ich	**bin gewesen**
du	**bist gewesen**
er/sie/es	**ist gewesen**
wir	**sind gewesen**
ihr	**seid gewesen**
sie/Sie	**sind gewesen**

IMPERFECT

ich	**war**
du	**warst**
er/sie/es	**war**
wir	**waren**
ihr	**wart**
sie/Sie	**waren**

PRESENT PARTICIPLE

seiend

PAST PARTICIPLE

gewesen

EXAMPLE PHRASES

Er **ist** zehn Jahre. He's ten years old.

Sie sagte, sie **sei** müde. She said she was tired.

Ich **bin** seit einem Jahr nicht mehr dort **gewesen**. I haven't been there for
a year.

Wir **waren** gestern im Theater. We were at the theatre yesterday.

ich = I **du** = you **er** = he/it **sie** = she/it **es** = it/he/she **wir** = we **ihr** = you **sie** = they **Sie** = you (*polite*)

sein

FUTURE

ich	**werde sein**
du	**wirst sein**
er/sie/es	**wird sein**
wir	**werden sein**
ihr	**werdet sein**
sie/Sie	**werden sein**

CONDITIONAL

ich	**würde sein**
du	**würdest sein**
er/sie/es	**würde sein**
wir	**würden sein**
ihr	**würdet sein**
sie/Sie	**würden sein**

PLUPERFECT

ich	**war gewesen**
du	**warst gewesen**
er/sie/es	**war gewesen**
wir	**waren gewesen**
ihr	**wart gewesen**
sie/Sie	**waren gewesen**

PLUPERFECT SUBJUNCTIVE

ich	**wäre gewesen**
du	**wär(e)st gewesen**
er/sie/es	**wäre gewesen**
wir	**wären gewesen**
ihr	**wär(e)t gewesen**
sie/Sie	**wären gewesen**

IMPERATIVE
sei!/seien wir!/seid!/seien Sie!

EXAMPLE PHRASES

Morgen **werde** ich in Berlin **sein**. I'll be in Berlin tomorrow.

Ich **würde** gern so **sein** wie du. I would like to be like you.

Sie **war** uns eine gute Mutter **gewesen**. She had been a good mother to us.

Wenn du nicht **gewesen wär(e)st**, wäre ich jetzt tot. If it hadn't been for you I would be dead now.

ich = I **du** = you **er** = he/it **sie** = she/it **es** = it/he/she **wir** = we **ihr** = you **sie** = they **Sie** = you (*polite*)

senden* (to send)

mixed, *formed with* **haben**

PRESENT

ich	**sende**
du	**sendest**
er/sie/es	**sendet**
wir	**senden**
ihr	**sendet**
sie/Sie	**senden**

PRESENT SUBJUNCTIVE

ich	**sende**
du	**sendest**
er/sie/es	**sende**
wir	**senden**
ihr	**sendet**
sie/Sie	**senden**

PERFECT

ich	**habe gesandt**
du	**hast gesandt**
er/sie/es	**hat gesandt**
wir	**haben gesandt**
ihr	**habt gesandt**
sie/Sie	**haben gesandt**

IMPERFECT

ich	**sandte**
du	**sandtest**
er/sie/es	**sandte**
wir	**sandten**
ihr	**sandtet**
sie/Sie	**sandten**

PRESENT PARTICIPLE

sendend

PAST PARTICIPLE

gesandt

*Weak when means to broadcast.

EXAMPLE PHRASES

Sie **sendet** viele Grüße. She sends best regards.

Er sagt, er **sende** seine besten Wünsche. He says he sends best wishes.

Sie **haben** mir den neuesten Katalog **gesandt**. They sent me their latest catalogue.

Er **sandte** nach mir. He sent for me.

senden

FUTURE

ich	**werde senden**
du	**wirst senden**
er/sie/es	**wird senden**
wir	**werden senden**
ihr	**werdet senden**
sie/Sie	**werden senden**

CONDITIONAL

ich	**würde senden**
du	**würdest senden**
er/sie/es	**würde senden**
wir	**würden senden**
ihr	**würdet senden**
sie/Sie	**würden senden**

PLUPERFECT

ich	**hatte gesandt**
du	**hattest gesandt**
er/sie/es	**hatte gesandt**
wir	**hatten gesandt**
ihr	**hattet gesandt**
sie/Sie	**hatten gesandt**

PLUPERFECT SUBJUNCTIVE

ich	**hätte gesandt**
du	**hättest gesandt**
er/sie/es	**hätte gesandt**
wir	**hätten gesandt**
ihr	**hättet gesandt**
sie/Sie	**hätten gesandt**

IMPERATIVE

send(e)!/senden wir!/sendet!/senden Sie!

EXAMPLE PHRASES

Ich **werde** ihr einen Brief **senden**. I'll send her a letter.

Ich **würde** den Brief lieber als Einschreiben **senden**. I would prefer to send the letter recorded delivery.

Er **hatte** das Paket per Kurier **gesandt**. He had sent the parcel by courier.

Sie **hätte** dir besser ein Foto von ihr **gesandt**. It would have been better if she had sent you a photograph of her.

ich = I **du** = you **er** = he/it **sie** = she/it **es** = it/he/she **wir** = we **ihr** = you **sie** = they **Sie** = you (polite)

singen (to sing)

strong, *formed with* **haben**

PRESENT

ich	**singe**
du	**singst**
er/sie/es	**singt**
wir	**singen**
ihr	**singt**
sie/Sie	**singen**

PRESENT SUBJUNCTIVE

ich	**singe**
du	**singest**
er/sie/es	**singe**
wir	**singen**
ihr	**singet**
sie/Sie	**singen**

PERFECT

ich	**habe gesungen**
du	**hast gesungen**
er/sie/es	**hat gesungen**
wir	**haben gesungen**
ihr	**habt gesungen**
sie/Sie	**haben gesungen**

IMPERFECT

ich	**sang**
du	**sangst**
er/sie/es	**sang**
wir	**sangen**
ihr	**sangt**
sie/Sie	**sangen**

PRESENT PARTICIPLE

singend

PAST PARTICIPLE

gesungen

EXAMPLE PHRASES

Er **singt** nicht gut. He's a bad singer.

Sie meint, er **singe** nicht gut. She thinks he's a bad singer.

Ich **habe** dieses Lied früher oft **gesungen**. I used to sing this song a lot.

Sie **sang** das Kind in den Schlaf. She sang the child to sleep.

ich = I **du** = you **er** = he/it **sie** = she/it **es** = it/he/she **wir** = we **ihr** = you **sie** = they **Sie** = you (*polite*)

singen

FUTURE

ich	**werde singen**
du	**wirst singen**
er/sie/es	**wird singen**
wir	**werden singen**
ihr	**werdet singen**
sie/Sie	**werden singen**

CONDITIONAL

ich	**würde singen**
du	**würdest singen**
er/sie/es	**würde singen**
wir	**würden singen**
ihr	**würdet singen**
sie/Sie	**würden singen**

PLUPERFECT

ich	**hatte gesungen**
du	**hattest gesungen**
er/sie/es	**hatte gesungen**
wir	**hatten gesungen**
ihr	**hattet gesungen**
sie/Sie	**hatten gesungen**

PLUPERFECT SUBJUNCTIVE

ich	**hätte gesungen**
du	**hättest gesungen**
er/sie/es	**hätte gesungen**
wir	**hätten gesungen**
ihr	**hättet gesungen**
sie/Sie	**hätten gesungen**

IMPERATIVE

sing(e)!/singen wir!/singt!/singen Sie!

EXAMPLE PHRASES

Wir **werden** jetzt die Nationalhymne **singen**. We will sing the national anthem now.

Ich **würde** jetzt gern ein Lied **singen**. I'd like to sing a song now.

Sie **hatte** das Kind in den Schlaf **gesungen**. She had sung the child to sleep.

Er **hätte** dieses Lied so gern **gesungen**. He would have loved to sing this song.

ich = I **du** = you **er** = he/it **sie** = she/it **es** = it/he/she **wir** = we **ihr** = you **sie** = they **Sie** = you (polite)

sinken (to sink)

strong, *formed with* **sein**

PRESENT

ich	**sinke**
du	**sinkst**
er/sie/es	**sinkt**
wir	**sinken**
ihr	**sinkt**
sie/Sie	**sinken**

PRESENT SUBJUNCTIVE

ich	**sinke**
du	**sinkest**
er/sie/es	**sinke**
wir	**sinken**
ihr	**sinket**
sie/Sie	**sinken**

PERFECT

ich	**bin gesunken**
du	**bist gesunken**
er/sie/es	**ist gesunken**
wir	**sind gesunken**
ihr	**seid gesunken**
sie/Sie	**sind gesunken**

IMPERFECT

ich	**sank**
du	**sankst**
er/sie/es	**sank**
wir	**sanken**
ihr	**sankt**
sie/Sie	**sanken**

PRESENT PARTICIPLE

sinkend

PAST PARTICIPLE

gesunken

EXAMPLE PHRASES

Die Preise für Handys **sinken**. Prices of mobile phones are falling.

Sie sagt, sie **sinke** gleich in Ohnmacht. She says she's about to faint.

Wann **ist** die Titanic **gesunken**? When did the Titanic sink?

Er **sank** zu Boden. He sank to the ground.

ich = I **du** = you **er** = he/it **sie** = she/it **es** = it/he/she **wir** = we **ihr** = you **sie** = they **Sie** = you (*polite*)

sinken

FUTURE

ich	**werde sinken**
du	**wirst sinken**
er/sie/es	**wird sinken**
wir	**werden sinken**
ihr	**werdet sinken**
sie/Sie	**werden sinken**

CONDITIONAL

ich	**würde sinken**
du	**würdest sinken**
er/sie/es	**würde sinken**
wir	**würden sinken**
ihr	**würdet sinken**
sie/Sie	**würden sinken**

PLUPERFECT

ich	**war gesunken**
du	**warst gesunken**
er/sie/es	**war gesunken**
wir	**waren gesunken**
ihr	**wart gesunken**
sie/Sie	**waren gesunken**

PLUPERFECT SUBJUNCTIVE

ich	**wäre gesunken**
du	**wär(e)st gesunken**
er/sie/es	**wäre gesunken**
wir	**wären gesunken**
ihr	**wär(e)t gesunken**
sie/Sie	**wären gesunken**

IMPERATIVE
sink(e)!/sinken wir!/sinkt!/sinken Sie!

EXAMPLE PHRASES

Preise und Löhne **werden** deutlich **sinken**. Prices and wages will go down considerably.

Man dachte, dieses Schiff **würde** niemals **sinken**. It was thought this ship would never sink.

Sie **war** in meiner Achtung **gesunken**. She had gone down in my estimation.

Mir **wäre** die Hoffnung **gesunken**. I would have lost courage.

ich = I **du** = you **er** = he/it **sie** = she/it **es** = it/he/she **wir** = we **ihr** = you **sie** = they **Sie** = you (polite)

sitzen (to sit)

strong, *formed with* **haben**

PRESENT

ich	**sitze**
du	**sitzt**
er/sie/es	**sitzt**
wir	**sitzen**
ihr	**sitzt**
sie/Sie	**sitzen**

PRESENT SUBJUNCTIVE

ich	**sitze**
du	**sitzest**
er/sie/es	**sitze**
wir	**sitzen**
ihr	**sitzet**
sie/Sie	**sitzen**

PERFECT

ich	**habe gesessen**
du	**hast gesessen**
er/sie/es	**hat gesessen**
wir	**haben gesessen**
ihr	**habt gesessen**
sie/Sie	**haben gesessen**

IMPERFECT

ich	**saß**
du	**saßest**
er/sie/es	**saß**
wir	**saßen**
ihr	**saßt**
sie/Sie	**saßen**

PRESENT PARTICIPLE

sitzend

PAST PARTICIPLE

gesessen

EXAMPLE PHRASES

Deine Krawatte **sitzt** nicht richtig. Your tie isn't straight.

Sie sagt, sie **sitze** schon seit Stunden hier. She says she's been sitting here for hours.

Ich **habe** zwei Jahre über dieser Arbeit **gesessen**. I've spent two years on this piece of work.

Er **saß** auf meinem Stuhl. He was sitting on my chair.

ich = I **du** = you **er** = he/it **sie** = she/it **es** = it/he/she **wir** = we **ihr** = you **sie** = they **Sie** = you (*polite*)

sitzen

FUTURE

ich	**werde sitzen**
du	**wirst sitzen**
er/sie/es	**wird sitzen**
wir	**werden sitzen**
ihr	**werdet sitzen**
sie/Sie	**werden sitzen**

CONDITIONAL

ich	**würde sitzen**
du	**würdest sitzen**
er/sie/es	**würde sitzen**
wir	**würden sitzen**
ihr	**würdet sitzen**
sie/Sie	**würden sitzen**

PLUPERFECT

ich	**hatte gesessen**
du	**hattest gesessen**
er/sie/es	**hatte gesessen**
wir	**hatten gesessen**
ihr	**hattet gesessen**
sie/Sie	**hatten gesessen**

PLUPERFECT SUBJUNCTIVE

ich	**hätte gesessen**
du	**hättest gesessen**
er/sie/es	**hätte gesessen**
wir	**hätten gesessen**
ihr	**hättet gesessen**
sie/Sie	**hätten gesessen**

IMPERATIVE

sitz(e)!/sitzen wir!/sitzt!/sitzen Sie!

EXAMPLE PHRASES

Wo **wird** der Präsident **sitzen**? Where will the president be sitting?

Wir **würden** gern in der ersten Reihe **sitzen**. We'd like to sit in the front row.

Wir **hatten** dort sehr bequem **gesessen**. We had been sitting very comfortably there.

Sie **hätten** lieber draußen **gesessen**. They would have preferred to sit outside.

---

ich = I **du** = you **er** = he/it **sie** = she/it **es** = it/he/she **wir** = we **ihr** = you **sie** = they **Sie** = you (*polite*)

sollen (to be supposed to)

modal, *formed with* **haben**

PRESENT

ich	**soll**
du	**sollst**
er/sie/es	**soll**
wir	**sollen**
ihr	**sollt**
sie/Sie	**sollen**

PRESENT SUBJUNCTIVE

ich	**solle**
du	**sollest**
er/sie/es	**solle**
wir	**sollen**
ihr	**sollet**
sie/Sie	**sollen**

PERFECT

ich	**habe gesollt/sollen**
du	**hast gesollt/sollen**
er/sie/es	**hat gesollt/sollen**
wir	**haben gesollt/sollen**
ihr	**habt gesollt/sollen**
sie/Sie	**haben gesollt/sollen**

IMPERFECT

ich	**sollte**
du	**solltest**
er/sie/es	**sollte**
wir	**sollten**
ihr	**solltet**
sie/Sie	**sollten**

PRESENT PARTICIPLE
sollend

PAST PARTICIPLE
gesollt/sollen*

This form is used when combined with another infinitive.

EXAMPLE PHRASES

Ich **soll** um 5 Uhr dort sein. I'm supposed to be there at 5 o'clock.

Er sagt, ich **solle** ihm nicht böse sein. He says I shouldn't be cross with him.

Das **hast** du nicht **gesollt**. You were'nt supposed to do that.

Ich **sollte** draußen bleiben. I was supposed to stay outside.

ich = I **du** = you **er** = he/it **sie** = she/it **es** = it/he/she **wir** = we **ihr** = you **sie** = they **Sie** = you (*polite*)

sollen

FUTURE

ich	**werde sollen**
du	**wirst sollen**
er/sie/es	**wird sollen**
wir	**werden sollen**
ihr	**werdet sollen**
sie/Sie	**werden sollen**

CONDITIONAL

ich	**würde sollen**
du	**würdest sollen**
er/sie/es	**würde sollen**
wir	**würden sollen**
ihr	**würdet sollen**
sie/Sie	**würden sollen**

PLUPERFECT

ich	**hatte gesollt/sollen**
du	**hattest gesollt/sollen**
er/sie/es	**hatte gesollt/sollen**
wir	**hatten gesollt/sollen**
ihr	**hattet gesollt/sollen**
sie/Sie	**hatten gesollt/sollen**

PLUPERFECT SUBJUNCTIVE

ich	**hätte gesollt/sollen**
du	**hättest gesollt/sollen**
er/sie/es	**hätte gesollt/sollen**
wir	**hätten gesollt/sollen**
ihr	**hättet gesollt/sollen**
sie/Sie	**hätten gesollt/sollen**

EXAMPLE PHRASES

Das Gebäude **hatte** ein Museum werden **sollen**. The building had been meant to become a museum

Das **hättest** du nicht tun **sollen**. You shouldn't have done that.

---

ich = I **du** = you **er** = he/it **sie** = she/it **es** = it/he/she **wir** = we **ihr** = you **sie** = they **Sie** = you (*polite*)

sprechen (to speak)

strong, *formed with* **haben**

PRESENT

ich	**spreche**
du	**sprichst**
er/sie/es	**spricht**
wir	**sprechen**
ihr	**sprecht**
sie/Sie	**sprechen**

PRESENT SUBJUNCTIVE

ich	**spreche**
du	**sprechest**
er/sie/es	**spreche**
wir	**sprechen**
ihr	**sprechet**
sie/Sie	**sprechen**

PERFECT

ich	**habe gesprochen**
du	**hast gesprochen**
er/sie/es	**hat gesprochen**
wir	**haben gesprochen**
ihr	**habt gesprochen**
sie/Sie	**haben gesprochen**

IMPERFECT

ich	**sprach**
du	**sprachst**
er/sie/es	**sprach**
wir	**sprachen**
ihr	**spracht**
sie/Sie	**sprachen**

PRESENT PARTICIPLE

sprechend

PAST PARTICIPLE

gesprochen

EXAMPLE PHRASES

Er **spricht** kein Italienisch. He doesn't speak Italian.

Sie sagt, sie **spreche** aus Erfahrung. She says she's speaking from experience.

Hast du mit ihr **gesprochen**? Have you spoken to her?

Er **sprach** nur gebrochen Deutsch. He only spoke broken German.

ich = I **du** = you **er** = he/it **sie** = she/it **es** = it/he/she **wir** = we **ihr** = you **sie** = they **Sie** = you (*polite*)

sprechen

FUTURE

ich	**werde sprechen**
du	**wirst sprechen**
er/sie/es	**wird sprechen**
wir	**werden sprechen**
ihr	**werdet sprechen**
sie/Sie	**werden sprechen**

CONDITIONAL

ich	**würde sprechen**
du	**würdest sprechen**
er/sie/es	**würde sprechen**
wir	**würden sprechen**
ihr	**würdet sprechen**
sie/Sie	**würden sprechen**

PLUPERFECT

ich	**hatte gesprochen**
du	**hattest gesprochen**
er/sie/es	**hatte gesprochen**
wir	**hatten gesprochen**
ihr	**hattet gesprochen**
sie/Sie	**hatten gesprochen**

PLUPERFECT SUBJUNCTIVE

ich	**hätte gesprochen**
du	**hättest gesprochen**
er/sie/es	**hätte gesprochen**
wir	**hätten gesprochen**
ihr	**hättet gesprochen**
sie/Sie	**hätten gesprochen**

IMPERATIVE

sprich!/sprechen wir!/sprecht!/sprechen Sie!

EXAMPLE PHRASES

Ich **werde** mit ihm darüber **sprechen**. I'll speak to him about it.

Ich **würde** dich gern privat **sprechen**. I would like to speak to you privately.

Er **hatte** davon **gesprochen**, einen Computer zu kaufen. He had been talking about buying a computer.

Ich **hätte** gern länger mit Ihnen darüber **gesprochen**. I would have liked to have spoken to you about it for longer.

ich = I **du** = you **er** = he/it **sie** = she/it **es** = it/he/she **wir** = we **ihr** = you **sie** = they **Sie** = you (polite)

springen (to jump)

strong, *formed with* **sein**

PRESENT

ich	**springe**
du	**springst**
er/sie/es	**springt**
wir	**springen**
ihr	**springt**
sie/Sie	**springen**

PRESENT SUBJUNCTIVE

ich	**springe**
du	**springest**
er/sie/es	**springe**
wir	**springen**
ihr	**springet**
sie/Sie	**springen**

PERFECT

ich	**bin gesprungen**
du	**bist gesprungen**
er/sie/es	**ist gesprungen**
wir	**sind gesprungen**
ihr	**seid gesprungen**
sie/Sie	**sind gesprungen**

IMPERFECT

ich	**sprang**
du	**sprangst**
er/sie/es	**sprang**
wir	**sprangen**
ihr	**sprangt**
sie/Sie	**sprangen**

PRESENT PARTICIPLE

springend

PAST PARTICIPLE

gesprungen

EXAMPLE PHRASES

Die Katze **springt** auf den Tisch. The cat jumps on the table.

Sie sagt, sie **springe** gern vom Sprungbrett. She says she likes jumping from the springboard.

Der Zug **ist** aus dem Gleis **gesprungen**. The train came off the rails.

Er **sprang** über den Zaun. He jumped over the fence.

ich = I **du** = you **er** = he/it **sie** = she/it **es** = it/he/she **wir** = we **ihr** = you **sie** = they **Sie** = you (*polite*)

springen

FUTURE

ich	**werde springen**
du	**wirst springen**
er/sie/es	**wird springen**
wir	**werden springen**
ihr	**werdet springen**
sie/Sie	**werden springen**

CONDITIONAL

ich	**würde springen**
du	**würdest springen**
er/sie/es	**würde springen**
wir	**würden springen**
ihr	**würdet springen**
sie/Sie	**würden springen**

PLUPERFECT

ich	**war gesprungen**
du	**warst gesprungen**
er/sie/es	**war gesprungen**
wir	**waren gesprungen**
ihr	**wart gesprungen**
sie/Sie	**waren gesprungen**

PLUPERFECT SUBJUNCTIVE

ich	**wäre gesprungen**
du	**wär(e)st gesprungen**
er/sie/es	**wäre gesprungen**
wir	**wären gesprungen**
ihr	**wär(e)t gesprungen**
sie/Sie	**wären gesprungen**

IMPERATIVE

spring(e)!/springen wir!/springt!/springen Sie!

EXAMPLE PHRASES

Er **wird** bestimmt einen neuen Rekord **springen**. He's sure to make a record jump.

Ich **würde** ihm am liebsten an die Kehle **springen**. I could strangle him.

Er **war** zwei Meter hoch **gesprungen**. He had jumped two metres high.

Ich **wäre** nicht vom fahrenden Zug **gesprungen**. I wouldn't have jumped off the moving train.

ich = I **du** = you **er** = he/it **sie** = she/it **es** = it/he/she **wir** = we **ihr** = you **sie** = they **Sie** = you (*polite*)

stechen (to sting; to prick)

strong, *formed with* **haben**

PRESENT

ich	**steche**
du	**stichst**
er/sie/es	**sticht**
wir	**stechen**
ihr	**stecht**
sie/Sie	**stechen**

PRESENT SUBJUNCTIVE

ich	**steche**
du	**stechest**
er/sie/es	**steche**
wir	**stechen**
ihr	**stechet**
sie/Sie	**stechen**

PERFECT

ich	**habe gestochen**
du	**hast gestochen**
er/sie/es	**hat gestochen**
wir	**haben gestochen**
ihr	**habt gestochen**
sie/Sie	**haben gestochen**

IMPERFECT

ich	**stach**
du	**stachst**
er/sie/es	**stach**
wir	**stachen**
ihr	**stacht**
sie/Sie	**stachen**

PRESENT PARTICIPLE

stechend

PAST PARTICIPLE

gestochen

EXAMPLE PHRASES

Libellen **stechen** nicht. Dragonflies don't sting.

Er sagt, es **steche** ihm im Rücken. He says he has a sharp pain in his back.

Eine Mücke **hat** mich **gestochen**. A midge bit me.

Die Sonne **stach** uns in die Augen. The sun hurt our eyes.

---

ich = I **du** = you **er** = he/it **sie** = she/it **es** = it/he/she **wir** = we **ihr** = you **sie** = they **Sie** = you (*polite*)

stechen

FUTURE

ich	**werde stechen**
du	**wirst stechen**
er/sie/es	**wird stechen**
wir	**werden stechen**
ihr	**werdet stechen**
sie/Sie	**werden stechen**

CONDITIONAL

ich	**würde stechen**
du	**würdest stechen**
er/sie/es	**würde stechen**
wir	**würden stechen**
ihr	**würdet stechen**
sie/Sie	**würden stechen**

PLUPERFECT

ich	**hatte gestochen**
du	**hattest gestochen**
er/sie/es	**hatte gestochen**
wir	**hatten gestochen**
ihr	**hattet gestochen**
sie/Sie	**hatten gestochen**

PLUPERFECT SUBJUNCTIVE

ich	**hätte gestochen**
du	**hättest gestochen**
er/sie/es	**hätte gestochen**
wir	**hätten gestochen**
ihr	**hättet gestochen**
sie/Sie	**hätten gestochen**

IMPERATIVE
stich!/stechen wir!/stecht!/stechen Sie!

EXAMPLE PHRASES

Morgen **werden** wir in See **stechen**. We'll put to sea tomorrow.

Die Wespe **würde** dich nur **stechen**, wenn sie Angst hätte. The wasp would only sting you if it was scared.

Der Geruch **hatte** mir in die Nase **gestochen**. The smell had made my nose sting.

Fast **hätte** eine Biene sie **gestochen**. A bee had almost stung her.

---

ich = I **du** = you **er** = he/it **sie** = she/it **es** = it/he/she **wir** = we **ihr** = you **sie** = they **Sie** = you (*polite*)

stehen (to stand)

strong, *formed with* **haben**

PRESENT

ich	**stehe**
du	**stehst**
er/sie/es	**steht**
wir	**stehen**
ihr	**steht**
sie/Sie	**stehen**

PRESENT SUBJUNCTIVE

ich	**stehe**
du	**stehest**
er/sie/es	**stehe**
wir	**stehen**
ihr	**stehet**
sie/Sie	**stehen**

PERFECT

ich	**habe gestanden**
du	**hast gestanden**
er/sie/es	**hat gestanden**
wir	**haben gestanden**
ihr	**habt gestanden**
sie/Sie	**haben gestanden**

IMPERFECT

ich	**stand**
du	**stand(e)st**
er/sie/es	**stand**
wir	**standen**
ihr	**standet**
sie/Sie	**standen**

PRESENT PARTICIPLE

stehend

PAST PARTICIPLE

gestanden

EXAMPLE PHRASES

Die Vase **steht** auf dem Tisch. The vase is on the table.

Er sagt, das Buch **stehe** auf der Leseliste. He says the book is on the reading list.

Es **hat** in der Zeitung **gestanden**. It was in the newspaper.

Wir **standen** an der Bushaltestelle. We stood at the bus stop.

ich = I **du** = you **er** = he/it **sie** = she/it **es** = it/he/she **wir** = we **ihr** = you **sie** = they **Sie** = you (*polite*)

stehen

FUTURE

ich	**werde stehen**
du	**wirst stehen**
er/sie/es	**wird stehen**
wir	**werden stehen**
ihr	**werdet stehen**
sie/Sie	**werden stehen**

CONDITIONAL

ich	**würde stehen**
du	**würdest stehen**
er/sie/es	**würde stehen**
wir	**würden stehen**
ihr	**würdet stehen**
sie/Sie	**würden stehen**

PLUPERFECT

ich	**hatte gestanden**
du	**hattest gestanden**
er/sie/es	**hatte gestanden**
wir	**hatten gestanden**
ihr	**hattet gestanden**
sie/Sie	**hatten gestanden**

PLUPERFECT SUBJUNCTIVE

ich	**hätte gestanden**
du	**hättest gestanden**
er/sie/es	**hätte gestanden**
wir	**hätten gestanden**
ihr	**hättet gestanden**
sie/Sie	**hätten gestanden**

IMPERATIVE

steh(e)!/stehen wir!/steht!/stehen Sie!

EXAMPLE PHRASES

Das neue Modell **wird** bald zur Verfügung **stehen**. The new model will be
available soon.

Dieses Kleid **würde** dir gut **stehen**. This dress would suit you.

Ich **hatte** lange im Regen **gestanden**. I had been standing in the rain for a
long time.

Diese Farbe **hätte** mir gar nicht **gestanden**. This colour wouldn't have suited
me at all.

ich = I **du** = you **er** = he/it **sie** = she/it **es** = it/he/she **wir** = we **ihr** = you **sie** = they **Sie** = you (polite)

stehlen (to steal)

strong, *formed with* **haben**

PRESENT

ich	**stehle**
du	**stiehlst**
er/sie/es	**stiehlt**
wir	**stehlen**
ihr	**stehlt**
sie/Sie	**stehlen**

PRESENT SUBJUNCTIVE

ich	**stehle**
du	**stehlest**
er/sie/es	**stehle**
wir	**stehlen**
ihr	**stehlet**
sie/Sie	**stehlen**

PERFECT

ich	**habe gestohlen**
du	**hast gestohlen**
er/sie/es	**hat gestohlen**
wir	**haben gestohlen**
ihr	**habt gestohlen**
sie/Sie	**haben gestohlen**

IMPERFECT

ich	**stahl**
du	**stahlst**
er/sie/es	**stahl**
wir	**stahlen**
ihr	**stahlt**
sie/Sie	**stahlen**

PRESENT PARTICIPLE
stehlend

PAST PARTICIPLE
gestohlen

EXAMPLE PHRASES

Du **stiehlst** uns doch nur die Zeit. You're just wasting our time.

Er sagt, er **stehle** nicht gern von Freunden. He says he doesn't like stealing from friends.

Er **hat** das ganze Geld **gestohlen**. He stole all the money.

Er **stahl** sich aus dem Haus. He stole out of the house.

ich = I   **du** = you   **er** = he/it   **sie** = she/it   **es** = it/he/she   **wir** = we   **ihr** = you   **sie** = they   **Sie** = you (*polite*)

stehlen

FUTURE
ich **werde stehlen**
du **wirst stehlen**
er/sie/es **wird stehlen**
wir **werden stehlen**
ihr **werdet stehlen**
sie/Sie **werden stehlen**

CONDITIONAL
ich **würde stehlen**
du **würdest stehlen**
er/sie/es **würde stehlen**
wir **würden stehlen**
ihr **würdet stehlen**
sie/Sie **würden stehlen**

PLUPERFECT
ich **hatte gestohlen**
du **hattest gestohlen**
er/sie/es **hatte gestohlen**
wir **hatten gestohlen**
ihr **hattet gestohlen**
sie/Sie **hatten gestohlen**

PLUPERFECT SUBJUNCTIVE
ich **hätte gestohlen**
du **hättest gestohlen**
er/sie/es **hätte gestohlen**
wir **hätten gestohlen**
ihr **hättet gestohlen**
sie/Sie **hätten gestohlen**

IMPERATIVE
stiehl!/stehlen wir!/stehlt!/stehlen Sie!

EXAMPLE PHRASES
Ich **werde** mich nicht aus der Verantwortung **stehlen**. I won't evade my responsibility.
Ich **würde** euch nichts **stehlen**. I wouldn't steal anything from you.
Die Einbrecher **hatten** ihren ganzen Schmuck **gestohlen**. The burglars had stolen all her jewellery.
Er **hätte** fast alle meine CDs **gestohlen**. He almost stole all my CDs.

ich = I **du** = you **er** = he/it **sie** = she/it **es** = it/he/she **wir** = we **ihr** = you **sie** = they **Sie** = you (polite)

steigen (to climb)

strong, *formed with* **sein**

PRESENT

ich	**steige**
du	**steigst**
er/sie/es	**steigt**
wir	**steigen**
ihr	**steigt**
sie/Sie	**steigen**

PRESENT SUBJUNCTIVE

ich	**steige**
du	**steigest**
er/sie/es	**steige**
wir	**steigen**
ihr	**steiget**
sie/Sie	**steigen**

PERFECT

ich	**bin gestiegen**
du	**bist gestiegen**
er/sie/es	**ist gestiegen**
wir	**sind gestiegen**
ihr	**seid gestiegen**
sie/Sie	**sind gestiegen**

IMPERFECT

ich	**stieg**
du	**stiegst**
er/sie/es	**stieg**
wir	**stiegen**
ihr	**stiegt**
sie/Sie	**stiegen**

PRESENT PARTICIPLE
steigend

PAST PARTICIPLE
gestiegen

EXAMPLE PHRASES

Die Passagiere **steigen** aus dem Flugzeug. The passengers are getting off the plane.

Sie sagt, ihr Gehalt **steige** jedes Jahr. She says her salary increases every year.

Sie **ist** auf die Leiter **gestiegen**. She climbed up the ladder.

Die Temperatur **stieg** auf 28 Grad. The temperature rose to 28 degrees.

ich = I **du** = you **er** = he/it **sie** = she/it **es** = it/he/she **wir** = we **ihr** = you **sie** = they **Sie** = you (*polite*)

steigen

FUTURE

ich	**werde steigen**
du	**wirst steigen**
er/sie/es	**wird steigen**
wir	**werden steigen**
ihr	**werdet steigen**
sie/Sie	**werden steigen**

CONDITIONAL

ich	**würde steigen**
du	**würdest steigen**
er/sie/es	**würde steigen**
wir	**würden steigen**
ihr	**würdet steigen**
sie/Sie	**würden steigen**

PLUPERFECT

ich	**war gestiegen**
du	**warst gestiegen**
er/sie/es	**war gestiegen**
wir	**waren gestiegen**
ihr	**wart gestiegen**
sie/Sie	**waren gestiegen**

PLUPERFECT SUBJUNCTIVE

ich	**wäre gestiegen**
du	**wär(e)st gestiegen**
er/sie/es	**wäre gestiegen**
wir	**wären gestiegen**
ihr	**wär(e)t gestiegen**
sie/Sie	**wären gestiegen**

IMPERATIVE

steig(e)!/steigen wir!/steigt!/steigen Sie!

EXAMPLE PHRASES

Wir **werden** morgen aufs Matterhorn **steigen**. We'll climb the Matterhorn tomorrow.

Ich **würde** nie in ein Flugzeug **steigen**. I would never go on a plane.

Meine Stimmung **war gestiegen**. My mood had improved.

Wenn er dir geholfen hätte, **wäre** er in meiner Achtung **gestiegen**. If he had helped you he would have risen in my estimation.

ich = I **du** = you **er** = he/it **sie** = she/it **es** = it/he/she **wir** = we **ihr** = you **sie** = they **Sie** = you (*polite*)

sterben (to die)

strong, *formed with* **sein**

PRESENT

ich	**sterbe**
du	**stirbst**
er/sie/es	**stirbt**
wir	**sterben**
ihr	**sterbt**
sie/Sie	**sterben**

PRESENT SUBJUNCTIVE

ich	**sterbe**
du	**sterbest**
er/sie/es	**sterbe**
wir	**sterben**
ihr	**sterbet**
sie/Sie	**sterben**

PERFECT

ich	**bin gestorben**
du	**bist gestorben**
er/sie/es	**ist gestorben**
wir	**sind gestorben**
ihr	**seid gestorben**
sie/Sie	**sind gestorben**

IMPERFECT

ich	**starb**
du	**starbst**
er/sie/es	**starb**
wir	**starben**
ihr	**starbt**
sie/Sie	**starben**

PRESENT PARTICIPLE

sterbend

PAST PARTICIPLE

gestorben

EXAMPLE PHRASES

Ich **sterbe** hier vor Langeweile. I'm dying of boredom here.

Sie sagt, sie **sterbe** vor Angst. She says she's frightened to death.

Shakespeare **ist** 1616 **gestorben**. Shakespeare died in 1616.

Er **starb** eines natürlichen Todes. He died a natural death.

ich = I **du** = you **er** = he/it **sie** = she/it **es** = it/he/she **wir** = we **ihr** = you **sie** = they **Sie** = you (*polite*)

sterben

FUTURE

ich	**werde sterben**
du	**wirst sterben**
er/sie/es	**wird sterben**
wir	**werden sterben**
ihr	**werdet sterben**
sie/Sie	**werden sterben**

CONDITIONAL

ich	**würde sterben**
du	**würdest sterben**
er/sie/es	**würde sterben**
wir	**würden sterben**
ihr	**würdet sterben**
sie/Sie	**würden sterben**

PLUPERFECT

ich	**war gestorben**
du	**warst gestorben**
er/sie/es	**war gestorben**
wir	**waren gestorben**
ihr	**wart gestorben**
sie/Sie	**waren gestorben**

PLUPERFECT SUBJUNCTIVE

ich	**wäre gestorben**
du	**wär(e)st gestorben**
er/sie/es	**wäre gestorben**
wir	**wären gestorben**
ihr	**wär(e)t gestorben**
sie/Sie	**wären gestorben**

IMPERATIVE

stirb!/sterben wir!/sterbt!/sterben Sie!

EXAMPLE PHRASES

Daran **wirst** du nicht **sterben**! It won't kill you!

Ich **würde** lieber **sterben**, als ihn zu heiraten. I would rather die than marry him.

Er **war** für mich **gestorben**. He might as well have been dead as far as I was concerned.

Sie **wäre** fast an ihrer Krankheit **gestorben**. She nearly died of her illness.

---

ich = I **du** = you **er** = he/it **sie** = she/it **es** = it/he/she **wir** = we **ihr** = you **sie** = they **Sie** = you (polite)

stoßen (to push)

strong, *formed with* **haben**

PRESENT		PRESENT SUBJUNCTIVE	
ich	**stoße**	ich	**stoße**
du	**stößt**	du	**stoßest**
er/sie/es	**stößt**	er/sie/es	**stoße**
wir	**stoßen**	wir	**stoßen**
ihr	**stoßt**	ihr	**stoßet**
sie/Sie	**stoßen**	sie/Sie	**stoßen**

PERFECT		IMPERFECT	
ich	**habe gestoßen**	ich	**stieß**
du	**hast gestoßen**	du	**stießest**
er/sie/es	**hat gestoßen**	er/sie/es	**stieß**
wir	**haben gestoßen**	wir	**stießen**
ihr	**habt gestoßen**	ihr	**stießt**
sie/Sie	**haben gestoßen**	sie/Sie	**stießen**

PRESENT PARTICIPLE	PAST PARTICIPLE
stoßend	**gestoßen**

EXAMPLE PHRASES

Unser Vorschlag **stößt** auf Ablehnung. Our proposal is meeting with
disapproval.

Sie sagt, sie **stoße** sich an seinem Benehmen. She says she's taking exception
to his behaviour.

Ich **habe** mir den Kopf **gestoßen**. I bumped my head.

Er **stieß** den Ball mit dem Kopf ins Tor. He headed the ball into the goal.

---

ich = I **du** = you **er** = he/it **sie** = she/it **es** = it/he/she **wir** = we **ihr** = you **sie** = they **Sie** = you *(polite)*

stoßen

FUTURE

ich	werde stoßen
du	wirst stoßen
er/sie/es	wird stoßen
wir	werden stoßen
ihr	werdet stoßen
sie/Sie	werden stoßen

CONDITIONAL

ich	würde stoßen
du	würdest stoßen
er/sie/es	würde stoßen
wir	würden stoßen
ihr	würdet stoßen
sie/Sie	würden stoßen

PLUPERFECT

ich	hatte gestoßen
du	hattest gestoßen
er/sie/es	hatte gestoßen
wir	hatten gestoßen
ihr	hattet gestoßen
sie/Sie	hatten gestoßen

PLUPERFECT SUBJUNCTIVE

ich	hätte gestoßen
du	hättest gestoßen
er/sie/es	hätte gestoßen
wir	hätten gestoßen
ihr	hättet gestoßen
sie/Sie	hätten gestoßen

IMPERATIVE

stoß(e)!/stoßen wir!/stoßt!/stoßen Sie!

EXAMPLE PHRASES

Sie **werden** dort auf Erdöl **stoßen**. They'll strike oil there.

Ich bin sicher, seine Ideen **würden** auf großes Interesse **stoßen**. I'm sure a lot of people would be interested in his ideas.

Er **hatte** sie von der Treppe **gestoßen**. He had pushed her down the stairs.

Sie liebte ihn und **hätte** ihn nie von sich **gestoßen**. She loved him and would never have cast him aside.

ich = I **du** = you **er** = he/it **sie** = she/it **es** = it/he/she **wir** = we **ihr** = you **sie** = they **Sie** = you (polite)

streiten (to quarrel)

strong, *formed with* **haben**

PRESENT

ich **streite**
du **streitest**
er/sie/es **streitet**
wir **streiten**
ihr **streitet**
sie/Sie **streiten**

PRESENT SUBJUNCTIVE

ich **streite**
du **streitest**
er/sie/es **streite**
wir **streiten**
ihr **streitet**
sie/Sie **streiten**

PERFECT

ich **habe gestritten**
du **hast gestritten**
er/sie/es **hat gestritten**
wir **haben gestritten**
ihr **habt gestritten**
sie/Sie **haben gestritten**

IMPERFECT

ich **stritt**
du **stritt(e)st**
er/sie/es **stritt**
wir **stritten**
ihr **strittet**
sie/Sie **stritten**

PRESENT PARTICIPLE
streitend

PAST PARTICIPLE
gestritten

EXAMPLE PHRASES

Sie **streiten** sich ständig. They argue constantly.

Er sagt, er **streite** sich deswegen nicht mit uns. He says he doesn't want to fall out with us over this.

Habt ihr euch schon wieder **gestritten**? Have you been fighting again?

Sie **stritten** mit Fäusten. They fought with their fists.

ich = I **du** = you **er** = he/it **sie** = she/it **es** = it/he/she **wir** = we **ihr** = you **sie** = they **Sie** = you (*polite*)

streiten

FUTURE

ich	**werde streiten**
du	**wirst streiten**
er/sie/es	**wird streiten**
wir	**werden streiten**
ihr	**werdet streiten**
sie/Sie	**werden streiten**

CONDITIONAL

ich	**würde streiten**
du	**würdest streiten**
er/sie/es	**würde streiten**
wir	**würden streiten**
ihr	**würdet streiten**
sie/Sie	**würden streiten**

PLUPERFECT

ich	**hatte gestritten**
du	**hattest gestritten**
er/sie/es	**hatte gestritten**
wir	**hatten gestritten**
ihr	**hattet gestritten**
sie/Sie	**hatten gestritten**

PLUPERFECT SUBJUNCTIVE

ich	**hätte gestritten**
du	**hättest gestritten**
er/sie/es	**hätte gestritten**
wir	**hätten gestritten**
ihr	**hättet gestritten**
sie/Sie	**hätten gestritten**

IMPERATIVE
streit(e)!/streiten wir!/streitet!/streiten Sie!

EXAMPLE PHRASES

Darüber **werden** wir uns noch **streiten**. We'll end up arguing about this.

Ich **würde** mich nie mit meiner Frau **streiten**. I would never quarrel with my wife.

Sie **hatten** darum **gestritten**, wer gewonnen hatte. They had argued about who had won.

Ich **hätte** nicht mit dir **gestritten**, wenn du nicht angefangen hättest. I wouldn't have argued with you if you hadn't started it.

ich = I **du** = you **er** = he/it **sie** = she/it **es** = it/he/she **wir** = we **ihr** = you **sie** = they **Sie** = you (polite)

studieren (to study)

weak, *formed with* haben

PRESENT

ich	studiere
du	studierst
er/sie/es	studiert
wir	studieren
ihr	studiert
sie/Sie	studieren

PRESENT SUBJUNCTIVE

ich	studiere
du	studierest
er/sie/es	studiere
wir	studieren
ihr	studieret
sie/Sie	studieren

PERFECT

ich	habe studiert
du	hast studiert
er/sie/es	hat studiert
wir	haben studiert
ihr	habt studiert
sie/Sie	haben studiert

IMPERFECT

ich	studierte
du	studiertest
er/sie/es	studierte
wir	studierten
ihr	studiertet
sie/Sie	studierten

PRESENT PARTICIPLE

studierend

PAST PARTICIPLE

studiert

EXAMPLE PHRASES

Mein Bruder **studiert** Deutsch. My brother is studying German.

Er sagt, er **studiere** in München. He says he's studying in Munich.

Sie **hat** in Köln **studiert**. She was a student at Cologne University.

Er **studierte** den Text gründlich. He studied the text carefully.

ich = I **du** = you **er** = he/it **sie** = she/it **es** = it/he/she **wir** = we **ihr** = you **sie** = they **Sie** = you (*polite*)

studieren

FUTURE

ich **werde studieren**
du **wirst studieren**
er/sie/es **wird studieren**
wir **werden studieren**
ihr **werdet studieren**
sie/Sie **werden studieren**

CONDITIONAL

ich **würde studieren**
du **würdest studieren**
er/sie/es **würde studieren**
wir **würden studieren**
ihr **würdet studieren**
sie/Sie **würden studieren**

PLUPERFECT

ich **hatte studiert**
du **hattest studiert**
er/sie/es **hatte studiert**
wir **hatten studiert**
ihr **hattet studiert**
sie/Sie **hatten studiert**

PLUPERFECT SUBJUNCTIVE

ich **hätte studiert**
du **hättest studiert**
er/sie/es **hätte studiert**
wir **hätten studiert**
ihr **hättet studiert**
sie/Sie **hätten studiert**

IMPERATIVE
studiere!/studieren wir!/studiert!/studieren Sie!

EXAMPLE PHRASES
Sie würde gern Biologie **studieren**. She would like to study biology.
Sie **hatte** vier Jahre lang **studiert**. She had been a student for four years.
Wir **hätten** besser Sprachen **studiert**. It would have been better if we had studied languages.

ich= I **du**= you **er**= he/it **sie**= she/it **es**= it/he/she **wir**= we **ihr**= you **sie**= they **Sie**= you (polite)

tragen (to wear; to carry)

strong, *formed with* **haben**

PRESENT

ich	**trage**
du	**trägst**
er/sie/es	**trägt**
wir	**tragen**
ihr	**tragt**
sie/Sie	**tragen**

PRESENT SUBJUNCTIVE

ich	**trage**
du	**tragest**
er/sie/es	**trage**
wir	**tragen**
ihr	**traget**
sie/Sie	**tragen**

PERFECT

ich	**habe getragen**
du	**hast getragen**
er/sie/es	**hat getragen**
wir	**haben getragen**
ihr	**habt getragen**
sie/Sie	**haben getragen**

IMPERFECT

ich	**trug**
du	**trugst**
er/sie/es	**trug**
wir	**trugen**
ihr	**trugt**
sie/Sie	**trugen**

PRESENT PARTICIPLE

tragend

PAST PARTICIPLE

getragen

EXAMPLE PHRASES

Du **trägst** die ganze Verantwortung dafür. You bear the full responsibility for it.

Er sagt, er **trage** nie neue Kleider. He says he never wears new clothes.

Der Apfelbaum **hat** viele Früchte **getragen**. The apple tree has produced a good crop of fruit.

Ich **trug** ihren Koffer zum Bahnhof. I carried her case to the station.

---

ich = I **du** = you **er** = he/it **sie** = she/it **es** = it/he/she **wir** = we **ihr** = you **sie** = they **Sie** = you *(polite)*

tragen

FUTURE

ich	**werde tragen**
du	**wirst tragen**
er/sie/es	**wird tragen**
wir	**werden tragen**
ihr	**werdet tragen**
sie/Sie	**werden tragen**

CONDITIONAL

ich	**würde tragen**
du	**würdest tragen**
er/sie/es	**würde tragen**
wir	**würden tragen**
ihr	**würdet tragen**
sie/Sie	**würden tragen**

PLUPERFECT

ich	**hatte getragen**
du	**hattest getragen**
er/sie/es	**hatte getragen**
wir	**hatten getragen**
ihr	**hattet getragen**
sie/Sie	**hatten getragen**

PLUPERFECT SUBJUNCTIVE

ich	**hätte getragen**
du	**hättest getragen**
er/sie/es	**hätte getragen**
wir	**hätten getragen**
ihr	**hättet getragen**
sie/Sie	**hätten getragen**

IMPERATIVE
trag(e)!/tragen wir!/tragt!/tragen Sie!

EXAMPLE PHRASES

Du **wirst** die Verantwortung dafür **tragen**. You will bear the responsibility
   for it.
Ich **würde** meine Haare gern länger **tragen**. I'd like to wear my hair longer.
Wir **hatten** alle Kosten selbst **getragen**. We had borne all the cost ourselves.
Du **hättest** besser einen Anzug **getragen**. It would have been better if you had
   worn a suit.

ich = I **du** = you **er** = he/it **sie** = she/it **es** = it/he/she **wir** = we **ihr** = you **sie** = they **Sie** = you *(polite)*

treffen (to meet)

strong, *formed with* haben

PRESENT

ich	treffe
du	triffst
er/sie/es	trifft
wir	treffen
ihr	trefft
sie/Sie	treffen

PRESENT SUBJUNCTIVE

ich	treffe
du	treffest
er/sie/es	treffe
wir	treffen
ihr	treffet
sie/Sie	treffen

PERFECT

ich	habe getroffen
du	hast getroffen
er/sie/es	hat getroffen
wir	haben getroffen
ihr	habt getroffen
sie/Sie	haben getroffen

IMPERFECT

ich	traf
du	trafst
er/sie/es	traf
wir	trafen
ihr	traft
sie/Sie	trafen

PRESENT PARTICIPLE

treffend

PAST PARTICIPLE

getroffen

EXAMPLE PHRASES

Sie **trifft** sich zweimal pro Woche mit ihm. She meets with him twice a week.

Er sagt, er **treffe** sie jeden Tag. He says he meets her every day.

Du **hast** das Ziel gut **getroffen**. You hit the target well.

Der Ball **traf** ihn am Kopf. The ball hit him on the head.

---

ich= I du= you er= he/it sie= she/it es= it/he/she wir= we ihr= you sie= they Sie= you (polite)

treffen

FUTURE

ich	werde treffen
du	wirst treffen
er/sie/es	wird treffen
wir	werden treffen
ihr	werdet treffen
sie/Sie	werden treffen

CONDITIONAL

ich	würde treffen
du	würdest treffen
er/sie/es	würde treffen
wir	würden treffen
ihr	würdet treffen
sie/Sie	würden treffen

PLUPERFECT

ich	hatte getroffen
du	hattest getroffen
er/sie/es	hatte getroffen
wir	hatten getroffen
ihr	hattet getroffen
sie/Sie	hatten getroffen

PLUPERFECT SUBJUNCTIVE

ich	hätte getroffen
du	hättest getroffen
er/sie/es	hätte getroffen
wir	hätten getroffen
ihr	hättet getroffen
sie/Sie	hätten getroffen

IMPERATIVE

triff!/treffen wir!/trefft!/treffen Sie!

EXAMPLE PHRASES

Wir **werden** uns am Bahnhof **treffen**. We'll meet at the station.

Ich **würde** dich gern öfter **treffen**. I'd like to meet with you more often.

Ich **hatte** ihn noch nie im Leben **getroffen**. I had never met him in my life.

Mich **hätte** fast der Schlag **getroffen**! I was completely flabbergasted!

---

ich= I **du**= you **er**= he/it **sie**= she/it **es**= it/he/she **wir**= we **ihr**= you **sie**= they **Sie**= you (polite)

treiben (to drive)

strong, *formed with* **haben**

PRESENT

ich	**treibe**
du	**treibst**
er/sie/es	**treibt**
wir	**treiben**
ihr	**treibt**
sie/Sie	**treiben**

PRESENT SUBJUNCTIVE

ich	**treibe**
du	**treibest**
er/sie/es	**treibe**
wir	**treiben**
ihr	**treibet**
sie/Sie	**treiben**

PERFECT

ich	**habe getrieben**
du	**hast getrieben**
er/sie/es	**hat getrieben**
wir	**haben getrieben**
ihr	**habt getrieben**
sie/Sie	**haben getrieben**

IMPERFECT

ich	**trieb**
du	**triebst**
er/sie/es	**trieb**
wir	**trieben**
ihr	**triebt**
sie/Sie	**trieben**

PRESENT PARTICIPLE

treibend

PAST PARTICIPLE

getrieben

EXAMPLE PHRASES

Er **treibt** uns zu sehr. He pushes us too hard.

Er sagt, er **treibe** viel Sport. He says he does a lot of sport.

Sie **hat** uns zur Eile **getrieben**. She made us hurry up.

Sie **trieben** die Kühe auf das Feld. They drove the cows into the field.

---

ich = I   **du** = you   **er** = he/it   **sie** = she/it   **es** = it/he/she   **wir** = we   **ihr** = you   **sie** = they   **Sie** = you (*polite*)

treiben

FUTURE

ich	**werde treiben**
du	**wirst treiben**
er/sie/es	**wird treiben**
wir	**werden treiben**
ihr	**werdet treiben**
sie/Sie	**werden treiben**

CONDITIONAL

ich	**würde treiben**
du	**würdest treiben**
er/sie/es	**würde treiben**
wir	**würden treiben**
ihr	**würdet treiben**
sie/Sie	**würden treiben**

PLUPERFECT

ich	**hatte getrieben**
du	**hattest getrieben**
er/sie/es	**hatte getrieben**
wir	**hatten getrieben**
ihr	**hattet getrieben**
sie/Sie	**hatten getrieben**

PLUPERFECT SUBJUNCTIVE

ich	**hätte getrieben**
du	**hättest getrieben**
er/sie/es	**hätte getrieben**
wir	**hätten getrieben**
ihr	**hättet getrieben**
sie/Sie	**hätten getrieben**

IMPERATIVE

treib(e)!/treiben wir!/treibt!/treiben Sie!

EXAMPLE PHRASES

Du **wirst** mich noch zur Verzweiflung **treiben**. You'll drive me to despair.

Du **würdest** doch nur Unsinn **treiben**. All you would do is fool around.

Die Inflation **hatte** die Preise in die Höhe **getrieben**. Inflation had driven prices up.

Er **hätte** sie fast in den Selbstmord **getrieben**. He would almost have driven her to suicide.

ich = I **du** = you **er** = he/it **sie** = she/it **es** = it/he/she **wir** = we **ihr** = you **sie** = they **Sie** = you (polite)

treten (to kick; to step)

strong, *formed with* **haben/sein***

PRESENT		PRESENT SUBJUNCTIVE	
ich	**trete**	ich	**trete**
du	**trittst**	du	**tretest**
er/sie/es	**tritt**	er/sie/es	**trete**
wir	**treten**	wir	**treten**
ihr	**tretet**	ihr	**tretet**
sie/Sie	**treten**	sie/Sie	**treten**

PERFECT		IMPERFECT	
ich	**habe getreten**	ich	**trat**
du	**hast getreten**	du	**trat(e)st**
er/sie/es	**hat getreten**	er/sie/es	**trat**
wir	**haben getreten**	wir	**traten**
ihr	**habt getreten**	ihr	**tratet**
sie/Sie	**haben getreten**	sie/Sie	**traten**

PRESENT PARTICIPLE	PAST PARTICIPLE
tretend	getreten

*When **treten** is used with no direct object, it is formed with **sein**.*

EXAMPLE PHRASES

Pass auf, wohin du **trittst**! Watch your step!

Er sagt, er **trete** in den Streik. He says he is going on strike.

Er **hat** mich **getreten**. He kicked me.

Sie **trat** auf die Bremse. She stepped on the brakes.

Er **ist** mir auf den Fuß **getreten**. He stood on my foot.

---

ich = I **du** = you **er** = he/it **sie** = she/it **es** = it/he/she **wir** = we **ihr** = you **sie** = they **Sie** = you (*polite*)

treten

FUTURE

ich **werde treten**
du **wirst treten**
er/sie/es **wird treten**
wir **werden treten**
ihr **werdet treten**
sie/Sie **werden treten**

CONDITIONAL

ich **würde treten**
du **würdest treten**
er/sie/es **würde treten**
wir **würden treten**
ihr **würdet treten**
sie/Sie **würden treten**

PLUPERFECT

ich **hatte getreten**
du **hattest getreten**
er/sie/es **hatte getreten**
wir **hatten getreten**
ihr **hattet getreten**
sie/Sie **hatten getreten**

PLUPERFECT SUBJUNCTIVE

ich **hätte getreten**
du **hättest getreten**
er/sie/es **hätte getreten**
wir **hätten getreten**
ihr **hättet getreten**
sie/Sie **hätten getreten**

IMPERATIVE
tritt!/treten wir!/tretet!/treten Sie!

EXAMPLE PHRASES

Wir **werden** mit ihnen in Verbindung **treten**. We'll get in touch with them.
Bei starkem Regen **würde** der Fluss über die Ufer **treten**. The river would burst its banks if there is a lot of rain.
Die Tränen **waren** ihr in die Augen **getreten**. Her eyes started to fill with tears.
Er **hätte** mir fast auf den Fuß **getreten**. He had almost stepped on my foot.

---

ich = I **du** = you **er** = he/it **sie** = she/it **es** = it/he/she **wir** = we **ihr** = you **sie** = they **Sie** = you *(polite)*

trinken (to drink)

strong, *formed with* **haben**

PRESENT

ich	**trinke**
du	**trinkst**
er/sie/es	**trinkt**
wir	**trinken**
ihr	**trinkt**
sie/Sie	**trinken**

PRESENT SUBJUNCTIVE

ich	**trinke**
du	**trinkest**
er/sie/es	**trinke**
wir	**trinken**
ihr	**trinket**
sie/Sie	**trinken**

PERFECT

ich	**habe getrunken**
du	**hast getrunken**
er/sie/es	**hat getrunken**
wir	**haben getrunken**
ihr	**habt getrunken**
sie/Sie	**haben getrunken**

IMPERFECT

ich	**trank**
du	**trankst**
er/sie/es	**trank**
wir	**tranken**
ihr	**trankt**
sie/Sie	**tranken**

PRESENT PARTICIPLE

trinkend

PAST PARTICIPLE

getrunken

EXAMPLE PHRASES

Was **trinkst** du? What would you like to drink?

Er sagt, er **trinke** abends nur Wodka. He says he only drinks vodka in the evening.

Ich **habe** zu viel **getrunken**. I've had too much to drink.

Er **trank** die ganze Flasche leer. He drank the whole bottle.

trinken

FUTURE

ich	**werde trinken**
du	**wirst trinken**
er/sie/es	**wird trinken**
wir	**werden trinken**
ihr	**werdet trinken**
sie/Sie	**werden trinken**

CONDITIONAL

ich	**würde trinken**
du	**würdest trinken**
er/sie/es	**würde trinken**
wir	**würden trinken**
ihr	**würdet trinken**
sie/Sie	**würden trinken**

PLUPERFECT

ich	**hatte getrunken**
du	**hattest getrunken**
er/sie/es	**hatte getrunken**
wir	**hatten getrunken**
ihr	**hattet getrunken**
sie/Sie	**hatten getrunken**

PLUPERFECT SUBJUNCTIVE

ich	**hätte getrunken**
du	**hättest getrunken**
er/sie/es	**hätte getrunken**
wir	**hätten getrunken**
ihr	**hättet getrunken**
sie/Sie	**hätten getrunken**

IMPERATIVE
trink(e)!/trinken wir!/trinkt!/trinken Sie!

EXAMPLE PHRASES

Ab morgen **werde** ich keinen Alkohol mehr **trinken**. From tomorrow I won't
 drink any alcohol.
Ich **würde** gern ein Bier mit Ihnen **trinken**. I'd like to have a beer with you.
Wir **hatten** auf sein Wohl **getrunken**. We had drunk his health.
Er **hätte** gern noch mehr **getrunken**. He would have drunk even more.

ich = I **du** = you **er** = he/it **sie** = she/it **es** = it/he/she **wir** = we **ihr** = you **sie** = they **Sie** = you (*polite*)

tun (to do)

strong, *formed with* **haben**

PRESENT

ich	**tue**
du	**tust**
er/sie/es	**tut**
wir	**tun**
ihr	**tut**
sie/Sie	**tun**

PRESENT SUBJUNCTIVE

ich	**tue**
du	**tuest**
er/sie/es	**tue**
wir	**tuen**
ihr	**tuet**
sie/Sie	**tuen**

PERFECT

ich	**habe getan**
du	**hast getan**
er/sie/es	**hat getan**
wir	**haben getan**
ihr	**habt getan**
sie/Sie	**haben getan**

IMPERFECT

ich	**tat**
du	**tat(e)st**
er/sie/es	**tat**
wir	**taten**
ihr	**tatet**
sie/Sie	**taten**

PRESENT PARTICIPLE

tuend

PAST PARTICIPLE

getan

EXAMPLE PHRASES

So etwas **tut** man nicht! That's just not done!

Sie sagt, ihr Hund **tue** dir nichts. She says her dog won't hurt you.

Er **hat** den ganzen Tag nichts **getan**. He hasn't done anything all day.

Sie **tat**, als ob sie schliefe. She pretended to be sleeping.

ich = I **du** = you **er** = he/it **sie** = she/it **es** = it/he/she **wir** = we **ihr** = you **sie** = they **Sie** = you (*polite*)

tun

FUTURE

ich	**werde tun**
du	**wirst tun**
er/sie/es	**wird tun**
wir	**werden tun**
ihr	**werdet tun**
sie/Sie	**werden tun**

CONDITIONAL

ich	**würde tun**
du	**würdest tun**
er/sie/es	**würde tun**
wir	**würden tun**
ihr	**würdet tun**
sie/Sie	**würden tun**

PLUPERFECT

ich	**hatte getan**
du	**hattest getan**
er/sie/es	**hatte getan**
wir	**hatten getan**
ihr	**hattet getan**
sie/Sie	**hatten getan**

PLUPERFECT SUBJUNCTIVE

ich	**hätte getan**
du	**hättest getan**
er/sie/es	**hätte getan**
wir	**hätten getan**
ihr	**hättet getan**
sie/Sie	**hätten getan**

IMPERATIVE
tu(e)!/tun wir!/tut!/tun Sie!

EXAMPLE PHRASES
Ich **werde** das auf keinen Fall **tun**. There is no way I'll do that.
Würdest du mir einen Gefallen **tun**? Would you do me a favour?
Das **hatte** er nur für sie **getan**. He had done it only for her.
Ich **hätte** es **getan**, wenn du mich darum gebeten hättest. I would have done
   it if you had asked me.

ich = I **du** = you **er** = he/it **sie** = she/it **es** = it/he/she **wir** = we **ihr** = you **sie** = they **Sie** = you (polite)

sich überlegen (to consider) weak, inseparable, reflexive,
formed with **haben**

PRESENT		PRESENT SUBJUNCTIVE	
ich	**überlege mir**	ich	**überlege mir**
du	**überlegst dir**	du	**überlegest dir**
er/sie/es	**überlegt sich**	er/sie/es	**überlege sich**
wir	**überlegen uns**	wir	**überlegen uns**
ihr	**überlegt euch**	ihr	**überleget euch**
sie/Sie	**überlegen sich**	sie/Sie	**überlegen sich**

PERFECT		IMPERFECT	
ich	**habe mir überlegt**	ich	**überlegte mir**
du	**hast dir überlegt**	du	**überlegtest dir**
er/sie/es	**hat sich überlegt**	er/sie/es	**überlegte sich**
wir	**haben uns überlegt**	wir	**überlegten uns**
ihr	**habt euch überlegt**	ihr	**überlegtet euch**
sie/Sie	**haben sich überlegt**	sie/Sie	**überlegten sich**

PRESENT PARTICIPLE
überlegend

PAST PARTICIPLE
überlegt

EXAMPLE PHRASES

Ich **überlege** es **mir**. I'll think about it.

Er meint, er **überlege** es **sich** noch einmal. He thinks he's going to reconsider it.

Ich **habe mir** schon **überlegt**, was ich machen werde. I've already thought about what I'm going to do.

Er **überlegte sich** einen schlauen Plan. He thought of a clever plan.

ich = I   **du** = you   **er** = he/it   **sie** = she/it   **es** = it/he/she   **wir** = we   **ihr** = you   **sie** = they   **Sie** = you (*polite*)

sich überlegen

FUTURE

ich	**werde mir überlegen**
du	**wirst dir überlegen**
er/sie/es	**wird sich überlegen**
wir	**werden uns überlegen**
ihr	**werdet euch überlegen**
sie/Sie	**werden sich überlegen**

CONDITIONAL

ich	**würde mir überlegen**
du	**würdest dir überlegen**
er/sie/es	**würde sich überlegen**
wir	**würden uns überlegen**
ihr	**würdet euch überlegen**
sie/Sie	**würden sich überlegen**

PLUPERFECT

ich	**hatte mir überlegt**
du	**hattest dir überlegt**
er/sie/es	**hatte sich überlegt**
wir	**hatten uns überlegt**
ihr	**hattet euch überlegt**
sie/Sie	**hatten sich überlegt**

PLUPERFECT SUBJUNCTIVE

ich	**hätte mir überlegt**
du	**hättest dir überlegt**
er/sie/es	**hätte sich überlegt**
wir	**hätten uns überlegt**
ihr	**hättet euch überlegt**
sie/Sie	**hätten sich überlegt**

IMPERATIVE
überleg(e)dir!/überlegen wir uns!/überlegt euch!/überlegen Sie sich!

EXAMPLE PHRASES

Das **werde** ich **mir überlegen**. I'll have a think about it.

Würden Sie es **sich** noch einmal **überlegen**? Would you reconsider?

Er **hatte sich überlegt**, dass er viel Zeit sparen konnte. He had come to the conclusion that he could save a lot of time.

Das **hätte** sie **sich** besser früher **überlegt**. She should have thought of that earlier.

ich = I du = you er = he/it sie = she/it es = it/he/she wir = we ihr = you sie = they Sie = you (polite)

vergessen (to forget)

strong, inseparable, *formed with* **haben**

PRESENT

ich	**vergesse**
du	**vergisst**
er/sie/es	**vergisst**
wir	**vergessen**
ihr	**vergesst**
sie/Sie	**vergessen**

PRESENT SUBJUNCTIVE

ich	**vergesse**
du	**vergessest**
er/sie/es	**vergesse**
wir	**vergessen**
ihr	**vergesset**
sie/Sie	**vergessen**

PERFECT

ich	**habe vergessen**
du	**hast vergessen**
er/sie/es	**hat vergessen**
wir	**haben vergessen**
ihr	**habt vergessen**
sie/Sie	**haben vergessen**

IMPERFECT

ich	**vergaß**
du	**vergaßest**
er/sie/es	**vergaß**
wir	**vergaßen**
ihr	**vergaßt**
sie/Sie	**vergaßen**

PRESENT PARTICIPLE
vergessend

PAST PARTICIPLE
vergessen

EXAMPLE PHRASES

Sie **vergisst** ständig ihre Bücher. She always forgets to bring her books.

Er sagt, er **vergesse** nie ein Gesicht. He says he never forgets a face.

Ich **habe** seinen Namen **vergessen**. I've forgotten his name.

Sie **vergaß**, die Blumen zu gießen. She forgot to water the flowers.

---

ich = I **du** = you **er** = he/it **sie** = she/it **es** = it/he/she **wir** = we **ihr** = you **sie** = they **Sie** = you *(polite)*

vergessen

FUTURE

ich	**werde vergessen**
du	**wirst vergessen**
er/sie/es	**wird vergessen**
wir	**werden vergessen**
ihr	**werdet vergessen**
sie/Sie	**werden vergessen**

CONDITIONAL

ich	**würde vergessen**
du	**würdest vergessen**
er/sie/es	**würde vergessen**
wir	**würden vergessen**
ihr	**würdet vergessen**
sie/Sie	**würden vergessen**

PLUPERFECT

ich	**hatte vergessen**
du	**hattest vergessen**
er/sie/es	**hatte vergessen**
wir	**hatten vergessen**
ihr	**hattet vergessen**
sie/Sie	**hatten vergessen**

PLUPERFECT SUBJUNCTIVE

ich	**hätte vergessen**
du	**hättest vergessen**
er/sie/es	**hätte vergessen**
wir	**hätten vergessen**
ihr	**hättet vergessen**
sie/Sie	**hätten vergessen**

IMPERATIVE

vergiss!/vergessen wir!/vergesst!/vergessen Sie!

EXAMPLE PHRASES

Das **werde** ich dir nie **vergessen**. I'll never forget that.

Dieses Examen **würde** ich am liebsten **vergessen**. I'd rather forget this exam.

Ich **hatte vergessen**, die Post abzuholen. I had forgotten to collect the mail.

Fast **hättest** du **vergessen**, mir das Geld zu geben. You had almost forgotten to give me the money.

ich = I **du** = you **er** = he/it **sie** = she/it **es** = it/he/she **wir** = we **ihr** = you **sie** = they **Sie** = you *(polite)*

verlangen (to demand)   weak, inseparable, *formed with* haben

PRESENT		PRESENT SUBJUNCTIVE	
ich	**verlange**	ich	**verlange**
du	**verlangst**	du	**verlangest**
er/sie/es	**verlangt**	er/sie/es	**verlange**
wir	**verlangen**	wir	**verlangen**
ihr	**verlangt**	ihr	**verlanget**
sie/Sie	**verlangen**	sie/Sie	**verlangen**

PERFECT		IMPERFECT	
ich	**habe verlangt**	ich	**verlangte**
du	**hast verlangt**	du	**verlangtest**
er/sie/es	**hat verlangt**	er/sie/es	**verlangte**
wir	**haben verlangt**	wir	**verlangten**
ihr	**habt verlangt**	ihr	**verlangtet**
sie/Sie	**haben verlangt**	sie/Sie	**verlangten**

PRESENT PARTICIPLE	PAST PARTICIPLE
verlangend	verlangt

EXAMPLE PHRASES

Unsere Lehrerin **verlangt** wirklich sehr viel von uns. Our teacher demands an awful lot of us.

Er sagt, er **verlange** 5000 Euro für das Auto. He says he wants 5000 euros for the car.

Wie viel **hat** er dafür **verlangt**? How much did he want for it?

Sie **verlangten**, dass man sie anhört. They demanded to be heard.

ich = I   du = you   er = he/it   sie = she/it   es = it/he/she   wir = we   ihr = you   sie = they   Sie = you (*polite*)

verlangen

FUTURE

ich	**werde verlangen**
du	**wirst verlangen**
er/sie/es	**wird verlangen**
wir	**werden verlangen**
ihr	**werdet verlangen**
sie/Sie	**werden verlangen**

CONDITIONAL

ich	**würde verlangen**
du	**würdest verlangen**
er/sie/es	**würde verlangen**
wir	**würden verlangen**
ihr	**würdet verlangen**
sie/Sie	**würden verlangen**

PLUPERFECT

ich	**hatte verlangt**
du	**hattest verlangt**
er/sie/es	**hatte verlangt**
wir	**hatten verlangt**
ihr	**hattet verlangt**
sie/Sie	**hatten verlangt**

PLUPERFECT SUBJUNCTIVE

ich	**hätte verlangt**
du	**hättest verlangt**
er/sie/es	**hätte verlangt**
wir	**hätten verlangt**
ihr	**hättet verlangt**
sie/Sie	**hätten verlangt**

IMPERATIVE

verlang(e)!/verlangen wir!/verlangt!/verlangen Sie!

EXAMPLE PHRASES

Die Kunden **werden** eine Preissenkung **verlangen**. The customers will demand a price cut.

Das **würde** ich nicht von dir **verlangen**. I wouldn't ask that of you.

Er **hatte** zu viel von mir **verlangt**. He had demanded too much of me.

Er **hätte verlangt**, meinen Pass zu sehen. He would have demanded to see my passport.

ich = I **du** = you **er** = he/it **sie** = she/it **es** = it/he/she **wir** = we **ihr** = you **sie** = they **Sie** = you (polite)

verlieren (to lose)

strong, inseparable, *formed with* **haben**

PRESENT		PRESENT SUBJUNCTIVE	
ich	**verliere**	ich	**verliere**
du	**verlierst**	du	**verlierest**
er/sie/es	**verliert**	er/sie/es	**verliere**
wir	**verlieren**	wir	**verlieren**
ihr	**verliert**	ihr	**verlieret**
sie/Sie	**verlieren**	sie/Sie	**verlieren**

PERFECT		IMPERFECT	
ich	**habe verloren**	ich	**verlor**
du	**hast verloren**	du	**verlorst**
er/sie/es	**hat verloren**	er/sie/es	**verlor**
wir	**haben verloren**	wir	**verloren**
ihr	**habt verloren**	ihr	**verlort**
sie/Sie	**haben verloren**	sie/Sie	**verloren**

PRESENT PARTICIPLE	PAST PARTICIPLE
verlierend	verloren

EXAMPLE PHRASES

Wenn du **verlierst**, musst du mir 10 Euro zahlen. If you lose, you'll have to pay me 10 euros.

Er sage, er **verliere** oft die Geduld. He says he often loses his patience.

Wir **haben** drei Spiele hintereinander **verloren**. We lost three matches in a row.

Er **verlor** kein Wort darüber. He didn't say a word about it.

---

ich = I **du** = you **er** = he/it **sie** = she/it **es** = it/he/she **wir** = we **ihr** = you **sie** = they **Sie** = you (*polite*)

verlieren

FUTURE

ich	**werde verlieren**
du	**wirst verlieren**
er/sie/es	**wird verlieren**
wir	**werden verlieren**
ihr	**werdet verlieren**
sie/Sie	**werden verlieren**

CONDITIONAL

ich	**würde verlieren**
du	**würdest verlieren**
er/sie/es	**würde verlieren**
wir	**würden verlieren**
ihr	**würdet verlieren**
sie/Sie	**würden verlieren**

PLUPERFECT

ich	**hatte verloren**
du	**hattest verloren**
er/sie/es	**hatte verloren**
wir	**hatten verloren**
ihr	**hattet verloren**
sie/Sie	**hatten verloren**

PLUPERFECT SUBJUNCTIVE

ich	**hätte verloren**
du	**hättest verloren**
er/sie/es	**hätte verloren**
wir	**hätten verloren**
ihr	**hättet verloren**
sie/Sie	**hätten verloren**

IMPERATIVE

verlier(e)!/verlieren wir!/verliert!/verlieren Sie!

EXAMPLE PHRASES

Ich **werde** kein Wort über sie **verlieren**. I won't say a word about them.

In diesem Kaufhaus **würde** ich mich **verlieren**. I would get lost in this
department store.

Sie **hatte** die Wette **verloren**. She had lost the bet.

Borussia **hätte** fast das Spiel **verloren**. Borussia would nearly have lost the
match.

ich = I **du** = you **er** = he/it **sie** = she/it **es** = it/he/she **wir** = we **ihr** = you **sie** = they **Sie** = you (polite)

verschwinden (to disappear)

strong, inseparable, formed with **sein**

PRESENT

ich	**verschwinde**
du	**verschwindest**
er/sie/es	**verschwindet**
wir	**verschwinden**
ihr	**verschwindet**
sie/Sie	**verschwinden**

PRESENT SUBJUNCTIVE

ich	**verschwinde**
du	**verschwindest**
er/sie/es	**verschwinde**
wir	**verschwinden**
ihr	**verschwindet**
sie/Sie	**verschwinden**

PERFECT

ich	**bin verschwunden**
du	**bist verschwunden**
er/sie/es	**ist verschwunden**
wir	**sind verschwunden**
ihr	**seid verschwunden**
sie/Sie	**sind verschwunden**

IMPERFECT

ich	**verschwand**
du	**verschwandst**
er/sie/es	**verschwand**
wir	**verschwanden**
ihr	**verschwandet**
sie/Sie	**verschwanden**

PRESENT PARTICIPLE
verschwindend

PAST PARTICIPLE
verschwunden

EXAMPLE PHRASES

Du **verschwindest** immer wochenlang. You keep disappearing for weeks on end.

Er meint, diese Tradition **verschwinde** langsam. He thinks this tradition is disappearing slowly.

Er **ist** seit Sonntag **verschwunden**. He has been missing since Sunday.

Sie **verschwanden** in der Dunkelheit. They disappeared into the darkness.

---

ich = I **du** = you **er** = he/it **sie** = she/it **es** = it/he/she **wir** = we **ihr** = you **sie** = they **Sie** = you (*polite*)

verschwinden

FUTURE

ich	**werde verschwinden**
du	**wirst verschwinden**
er/sie/es	**wird verschwinden**
wir	**werden verschwinden**
ihr	**werdet verschwinden**
sie/Sie	**werden verschwinden**

CONDITIONAL

ich	**würde verschwinden**
du	**würdest verschwinden**
er/sie/es	**würde verschwinden**
wir	**würden verschwinden**
ihr	**würdet verschwinden**
sie/Sie	**würden verschwinden**

PLUPERFECT

ich	**war verschwunden**
du	**warst verschwunden**
er/sie/es	**war verschwunden**
wir	**waren verschwunden**
ihr	**wart verschwunden**
sie/Sie	**waren verschwunden**

PLUPERFECT SUBJUNCTIVE

ich	**wäre verschwunden**
du	**wär(e)st verschwunden**
er/sie/es	**wäre verschwunden**
wir	**wären verschwunden**
ihr	**wär(e)t verschwunden**
sie/Sie	**wären verschwunden**

IMPERATIVE

verschwind(e)!/verschwinden wir!/verschwindet!/verschwinden Sie!

EXAMPLE PHRASES

Unsere Sorgen **werden** bald **verschwinden**. Our worries will soon disappear.

Ich wollte, diese Leute **würden verschwinden**. I wish these people would disappear.

Nach dem Erdbeben **war** die Stadt von der Landkarte **verschwunden**.
After the earthquake the town had disappeared off the map.

Sie **wäre** gern aus seinem Leben **verschwunden**. She would have liked to disappear from his life.

ich = I **du** = you **er** = he/it **sie** = she/it **es** = it/he/she **wir** = we **ihr** = you **sie** = they **Sie** = you (polite)

verzeihen (to forgive) strong, inseparable, *formed with* haben

PRESENT		PRESENT SUBJUNCTIVE	
ich	verzeihe	ich	verzeihe
du	verzeihst	du	verzeihest
er/sie/es	verzeiht	er/sie/es	verzeihe
wir	verzeihen	wir	verzeihen
ihr	verzeiht	ihr	verzeihet
sie/Sie	verzeihen	sie/Sie	verzeihen

PERFECT		IMPERFECT	
ich	habe verziehen	ich	verzieh
du	hast verziehen	du	verziehst
er/sie/es	hat verziehen	er/sie/es	verzieh
wir	haben verziehen	wir	verziehen
ihr	habt verziehen	ihr	verzieht
sie/Sie	haben verziehen	sie/Sie	verziehen

PRESENT PARTICIPLE
verzeihend

PAST PARTICIPLE
verziehen

EXAMPLE PHRASES

Ich **verzeihe** dir. I forgive you.

Er sagt, er **verzeihe** ihr. He said he forgave her.

Er **hat** mir nie **verziehen**, dass ich ihn geschlagen habe. He has never forgiven me for hitting him.

Sie war verärgert, aber sie **verzieh** mir. She was angry but she forgave me.

---

ich = I du = you er = he/it sie = she/it es = it/he/she wir = we ihr = you sie = they Sie = you (*polite*)

verzeihen

FUTURE

ich	werde verzeihen
du	wirst verzeihen
er/sie/es	wird verzeihen
wir	werden verzeihen
ihr	werdet verzeihen
sie/Sie	werden verzeihen

CONDITIONAL

ich	würde verzeihen
du	würdest verzeihen
er/sie/es	würde verzeihen
wir	würden verzeihen
ihr	würdet verzeihen
sie/Sie	würden verzeihen

PLUPERFECT

ich	hatte verziehen
du	hattest verziehen
er/sie/es	hatte verziehen
wir	hatten verziehen
ihr	hattet verziehen
sie/Sie	hatten verziehen

PLUPERFECT SUBJUNCTIVE

ich	hätte verziehen
du	hättest verziehen
er/sie/es	hätte verziehen
wir	hätten verziehen
ihr	hättet verziehen
sie/Sie	hätten verziehen

IMPERATIVE

verzeih(e)!/verzeihen wir!/verzeiht!/verzeihen Sie!

EXAMPLE PHRASES

Das **wird** sie mir nicht **verzeihen**. She won't forgive me for that.

Diese Lüge **würde** ich ihm nicht **verzeihen**. I wouldn't forgive him for this lie.

Er **hatte** ihr diese Affäre niemals **verziehen**. He had never forgiven her for this affair.

Ich **hätte** ihm **verziehen**, wenn er mich gebeten hätte. I would have forgiven him if he had asked me.

ich = I du = you er = he/it sie = she/it es = it/he/she wir = we ihr = you sie = they Sie = you (polite)

wachsen (to grow)

strong, *formed with* **sein**

PRESENT

ich	**wachse**
du	**wächst**
er/sie/es	**wächst**
wir	**wachsen**
ihr	**wachst**
sie/Sie	**wachsen**

PRESENT SUBJUNCTIVE

ich	**wachse**
du	**wachsest**
er/sie/es	**wachse**
wir	**wachsen**
ihr	**wachset**
sie/Sie	**wachsen**

PERFECT

ich	**bin gewachsen**
du	**bist gewachsen**
er/sie/es	**ist gewachsen**
wir	**sind gewachsen**
ihr	**seid gewachsen**
sie/Sie	**sind gewachsen**

IMPERFECT

ich	**wuchs**
du	**wuchsest**
er/sie/es	**wuchs**
wir	**wuchsen**
ihr	**wuchst**
sie/Sie	**wuchsen**

PRESENT PARTICIPLE

wachsend

PAST PARTICIPLE

gewachsen

EXAMPLE PHRASES

Der Baum **wächst** nicht mehr. The tree has stopped growing.

Sie meint, ihr Sohn **wachse** zu schnell. She thinks her son is growing too fast.

Ich **bin** im letzten Jahr 10 Zentimeter **gewachsen**. I've grown 10 centimetres in the past year.

Ihm **wuchs** ein Bart. He grew a beard.

ich = I du = you er = he/it sie = she/it es = it/he/she wir = we ihr = you sie = they Sie = you *(polite)*

wachsen

FUTURE

ich	**werde wachsen**
du	**wirst wachsen**
er/sie/es	**wird wachsen**
wir	**werden wachsen**
ihr	**werdet wachsen**
sie/Sie	**werden wachsen**

CONDITIONAL

ich	**würde wachsen**
du	**würdest wachsen**
er/sie/es	**würde wachsen**
wir	**würden wachsen**
ihr	**würdet wachsen**
sie/Sie	**würden wachsen**

PLUPERFECT

ich	**war gewachsen**
du	**warst gewachsen**
er/sie/es	**war gewachsen**
wir	**waren gewachsen**
ihr	**wart gewachsen**
sie/Sie	**waren gewachsen**

PLUPERFECT SUBJUNCTIVE

ich	**wäre gewachsen**
du	**wär(e)st gewachsen**
er/sie/es	**wäre gewachsen**
wir	**wären gewachsen**
ihr	**wär(e)t gewachsen**
sie/Sie	**wären gewachsen**

IMPERATIVE
wachs(e)!/wachsen wir!/wachst!/wachsen Sie!

EXAMPLE PHRASES

Meine Probleme **werden** weiter **wachsen**. My problems will keep on growing.

Ohne Sonne **würde** hier nichts **wachsen**. Nothing would grow here without sunlight.

Die Preise **waren** drastisch **gewachsen**. Prices had risen dramatically.

Ohne dieses Spray **wäre** das Unkraut weiter **gewachsen**. Without this spray the weeds would have kept on growing.

ich = I **du** = you **er** = he/it **sie** = she/it **es** = it/he/she **wir** = we **ihr** = you **sie** = they **Sie** = you (polite)

wandern (to roam; to go hillwalking)

weak, formed with **sein**

PRESENT

ich	**wand(e)re**
du	**wanderst**
er/sie/es	**wandert**
wir	**wandern**
ihr	**wandert**
sie/Sie	**wandern**

PRESENT SUBJUNCTIVE

ich	**wand(e)re** .
du	**wandrest**
er/sie/es	**wand(e)re**
wir	**wandern**
ihr	**wandert**
sie/Sie	**wandern**

PERFECT

ich	**bin gewandert**
du	**bist gewandert**
er/sie/es	**ist gewandert**
wir	**sind gewandert**
ihr	**seid gewandert**
sie/Sie	**sind gewandert**

IMPERFECT

ich	**wanderte**
du	**wandertest**
er/sie/es	**wanderte**
wir	**wanderten**
ihr	**wandertet**
sie/Sie	**wanderten**

PRESENT PARTICIPLE

wandernd

PAST PARTICIPLE

gewandert

EXAMPLE PHRASES

Im Schwarzwald **wandert** man gut. The Black Forest is good for walking.

Er sagt, er **wand(e)re** gern. He says he loves hiking.

Wir **sind** am Wochenende **gewandert**. We went walking at the weekend.

Seine Gedanken **wanderten** zurück in die Vergangenheit. His thoughts strayed
   back to the past.

ich = I   **du** = you   **er** = he/it   **sie** = she/it   **es** = it/he/she   **wir** = we   **ihr** = you   **sie** = they   **Sie** = you (polite)

wandern

FUTURE

ich	**werde wandern**
du	**wirst wandern**
er/sie/es	**wird wandern**
wir	**werden wandern**
ihr	**werdet wandern**
sie/Sie	**werden wandern**

CONDITIONAL

ich	**würde wandern**
du	**würdest wandern**
er/sie/es	**würde wandern**
wir	**würden wandern**
ihr	**würdet wandern**
sie/Sie	**würden wandern**

PLUPERFECT

ich	**war gewandert**
du	**warst gewandert**
er/sie/es	**war gewandert**
wir	**waren gewandert**
ihr	**wart gewandert**
sie/Sie	**waren gewandert**

PLUPERFECT SUBJUNCTIVE

ich	**wäre gewandert**
du	**wär(e)st gewandert**
er/sie/es	**wäre gewandert**
wir	**wären gewandert**
ihr	**wär(e)t gewandert**
sie/Sie	**wären gewandert**

IMPERATIVE
wandre!/wandern wir!/wandert!/wandern Sie!

EXAMPLE PHRASES

Im Urlaub **werden** wir jeden Tag **wandern**. On our holiday we'll go hiking every day.

Ich **würde** lieber im Schnee **wandern**. I'd prefer to go walking in the snow.

Dieses Dokument **war** in den Papierkorb **gewandert**. This document had ended up in the wastepaper bin.

Ich **wäre** gern mit ihm **gewandert**. I would have liked to go hiking with him.

ich = I **du** = you **er** = he/it **sie** = she/it **es** = it/he/she **wir** = we **ihr** = you **sie** = they **Sie** = you (*polite*)

waschen (to wash)

strong, *formed with* **haben**

PRESENT

ich **wasche**
du **wäschst**
er/sie/es **wäscht**
wir **waschen**
ihr **wascht**
sie/Sie **waschen**

PRESENT SUBJUNCTIVE

ich **wasche**
du **waschest**
er/sie/es **wasche**
wir **waschen**
ihr **waschet**
sie/Sie **waschen**

PERFECT

ich **habe gewaschen**
du **hast gewaschen**
er/sie/es **hat gewaschen**
wir **haben gewaschen**
ihr **habt gewaschen**
sie/Sie **haben gewaschen**

IMPERFECT

ich **wusch**
du **wuschest**
er/sie/es **wusch**
wir **wuschen**
ihr **wuscht**
sie/Sie **wuschen**

PRESENT PARTICIPLE
waschend

PAST PARTICIPLE
gewaschen

EXAMPLE PHRASES

Sie **wäscht** jeden Tag. She does the washing every day.
Er sagt, er **wasche** immer im Waschsalon. He says he always does his washing at the laundrette.
Ich **habe** mir die Hände **gewaschen**. I washed my hands.
Die Katze **wusch** sich in der Sonne. The cat was washing itself in the sunshine.

---

ich = I **du** = you **er** = he/it **sie** = she/it **es** = it/he/she **wir** = we **ihr** = you **sie** = they **Sie** = you (*polite*)

waschen

FUTURE

ich **werde waschen**
du **wirst waschen**
er/sie/es **wird waschen**
wir **werden waschen**
ihr **werdet waschen**
sie/Sie **werden waschen**

CONDITIONAL

ich **würde waschen**
du **würdest waschen**
er/sie/es **würde waschen**
wir **würden waschen**
ihr **würdet waschen**
sie/Sie **würden waschen**

PLUPERFECT

ich **hatte gewaschen**
du **hattest gewaschen**
er/sie/es **hatte gewaschen**
wir **hatten gewaschen**
ihr **hattet gewaschen**
sie/Sie **hatten gewaschen**

PLUPERFECT SUBJUNCTIVE

ich **hätte gewaschen**
du **hättest gewaschen**
er/sie/es **hätte gewaschen**
wir **hätten gewaschen**
ihr **hättet gewaschen**
sie/Sie **hätten gewaschen**

IMPERATIVE

wasche(e)!/waschen wir!/wascht!/waschen Sie!

EXAMPLE PHRASES

Ich **werde** mir jetzt die Haare **waschen**. I'll go and wash my hair now.

Sonntags **würde** ich keine Wäsche **waschen**. I wouldn't do my washing on Sundays.

Sie **hatte** das Auto schon **gewaschen**. She had already washed the car.

Wenn du mich gebeten hättest, **hätte** ich dein Auto **gewaschen**. If you had asked me, I would have washed your car.

ich = I **du** = you **er** = he/it **sie** = she/it **es** = it/he/she **wir** = we **ihr** = you **sie** = they **Sie** = you *(polite)*

werben (to recruit; to advertise) strong, *formed with* **haben**

PRESENT

ich	**werbe**
du	**wirbst**
er/sie/es	**wirbt**
wir	**werben**
ihr	**werbt**
sie/Sie	**werben**

PRESENT SUBJUNCTIVE

ich	**werbe**
du	**werbest**
er/sie/es	**werbe**
wir	**werben**
ihr	**werbet**
sie/Sie	**werben**

PERFECT

ich	**habe geworben**
du	**hast geworben**
er/sie/es	**hat geworben**
wir	**haben geworben**
ihr	**habt geworben**
sie/Sie	**haben geworben**

IMPERFECT

ich	**warb**
du	**warbst**
er/sie/es	**warb**
wir	**warben**
ihr	**warbt**
sie/Sie	**warben**

PRESENT PARTICIPLE
werbend

PAST PARTICIPLE
geworben

EXAMPLE PHRASES

Die Partei **wirbt** zur Zeit Mitglieder. The party is currently recruiting members.

Er sagt, er **werbe** um jede Stimme. He says he is campaigning for every vote.

Unsere Firma **hat** um neue Kunden **geworben**. Our company has tried to attract new customers.

Die Partei **warb** für ihren Kandidaten. The party promoted its candidate.

---

ich = I **du** = you **er** = he/it **sie** = she/it **es** = it/he/she **wir** = we **ihr** = you **sie** = they **Sie** = you (*polite*)

werben

FUTURE

ich	**werde werben**
du	**wirst werben**
er/sie/es	**wird werben**
wir	**werden werben**
ihr	**werdet werben**
sie/Sie	**werden werben**

CONDITIONAL

ich	**würde werben**
du	**würdest werben**
er/sie/es	**würde werben**
wir	**würden werben**
ihr	**würdet werben**
sie/Sie	**würden werben**

PLUPERFECT

ich	**hatte geworben**
du	**hattest geworben**
er/sie/es	**hatte geworben**
wir	**hatten geworben**
ihr	**hattet geworben**
sie/Sie	**hatten geworben**

PLUPERFECT SUBJUNCTIVE

ich	**hätte geworben**
du	**hättest geworben**
er/sie/es	**hätte geworben**
wir	**hätten geworben**
ihr	**hättet geworben**
sie/Sie	**hätten geworben**

IMPERATIVE

wirb!/werben wir!/werbt!/werben Sie!

EXAMPLE PHRASES

Wir **werden** für unser neues Produkt **werben**. We will advertise our new product.

Wenn wir mehr Geld hätten, **würden** wir mehr **werben**. If we had more money we would do more advertising.

Wir **hatten** 500 neue Mitglieder **geworben**. We had recruited 500 new members.

Wir **hätten** gern noch mehr Mitglieder **geworben**. We would have liked to recruit even more members.

ich = I **du** = you **er** = he/it **sie** = she/it **es** = it/he/she **wir** = we **ihr** = you **sie** = they **Sie** = you (*polite*)

werden (to become)

strong, *formed with* **sein**

PRESENT

ich	**werde**
du	**wirst**
er/sie/es	**wird**
wir	**werden**
ihr	**werdet**
sie/Sie	**werden**

PRESENT SUBJUNCTIVE

ich	**werde**
du	**werdest**
er/sie/es	**werde**
wir	**werden**
ihr	**werdet**
sie/Sie	**werden**

PERFECT

ich	**bin geworden**
du	**bist geworden**
er/sie/es	**ist geworden**
wir	**sind geworden**
ihr	**seid geworden**
sie/Sie	**sind geworden**

IMPERFECT

ich	**wurde**
du	**wurdest**
er/sie/es	**wurde**
wir	**wurden**
ihr	**wurdet**
sie/Sie	**wurden**

PRESENT PARTICIPLE

werdend

PAST PARTICIPLE

geworden

EXAMPLE PHRASES

Mit **wird** schlecht. I feel ill.

Er meint, aus mir **werde** nie etwas. He thinks I'll never amount to anything.

Der Kuchen **ist** gut **geworden**. The cake turned out well.

Er **wurde** im Mai 40 Jahre. He turned 40 in May.

werden

FUTURE

ich	**werde werden**
du	**wirst werden**
er/sie/es	**wird werden**
wir	**werden werden**
ihr	**werdet werden**
sie/Sie	**werden werden**

CONDITIONAL

ich	**würde werden**
du	**würdest werden**
er/sie/es	**würde werden**
wir	**würden werden**
ihr	**würdet werden**
sie/Sie	**würden werden**

PLUPERFECT

ich	**war geworden**
du	**warst geworden**
er/sie/es	**war geworden**
wir	**waren geworden**
ihr	**wart geworden**
sie/Sie	**waren geworden**

PLUPERFECT SUBJUNCTIVE

ich	**wäre geworden**
du	**wär(e)st geworden**
er/sie/es	**wäre geworden**
wir	**wären geworden**
ihr	**wär(e)t geworden**
sie/Sie	**wären geworden**

IMPERATIVE

werde!/werden wir!/werdet!/werden Sie!

EXAMPLE PHRASES

Ich **werde** Lehrerin **werden**. I'll become a teacher.

Er **würde** gern Lehrer **werden**. He would like to become a teacher.

Aus ihm **war** ein großer Komponist **geworden**. He had become a great composer.

Es **wäre** fast noch einmal Winter **geworden**. It seemed that winter had almost returned.

ich = I **du** = you **er** = he/it **sie** = she/it **es** = it/he/she **wir** = we **ihr** = you **sie** = they **Sie** = you (polite)

werfen (to throw)

strong, *formed with* **haben**

PRESENT

ich	**werfe**
du	**wirfst**
er/sie/es	**wirft**
wir	**werfen**
ihr	**werft**
sie/Sie	**werfen**

PRESENT SUBJUNCTIVE

ich	**werfe**
du	**werfest**
er/sie/es	**werfe**
wir	**werfen**
ihr	**werfet**
sie/Sie	**werfen**

PERFECT

ich	**habe geworfen**
du	**hast geworfen**
er/sie/es	**hat geworfen**
wir	**haben geworfen**
ihr	**habt geworfen**
sie/Sie	**haben geworfen**

IMPERFECT

ich	**warf**
du	**warfst**
er/sie/es	**warf**
wir	**warfen**
ihr	**warft**
sie/Sie	**warfen**

PRESENT PARTICIPLE

werfend

PAST PARTICIPLE

geworfen

EXAMPLE PHRASES

Sie **wirft** mit Geld um sich. She is throwing her money around.

Er drohte ihm, er **werfe** ihn aus dem Haus. He threatened to throw him out of the house.

Der Chef **hat** ihn aus der Firma **geworfen**. The boss has kicked him out of the company.

Die Sonne **warf** ihre Strahlen auf den See. The sun cast its rays on the lake.

ich = I **du** = you **er** = he/it **sie** = she/it **es** = it/he/she **wir** = we **ihr** = you **sie** = they **Sie** = you (*polite*)

werfen

FUTURE

ich	**werde werfen**
du	**wirst werfen**
er/sie/es	**wird werfen**
wir	**werden werfen**
ihr	**werdet werfen**
sie/Sie	**werden werfen**

CONDITIONAL

ich	**würde werfen**
du	**würdest werfen**
er/sie/es	**würde werfen**
wir	**würden werfen**
ihr	**würdet werfen**
sie/Sie	**würden werfen**

PLUPERFECT

ich	**hatte geworfen**
du	**hattest geworfen**
er/sie/es	**hatte geworfen**
wir	**hatten geworfen**
ihr	**hattet geworfen**
sie/Sie	**hatten geworfen**

PLUPERFECT SUBJUNCTIVE

ich	**hätte geworfen**
du	**hättest geworfen**
er/sie/es	**hätte geworfen**
wir	**hätten geworfen**
ihr	**hättet geworfen**
sie/Sie	**hätten geworfen**

IMPERATIVE
wirf!/werfen wir!/werft!/werfen Sie!

EXAMPLE PHRASES

Er **wird** bestimmt einen neuen Rekord **werfen**. He will definitely throw a new record.

Am liebsten **würde** ich das Handtuch **werfen**. I feel like throwing in the towel.

Er **hatte** den Ball über den Zaun **geworfen**. He had thrown the ball over the fence.

Ich **hätte** ihn ins Gefängnis **geworfen**. I would have thrown him into prison.

ich = I **du** = you **er** = he/it **sie** = she/it **es** = it/he/she **wir** = we **ihr** = you **sie** = they **Sie** = you (polite)

wiegen (to weigh)

strong, *formed with* **haben**

PRESENT

ich	**wiege**
du	**wiegst**
er/sie/es	**wiegt**
wir	**wiegen**
ihr	**wiegt**
sie/Sie	**wiegen**

PRESENT SUBJUNCTIVE

ich	**wiege**
du	**wiegest**
er/sie/es	**wiege**
wir	**wiegen**
ihr	**wieget**
sie/Sie	**wiegen**

PERFECT

ich	**habe gewogen**
du	**hast gewogen**
er/sie/es	**hat gewogen**
wir	**haben gewogen**
ihr	**habt gewogen**
sie/Sie	**haben gewogen**

IMPERFECT

ich	**wog**
du	**wogst**
er/sie/es	**wog**
wir	**wogen**
ihr	**wogt**
sie/Sie	**wogen**

PRESENT PARTICIPLE
wiegend

PAST PARTICIPLE
gewogen

EXAMPLE PHRASES

Ich **wiege** 60 Kilo. I weigh 60 kilos.

Er meint, er **wiege** zu viel. He thinks he is too heavy.

Ich **habe** mich heute früh **gewogen**. I weighed myself this morning.

Ich **wog** die Zutaten. I weighed the ingredients.

---

ich = I   **du** = you   **er** = he/it   **sie** = she/it   **es** = it/he/she   **wir** = we   **ihr** = you   **sie** = they   **Sie** = you *(polite)*

wiegen

FUTURE

ich	**werde wiegen**
du	**wirst wiegen**
er/sie/es	**wird wiegen**
wir	**werden wiegen**
ihr	**werdet wiegen**
sie/Sie	**werden wiegen**

CONDITIONAL

ich	**würde wiegen**
du	**würdest wiegen**
er/sie/es	**würde wiegen**
wir	**würden wiegen**
ihr	**würdet wiegen**
sie/Sie	**würden wiegen**

PLUPERFECT

ich	**hatte gewogen**
du	**hattest gewogen**
er/sie/es	**hatte gewogen**
wir	**hatten gewogen**
ihr	**hattet gewogen**
sie/Sie	**hatten gewogen**

PLUPERFECT SUBJUNCTIVE

ich	**hätte gewogen**
du	**hättest gewogen**
er/sie/es	**hätte gewogen**
wir	**hätten gewogen**
ihr	**hättet gewogen**
sie/Sie	**hätten gewogen**

IMPERATIVE
wieg(e)!/wiegen wir!/wiegt!/wiegen Sie!

EXAMPLE PHRASES

Dieses Argument **wird** schwer **wiegen**. This argument will carry a lot of weight.

Ich **würde** gern weniger **wiegen**. I would rather weigh less.

Ich **hatte** das Fleisch schon **gewogen**. I had already weighed the meat.

Ohne die Diät **hättest** du bald zu viel **gewogen**. Without the diet you would soon have been overweight.

ich = I **du** = you **er** = he/it **sie** = she/it **es** = it/he/she **wir** = we **ihr** = you **sie** = they **Sie** = you (polite)

wissen (to know)

mixed, *formed with* **haben**

PRESENT

ich	**weiß**
du	**weißt**
er/sie/es	**weiß**
wir	**wissen**
ihr	**wisst**
sie/Sie	**wissen**

PRESENT SUBJUNCTIVE

ich	**wisse**
du	**wissest**
er/sie/es	**wisse**
wir	**wissen**
ihr	**wisset**
sie/Sie	**wissen**

PERFECT

ich	**habe gewusst**
du	**hast gewusst**
er/sie/es	**hat gewusst**
wir	**haben gewusst**
ihr	**habt gewusst**
sie/Sie	**haben gewusst**

IMPERFECT

ich	**wusste**
du	**wusstest**
er/sie/es	**wusste**
wir	**wussten**
ihr	**wusstet**
sie/Sie	**wussten**

PRESENT PARTICIPLE
wissend

PAST PARTICIPLE
gewusst

EXAMPLE PHRASES

Ich **weiß** nicht. I don't know.

Sie meint, sie **wisse** über alles Bescheid. She thinks she knows about everything.

Er **hat** nichts davon **gewusst**. He didn't know anything about it.

Sie **wussten**, wo das Kino war. They knew where the cinema was.

---

ich = I **du** = you **er** = he/it **sie** = she/it **es** = it/he/she **wir** = we **ihr** = you **sie** = they **Sie** = you (*polite*)

wissen

FUTURE

ich	**werde wissen**
du	**wirst wissen**
er/sie/es	**wird wissen**
wir	**werden wissen**
ihr	**werdet wissen**
sie/Sie	**werden wissen**

CONDITIONAL

ich	**würde wissen**
du	**würdest wissen**
er/sie/es	**würde wissen**
wir	**würden wissen**
ihr	**würdet wissen**
sie/Sie	**würden wissen**

PLUPERFECT

ich	**hatte gewusst**
du	**hattest gewusst**
er/sie/es	**hatte gewusst**
wir	**hatten gewusst**
ihr	**hattet gewusst**
sie/Sie	**hatten gewusst**

PLUPERFECT SUBJUNCTIVE

ich	**hätte gewusst**
du	**hättest gewusst**
er/sie/es	**hätte gewusst**
wir	**hätten gewusst**
ihr	**hättet gewusst**
sie/Sie	**hätten gewusst**

IMPERATIVE
wisse!/wissen wir!/wisset!/wissen Sie!

EXAMPLE PHRASES

Morgen **werden** wir **wissen**, wer gewonnen hat. Tomorrow we'll know who has won.

Ich **würde** gern **wissen**, warum du mich belogen hast. I would like to know why you lied to me.

Er **hatte** von dem Verbrechen **gewusst**. He had known about the crime.

Ich **hätte** nicht **gewusst**, was ich ohne dich gemacht hätte. I wouldn't have known what I would have done without you.

ich = I **du** = you **er** = he/it **sie** = she/it **es** = it/he/she **wir** = we **ihr** = you **sie** = they **Sie** = you (polite)

wollen (to want)

modal, *formed with* **haben**

PRESENT

ich	**will**
du	**willst**
er/sie/es	**will**
wir	**wollen**
ihr	**wollt**
sie/Sie	**wollen**

PRESENT SUBJUNCTIVE

ich	**wolle**
du	**wollest**
er/sie/es	**wolle**
wir	**wollen**
ihr	**wollet**
sie/Sie	**wollen**

PERFECT

ich	**habe gewollt/wollen**
du	**hast gewollt/wollen**
er/sie/es	**hat gewollt/wollen**
wir	**haben gewollt/wollen**
ihr	**habt gewollt/wollen**
sie/Sie	**haben gewollt/wollen**

IMPERFECT

ich	**wollte**
du	**wolltest**
er/sie/es	**wollte**
wir	**wolten**
ihr	**wolltet**
sie/Sie	**wollten**

PRESENT PARTICIPLE
wollend

PAST PARTICIPLE
gewollt/wollen°

°This form is used when combined with another infinitive.

EXAMPLE PHRASES

Er **will** nach London gehen. He wants to go to London.

Sie sagt, sie **wolle** ihn nie mehr sehen. She says she doesn't want to see him ever again.

Das **habe** ich nicht **gewollt**. I didn't want this to happen.

Sie **wollten** nur mehr Geld. All they wanted was more money.

ich = I **du** = you **er** = he/it **sie** = she/it **es** = it/he/she **wir** = we **ihr** = you **sie** = they **Sie** = you *(polite)*

wollen

FUTURE

ich	**werde wollen**
du	**wirst wollen**
er/sie/es	**wird wollen**
wir	**werden wollen**
ihr	**werdet wollen**
sie/Sie	**werden wollen**

CONDITIONAL

ich	**würde wollen**
du	**würdest wollen**
er/sie/es	**würde wollen**
wir	**würden wollen**
ihr	**würdet wollen**
sie/Sie	**würden wollen**

PLUPERFECT

ich	**hatte gewollt/wollen**
du	**hattest gewollt/wollen**
er/sie/es	**hatte gewollt/wollen**
wir	**hatten gewollt/wollen**
ihr	**hattet gewollt/wollen**
sie/Sie	**hatten gewollt/wollen**

PLUPERFECT SUBJUNCTIVE

ich	**hätte gewollt/wollen**
du	**hättest gewollt/wollen**
er/sie/es	**hätte gewollt/wollen**
wir	**hätten gewollt/wollen**
ihr	**hättet gewollt/wollen**
sie/Sie	**hätten gewollt/wollen**

IMPERATIVE
wolle!/wollen wir!/wollt!/wollen Sie!

EXAMPLE PHRASES

Das **wirst** du doch nicht im Ernst **wollen**! You cannot seriously want that!

Wir **würden** nicht **wollen**, dass das passiert. We wouldn't want that to happen.

Ich **hatte** doch gar nichts von ihm **gewollt**. I hadn't wanted anything from him.

Hätte ich es **gewollt**, wäre es auch geschehen. If I had wanted it, it would have happened.

ich = I **du** = you **er** = he/it **sie** = she/it **es** = it/he/she **wir** = we **ihr** = you **sie** = they **Sie** = you (polite)

zerstören (to destroy) weak, inseparable, *formed with* haben

PRESENT
ich zerstöre
du zerstörst
er/sie/es zerstört
wir zerstören
ihr zerstört
sie/Sie zerstören

PRESENT SUBJUNCTIVE
ich zerstöre
du zerstörest
er/sie/es zerstöre
wir zerstören
ihr zerstöret
sie/Sie zerstören

PERFECT
ich habe zerstört
du hast zerstört
er/sie/es hat zerstört
wir haben zerstört
ihr habt zerstört
sie/Sie haben zerstört

IMPERFECT
ich zerstörte
du zerstörtest
er/sie/es zerstörte
wir zerstörten
ihr zerstörtet
sie/Sie zerstörten

PRESENT PARTICIPLE
zerstörend

PAST PARTICIPLE
zerstört

EXAMPLE PHRASES
Die ganzen Abgase **zerstören** die Ozonschicht. All the fumes are destroying the ozone layer.
Er meint, sie **zerstöre** ihre Gesundheit. He thinks she is wrecking her health.
Er **hat** ihr Selbstvertrauen **zerstört**. He has destroyed her self-confidence.
Er **zerstörte** ihre Ehe. He wrecked their marriage.

zerstören

FUTURE

ich	werde zerstören
du	wirst zerstören
er/sie/es	wird zerstören
wir	werden zerstören
ihr	werdet zerstören
sie/Sie	werden zerstören

CONDITIONAL

ich	würde zerstören
du	würdest zerstören
er/sie/es	würde zerstören
wir	würden zerstören
ihr	würdet zerstören
sie/Sie	würden zerstören

PLUPERFECT

ich	hatte zerstört
du	hattest zerstört
er/sie/es	hatte zerstört
wir	hatten zerstört
ihr	hattet zerstört
sie/Sie	hatten zerstört

PLUPERFECT SUBJUNCTIVE

ich	hätte zerstört
du	hättest zerstört
er/sie/es	hätte zerstört
wir	hätten zerstört
ihr	hättet zerstört
sie/Sie	hätten zerstört

IMPERATIVE

zerstör(e)!/zerstören wir!/zerstört!/zerstören Sie!

EXAMPLE PHRASES

Diese Waffen **werden** noch die Welt **zerstören**. These weapons will end up destroying the world.

Das **würde** unsere Freundschaft **zerstören**. It would destroy our friendship.

Eine Bombe **hatte** das Gebäude **zerstört**. A bomb had wrecked the building.

Dieses Ereignis **hätte** fast mein Leben **zerstört**. This event nearly ruined my life.

---

ich = I du = you er = he/it sie = she/it es = it/he/she wir = we ihr = you sie = they Sie = you (polite)

ziehen (to pull)

strong, *formed with* **sein/haben***

PRESENT

ich	**ziehe**
du	**ziehst**
er/sie/es	**zieht**
wir	**ziehen**
ihr	**zieht**
sie/Sie	**ziehen**

PRESENT SUBJUNCTIVE

ich	**ziehe**
du	**ziehest**
er/sie/es	**ziehe**
wir	**ziehen**
ihr	**ziehet**
sie/Sie	**ziehen**

PERFECT

ich	**bin/habe gezogen**
du	**bist/hast gezogen**
er/sie/es	**ist/hat gezogen**
wir	**sind/haben gezogen**
ihr	**seid/habt gezogen**
sie/Sie	**sind/haben gezogen**

IMPERFECT

ich	**zog**
du	**zogst**
er/sie/es	**zog**
wir	**zogen**
ihr	**zogt**
sie/Sie	**zogen**

PRESENT PARTICIPLE

ziehend

PAST PARTICIPLE

gezogen

*When **ziehen** is used with a direct object, it is formed with **haben**.*

EXAMPLE PHRASES

In diesem Zimmer **zieht** es. There's a draught in this room.

Er sagt, er **ziehe** bald nach Hamburg. He says he's going to move to Hamburg soon.

Seine Familie **ist** nach München **gezogen**. His family has moved to Munich.

Sie **hat** mich am Ärmel **gezogen**. She pulled at my sleeve.

ziehen

FUTURE

ich	**werde ziehen**
du	**wirst ziehen**
er/sie/es	**wird ziehen**
wir	**werden ziehen**
ihr	**werdet ziehen**
sie/Sie	**werden ziehen**

CONDITIONAL

ich	**würde ziehen**
du	**würdest ziehen**
er/sie/es	**würde ziehen**
wir	**würden ziehen**
ihr	**würdet ziehen**
sie/Sie	**würden ziehen**

PLUPERFECT

ich	**war/hatte gezogen**
du	**warst/hattest gezogen**
er/sie/es	**war/hatte gezogen**
wir	**waren/hatten gezogen**
ihr	**wart/hattet gezogen**
sie/Sie	**waren/hatten gezogen**

PLUPERFECT SUBJUNCTIVE

ich	**wäre/hätte gezogen**
du	**wär(e)st/hättest gezogen**
er/sie/es	**wäre/hätte gezogen**
wir	**wären/hätten gezogen**
ihr	**wär(e)t/hättet gezogen**
sie/Sie	**wären/hätten gezogen**

IMPERATIVE
zieh(e)!/ziehen wir!/zieht!/ziehen Sie!

EXAMPLE PHRASES

Du **wirst** seinen Hass auf dich **ziehen**. You will incur his hatred.

Ich **würde** nie nach Bayern **ziehen**. I would never move to Bavaria.

Sie **waren** zuversichtlich in den Krieg **gezogen**. They had felt confident about going to war.

Das **hätte** schlimme Folgen nach sich **gezogen**. It would have had terrible consequences.

ich = I **du** = you **er** = he/it **sie** = she/it **es** = it/he/she **wir** = we **ihr** = you **sie** = they **Sie** = you (polite)

zwingen (to force)

strong, *formed with* **haben**

PRESENT

ich	**zwinge**
du	**zwingst**
er/sie/es	**zwingt**
wir	**zwingen**
ihr	**zwingt**
sie/Sie	**zwingen**

PRESENT SUBJUNCTIVE

ich	**zwinge**
du	**zwingest**
er/sie/es	**zwinge**
wir	**zwingen**
ihr	**zwinget**
sie/Sie	**zwingen**

PERFECT

ich	**habe gezwungen**
du	**hast gezwungen**
er/sie/es	**hat gezwungen**
wir	**haben gezwungen**
ihr	**habt gezwungen**
sie/Sie	**haben gezwungen**

IMPERFECT

ich	**zwang**
du	**zwangst**
er/sie/es	**zwang**
wir	**zwangen**
ihr	**zwangt**
sie/Sie	**zwangen**

PRESENT PARTICIPLE
zwingend

PAST PARTICIPLE
gezwungen

EXAMPLE PHRASES

Ich **zwinge** mich dazu. I force myself to do it.

Sie sagt, sie **zwinge** mich nicht. She says she's not forcing me.

Er **hat** ihn **gezwungen**, das zu tun. He forced him to do it.

Sie **zwangen** uns, den Vertrag zu unterschreiben. They forced us to sign the
  contract.

---

ich= I **du**= you **er**= he/it **sie**= she/it **es**= it/he/she **wir**= we **ihr**= you **sie**= they **Sie**= you *(polite)*

zwingen

FUTURE

ich	**werde zwingen**
du	**wirst zwingen**
er/sie/es	**wird zwingen**
wir	**werden zwingen**
ihr	**werdet zwingen**
sie/Sie	**werden zwingen**

CONDITIONAL

ich	**würde zwingen**
du	**würdest zwingen**
er/sie/es	**würde zwingen**
wir	**würden zwingen**
ihr	**würdet zwingen**
sie/Sie	**würden zwingen**

PLUPERFECT

ich	**hatte gezwungen**
du	**hattest gezwungen**
er/sie/es	**hatte gezwungen**
wir	**hatten gezwungen**
ihr	**hattet gezwungen**
sie/Sie	**hatten gezwungen**

PLUPERFECT SUBJUNCTIVE

ich	**hätte gezwungen**
du	**hättest gezwungen**
er/sie/es	**hätte gezwungen**
wir	**hätten gezwungen**
ihr	**hättet gezwungen**
sie/Sie	**hätten gezwungen**

IMPERATIVE

zwing(e)!/zwingen wir!/zwingt!/zwingen Sie!

EXAMPLE PHRASES

Wir werden ihn zum Handeln **zwingen**. We will force him into action.

Ich **würde** ihn **zwingen**, sich zu entschuldigen. I would force him to apologize.

Man **hatte** ihn zum Rücktritt **gezwungen**. He had been forced to resign.

Wenn du mich gezwungen hättest, **hätte** ich **unterschrieben**. If you had forced me I would have signed.

ich= I du= you er= he/it sie= she/it es= it/he/she wir= we ihr= you sie= they Sie= you (polite)

How to use the Verb Index

The verbs in bold are the model verbs which you will find in the Verb Tables. All the other verbs follow one of these patterns, so the number next to each verb indicates which pattern fits this particular verb. For example, **begleiten** (*to accompany*) follows the same pattern as **arbeiten** (*to work*), page 4 in the Verb Tables.

All the verbs are in alphabetical order. For reflexive verbs like **sich setzen** (*to sit down*) look under **setzen**, not under **sich**.

With the exception of reflexive verbs which are always formed with **haben**, most verbs have the same auxiliary (**sein** or **haben**) as their model verb. If this is different, it is shown in the Verb Index. Certain verbs can be formed with both **haben** or **sein** and there is a note about this at the relevant verb tables.

Some verbs in the Verb Index have a dividing line through them to show that the verb is separable, for example, **durch|setzen**.

*For more information on **separable** and **inseparable** verbs, see pages 10–58.*

Verb	Page
spotten	4
sprechen	**188**
springen	**190**
spritzen	94
sprühen	98
spucken	98
spülen	98
spüren	98
stammen	98
starten	4
statt|finden	56
staubsaugen	98
staunen	98
stechen	**192**
stecken	124
stehen	**194**
stehlen	**196**
steigen	**198**
stellen	98
stempeln	88
sterben	**200**
sticken	98
stiften	4
still|halten	86
stimmen	98
stöhnen	98
stolpern	234
stören	98
stoßen	**202**
stottern	234
strahlen	98
strapazieren	206
streicheln	88
streiken	98
streiten	**204**
stressen	82
stricken	124
studieren	**206**
stürmen	98
stürzen (sich acc)	94
subtrahieren	206
suchen	124
summen	98
surfen	124
synchronisieren	206
tanken	98
tanzen	94
tapezieren	206
tätowieren	206
tauchen	124
tauen	98
taufen	98
taugen	98
täuschen (sich acc)	124
tauschen	124
teilen	98
teil|nehmen	134
telefonieren	206
tendieren	206
testen	4
ticken	124
tippen	124
toben	98
töten	4

Verb	Page
tot|lachen (sich acc)	124
tragen	**208**
trainieren	206
trampen (sein)	98
transportieren	206
trauen +dat	98
träumen	98
treffen	**210**
treiben	**212**
trennen (sich acc)	98
treten	**214**
trinken	**216**
trocknen	140
trödeln	88
trommeln	88
trösten (sich acc)	4
trotzen +dat	94
tun	**218**
turnen	98
übel|nehmen	134
üben (sich acc)	98
überanstrengen (sich acc)	42
über|bieten	20
überdenken	34
überfahren	50
überfallen	52
überfordern (haben)	234
übergeben	66
überholen	42
überhören	42
überlassen	110
über|lasten (sich acc)	4
überleben	42
überlegen (sich dat)	**220**
über|listen	4
übernachten	4
übernehmen (sich acc)	134
überprüfen	42
über|queren	98
überraschen	42
überreden	142
überschätzen	94
über|schlagen	160
über|schnappen	8
über|schütten	4
übersehen	174
übersetzen	94
überspringen	190
überstehen	194
übersteigen	198
über|stimmen	98
überstürzen	94
übertragen	208
übertreffen	210
über|treiben	212
überwachen	42
über|winden	228
überzeugen	42
übrig|haben	84
übrig|lassen	110

Verb	Page
umarmen	224
um|blättern	8
um|bringen (sich acc)	32
umdrehen	8
um|fallen	52
umgeben	66
umgehen (haben)	68
um|gehen	68
um|hören (sich acc)	8
um|kehren	8
um|kippen	8
um|kommen	104
um|legen	8
um|leiten	4
um|rechnen	140
um|rühren	4
um|schalten	4
um|sehen	174
um|steigen	198
um|stellen	8
um|tauschen	8
um|ziehen (sein)	252
unter|brechen	28
unter|drücken	224
unter|gehen	68
unterhalten (sich acc)	86
unternehmen	134
unterrichten (sich acc)	4
unterschätzen	94
unterschreiben	166
unterstellen	42
unter|stellen	8
unterstützen	94
untersuchen	42
unter|teilen	224
urteilen	98
verabreden (sich acc)	142
verabschieden (sich acc)	142
verallgemeinern (haben)	234
veralten (sein)	4
verändern (haben)	234
veranlassen	224
veranschaulichen	224
veranstalten	4
verantworten	4
verarbeiten	4
verärgern (haben)	234
verbessern (haben)	234
verbiegen	18
verbieten	20
verbinden	22
verblüffen	224
verbluten (sein)	4
verbrauchen	224
verbreiten (sich acc)	224
verbrennen (sich acc)	30
verbringen	32

Verb	Page
verbrühen	224
verdächtigen	224
verdampfen (sein)	224
verdanken +dat	224
verdauen	224
verdienen	224
verdoppeln (sich acc)	88
verdreifachen (sich acc) (haben)	224
verdünnen	224
verdunsten	4
verdursten	4
vereinbaren	224
vereinen	224
vereinfachen	224
vereinigen (sich acc)	224
vererben	42
verfahren	50
verfolgen	224
verführen	224
vergeben	66
vergehen (sich acc)	68
vergessen	222
vergeuden	142
vergewaltigen	224
vergewissern (sich acc)	234
vergiften	4
vergraben	78
vergrößern (haben)	234
verhaften	4
verhalten (sich acc)	34
verhandeln	88
verharmlosen	94
verhauen	224
verheimlichen	224
verhindern (haben)	234
verhören (sich acc)	224
verhungern	234
verirren (sich acc)	224
verkaufen	224
verkleiden (sich acc)	142
verkleinern (sich acc) (haben)	234
verlangen	**224**
verlängern	234
verlassen	110
verlaufen (sich acc)	112
verleihen	116
verleiten	224
verlernen	224
verletzen (sich acc)	94
verlieben (sich acc)	224
verlieren	**226**
verloben (sich acc)	224
vermehren (sich acc)	224
vermieten	4
vermissen	82
vermuten	4
vernachlässigen	224
vernichten	4
veröffentlichen	224

verpassen	82	verwelken (sein)	224
verpflegen	224	verwenden	142
verpflichten	4	verwerten	4
verprügeln (sich acc)	88	verwirren (sich acc)	224
verraten	138	verwöhnen	
verreisen	224	(sich acc)	224
verrenken (sich acc)	224	verwunden	142
verrosten	4	**verzeihen**	**230**
versammeln		verzichten	4
(sich acc)	88	verzögern (sich acc)	
versäumen	224	(haben)	234
verschenken	224	verzollen	224
verschicken	224	verzweifeln	88
verschlafen	158	vierteln	88
verschlechtern		voll|machen	124
(sich acc) (haben)	234	voll|tanken	8
verschlimmern		voran|kommen	104
(sich acc)	234	voraus|gehen	68
verschmutzen	94	voraus|setzen	36
verschonen	224	vorbei|gehen	68
verschreiben	166	vorbei|kommen	104
verschütten	4	vor|bereiten	
verschweigen	170	(sich acc)	4
verschwenden	142	vor|beugen +dat	
verschwinden	**228**	(sich acc)	8
versenden	178	vorenthalten	86
versetzen	94	vor|führen	8
verseuchen	224	vor|gehen	68
versichern +gen		vor|haben	84
(sich acc) (haben)	234	vorher|sehen	174
versöhnen (sich acc)	224	vor|kommen +dat	104
versorgen	16	vor|lesen	118
verspäten (sich acc)	4	vor|nehmen	
versprechen	188	(sich acc)	134
verständigen	224	vor|schlagen	160
verstärken	224	vor|stellen (sich acc)	8
verstauchen	224	vor|täuschen	8
verstecken (sich acc)	224	vor|werfen	242
verstehen	194	vor|zeigen	8
verstreuen	224	vor|ziehen	252
versuchen	224	**wachsen**	**232**
vertagen	224	wagen	98
vertauschen	224	wählen	98
verteidigen		wahr|nehmen	134
(sich acc)	224	**wandern**	**234**
verteilen (sich acc)	224	warnen	98
vertragen	208	warten	4
vertrauen +dat		**waschen (sich acc)**	**236**
(sich dat)	224	wechseln	88
vertreiben	212	wecken	98
vertreten	214	weg|gehen	68
vertun (sich acc)	218	weg|lassen	110
verübeln	88	weg|laufen	112
verüben	224	weg|legen	8
verunglücken (sein)	224	weg|machen	124
verursachen	224	weg|müssen	132
verurteilen	224	weg|nehmen	134
vervielfältigen	224	weg|tun	218
vervollständigen	224	weg|werfen	242
verwechseln	88	wehren (sich acc)	98
verweigern (haben)	234	weh|tun	218

weigern (sich acc)		zögern (haben)	234
(haben)	234	zu|bereiten	4
weinen	98	zu|binden	22
weiter|bilden		zu|bringen	32
(sich acc)	142	züchten	4
weiter|gehen	68	zucken	98
weiter|leiten	4	zu|decken	8
weiter|machen	124	zu|frieren (sein)	64
werben	**238**	zu|geben	66
werden	**240**	zu|gehen	68
werfen	**242**	zu|greifen	80
wetten	4	zu|hören +dat	8
widersprechen		zu|kommen	104
+dat (sich dat)	188	zu|lassen	110
widerstehen +dat	194	zu|machen	8
widerstreben	42	zu|muten	4
widmen (sich acc)	6	zu|nehmen	134
wieder|aufbereiten	4	zurecht|finden	
wieder|bekommen	104	(sich acc)	56
wieder|erkennen		zurecht|kommen	104
(sich acc)	100	zurecht|legen	8
wiederholen	8	zurück|bekommen	104
wieder|sehen		zurück|bringen	32
(sich acc)	174	zurück|erstatten	4
wieder|verwerten	4	zurück|fahren	50
wiegen	**244**	zurück|geben	66
wimmeln	88	zurück|gehen	68
winken	98	zurück|kehren	36
wirken	98	zurück|kommen	104
wischen	124	zurück|legen	36
wissen	**246**	zurück|nehmen	134
wohlfühlen		zurück|rufen	150
(sich acc)	8	zurück|treten	214
wohnen	98	zurück|zahlen	36
wollen	**248**	zurück|ziehen	252
wundern (sich acc)		zu|sagen	8
(haben)	234	zusammen|bleiben	26
wünschen (sich dat)	124	zusammen|brechen	28
würfeln	88	zusammen|fassen	36
zahlen	98	zusammen|hängen	186
zählen	98	zusammen|	
zappeln (sein)	88	kommen	104
zeichnen	140	zusammen|legen	36
zeigen (sich acc)	98	zusammen|nehmen	
zelten	4	(sich acc)	134
zensieren	206	zusammen|passen	82
zerbrechen	28	zusammen|stellen	36
zerreißen	144	zusammen|stoßen	202
zerren	98	zusammen|zählen	8
zerschlagen		zu|schauen	8
(sich acc)	160	zu|sehen +dat	174
zerschneiden	164	zu|senden	178
zerstören	**250**	zu|stimmen	8
zerstreuen		zu|stoßen	202
(sich acc)	250	zu|treffen	210
ziehen	**252**	zu|ziehen	252
zielen	98	zwängen	98
zieren	98	zweifeln	88
zischen	124	**zwingen**	**254**
zitieren	206	zwinkern (haben)	234
zittern (haben)	234	zwitschern (haben)	234